DROIT PUBLIC D'ALLEMAGNE,

CONTENANT

La forme de ſon Gouvernement, ſes différentes Loix; l'Election, le Couronnement &c de l'Empereur & du Roi des Romains, leur Origine, Titres, Droits &c. ainſi que ceux des Electeurs, Princes & autres États de l'Empire; y compris ceux de la Nobleſſe immédiate.

On y a ajouté

Les Droits de la Nobleſſe Equeſtre de la Baſſe-Alſace, ſon origine, & autres matieres intéreſſantes, avec ce qui eſt analogue à la France.

Le tout enrichi d'une compilation de Loix fondamentales de l'Empire.

PAR M. JACQUET,
Licencié-ès-Loix.

TOME I.

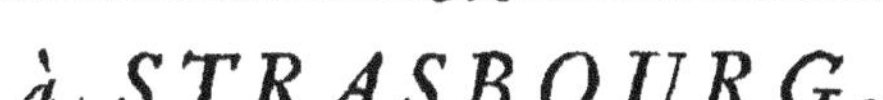

à STRASBOURG,
De l'Imprimerie de SIMON KÜRSSNER.
M DCC LXXXII.

Avec Approbation.

À

SON ALTESSE SÉRÉNISSIME

MONSEIGNEUR

LE PRINCE

MAXIMILIEN

DES DEUX-PONTS,

PRINCE PALATIN DU RHIN,

DUC

DE BAVIERE, JULIERS, CLEVE

ET BERG;

PRINCE DE MOEURS

COMTE

DE VELDENTZ, SPONHEIM,

DE LA MARCK, DE RAVENSPERG

ET DE RIBAUPIERE;

SEIGNEUR

DE RAVENSTEIN ET DE HOHENAC

&c, &c.

MONSEIGNEUR!

J'OSE placer le nom de VOTRE ALTESSE SÉRÉNISSIME à la tête de cet Ouvrage, & mettre mes petits travaux sous SES gracieux auſpices. Pénétré de la plus juſte reconnoiſſance, je ſens naître en moi un deſir ardent de LUI conſacrer toutes mes facultés. Heureux, ſi je pouvois les rendre utiles & agréables à VOTRE ALTESSE, qui par Sa douceur, Sa bonté, Son affabilité, & par d'autres vertus rares de Son grand cœur, s'eſt acquis à juſte titre l'affection des Grands & la vénération du peuple! En imitant ce dernier, je ſupplie MONSEIGNEUR, de jetter un œil favorable ſur ce petit fruit de mes peines, & de l'enviſager, tout indigne qu'il eſt, comme un témoignage public de mes pieux & reſpectueux hommages, que j'ai l'honneur de préſenter en ce moment à MON PRINCE, adreſſant les plus ferventes prieres au ciel, pour en obtenir une longue & heureuſe conſervation de Ses précieux jours.

Dans ces ſentimens de piété & du plus profond reſpect, je reſterai toute ma vie

MONSEIGNEUR,

DE

VOTRE ALTESSE SÉRÉNISSIME

Le très-humble & très-obéiſſant Serviteur.

AVERTISSEMENT.

Cet ouvrage pouvant être lu de tout le monde avec fruit, j'en ai adapté le ſtyle à la portée d'un chacun Ceux qui amuſent leur loiſir dans les feuilles publiques & périodiques, y trouveront des éclairciſſemens de leur lecture ; les aſpirans à la connoiſſance de l'hiſtoire de l'Empire y en verront bien des traits ſatisfaiſans ; mais cet ouvrage eſt particuliérement utile & néceſſaire à ceux qui ſont employés ou deſtinés par les Princes & Potentats de l'Europe aux négociations publiques dans les Cours d'Allemagne.

Dans le premier tome j'ai paſſé légérement ſur les loix fondamentales, en n'y apportant, que l'occaſion, les Auteurs & les motifs de leur naiſſance : parceque je me ſuis réſervé de les développer à proportion que les matieres y analogues ſe préſentent, & même de les donner dans leur entier à la fin de cet ouvrage.

Ces loix fondamentales ont été différemment divisées ; les uns leurs donnerent plus, les autres moins d'articles ou paragraphes : ainsi si par hasard mon Lecteur verra une citation dont il ne pourra pas tout de suite trouver l'objet dans la loi citée, il aura la bonté de voir quelques articles ou paragraphes plus en avant, ou plus en arriere.

J'ajoute à mon ouvrage une compilation de loix fondamentales de l'Empire, parceque j'aime à conduire mon lecteur aux sources, d'où il découle. Cette collection doit être d'autant plus agréable au Public, qu'elle ne se trouve dans aucun Auteur, & que pour avoir toutes ces loix, même séparément, il faudroit débourser le triple du prix de tout cet ouvrage; encore ne pourroit-on pas les avoir toutes en François, vu que quelques-unes d'icelles n'ont pas encore été traduites dans cette langue. Cela me fait espérer quelque reconnoissance de la Nation Françoise, qui manque d'ouvrages en ce genre.

Dans mon petit Prospectus je n'ai point fait mention de l'Ordonnance de la Chambre Impériale, ni de celle du Conseil Aulique, que je suis intentionné de joindre à ladite compilation pour la rendre plus complette. Je les donnerai en Allemand, leur langue primitive, parceque c'est proprement dans cette langue qu'elles doivent servir.

Lorsque mon Lecteur me verra de tems en tems couper le fil d'une narration historique, pour me transporter tout d'un coup à un fait non analogue ni lié avec les précédents, qu'il se souvienne, que c'est le Droit public & non pas l'Histoire d'Allemagne, que je traite, & pour cette raiſon je m'attache de préférence aux faits relatifs à mon plan.

Je prie mon Lecteur de ne point négliger la lecture des notes indiquées par les lettres alphabétiques aux endroits auxquels elles ſe rapportent ; ces notes donnent ſouvent plus de lumieres que le corps de l'ouvrage.

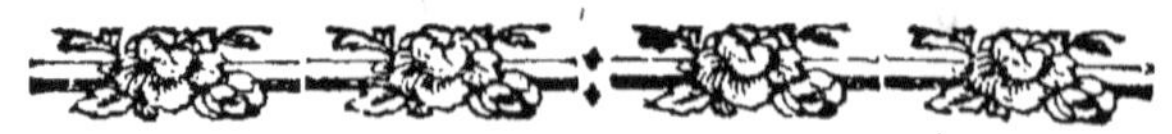

TABLE

Des Chapitres contenus dans le premier, second & troisieme livre de ce premier Tome.

LIVRE I.

TABLE.

Obſerv. Aulieu de mettre Chapitre VI, l'imprimeur à mis

CHAPITRE VII.

CHAPITRE VIII.

CHAPITRE IX.

CHAPITRE X.

CHAPITRE XI.

CHAPITRE XII.

CHAPITRE XIII.

CHAPITRE XIV.

LIVRE II.

CHAPITRE I.

CHAPITRE II.

CHAPITRE III.

CHAPITRE IV.

CHAPITRE V.

CHAPITRE VI.

CHAPITRE VII.

LIVRE III.

CHAPITRE I.

TABLE.

CHAPITRE II.

CHAPITRE III.

CHAPITRE IV.

CHAPITRE V.

Fin de la Table.

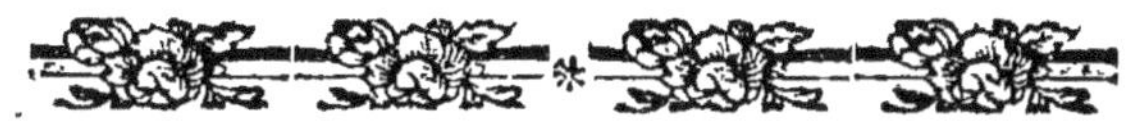

INTRODUCTION.

I.

L'HOMME dès l'âge de raiſon reconnoît ſa dépendance ; la foibleſſe de ſon corps & de ſon eſprit l'en convainquent. La ſoumiſſion & l'obéiſſance lui paroiſſent dures & contraires à ſa pente (pour ainſi dire naturelle de dominer,) cependant il n'oſe point d'abord regimber; mais à proportion que ſon eſprit ſe développe & que ſes membres ſe fortifient, il fait des tentatives pour s'affranchir des entraves de la contrainte, helàs inutilement! Ses différentes paſſions, la multiplicité de ſes beſoins, la fragilité & le peu de ſuffiſance de ſon être iſolé, lui font ſentir auſſi-tôt la néceſſité de la ſociété. L'homme en ſociété s'apperçoit d'abord que la variété des vues & les intérêts particuliers d'un chacun feroient un aſſemblage d'objets, qui faiſant naître une rivalité & des guerres perpétuelles entre ſes membres, ne tendroient qu'à ſa deſtruction: les plus puiſſans accableroient les plus foibles, les plus adroits ſéduiroient les plus ſimples, & chacun n'employeroit ſes facultés que d'une maniere préjudiciable à ſes pareils. Pour prévenir ces inconvéniens, chaque ſociété ſentit le beſoin de ſe ſoumettre à une autorité & ſe fixa un centre commun, auquel toutes les volontés, les facultés & les tendances particulieres de ſes membres doivent aboutir. Cela fit naître le gouvernement, dont le but eſt la ſûreté, le bonheur, la conſervation paiſible du tout & de ſes parties. Le gouvernement établi ſuppoſe des ſouverains & des ſujets; chacun a ſes charges. Le ſouverain dirige & ordonne, le ſujet obéit & exécute. La ſouveraineté eſt ſuſceptible de différentes formes dont chacune laiſſe plus ou moins de liberté au peuple. Mais de quelle façon qu'elle ſoit conçue & conſtituée, le ſalut du peuple doit toujours faire ſa premiere loi, vu que fon bien-être étoit le principal motif de fa foumiffion.

II.

Les ordres du fouverain font ce que nous appellons *loix*. Ces loix dans toutes fociétés ont deux objets: I°. la forme ou l'ordre de la fociété du gouvernement ou de l'état; II°. les affaires ou les négociations particulieres de fes membres. L'affemblage des loix qui ont directement & principalement pour objet l'état ou la maniere dont la fociété doit être gouvernée & confervée, s'appelle le *Droit public*, qui varie felon les différents fyftêmes des Républiques, Royaumes ou Empires.

III.

Comme il n'y a point d'état qui n'ait une forme de gouvernement particuliere, & conféquemment un droit public qui lui eft propre: pour en faire la différence, il eft toujours néceffaire d'y joindre le nom du pays, en difant p. e. le droit public de France ou d'Angleterre &c. Cependant quand on nomme fimplement le droit public, il eſt d'uſage d'entendre le droit public de *l'Allemagne*.

IV.

Il faut diſtinguer la juriſprudence politique du droit public : celui-ci nous inſtruit des diſpoſitions des loix déja faites & publiées ; l'autre au contraire nous enſeigne la maniere, les préceptes & les regles de les faire.

V.

Le droit public ſe diviſe en univerſel & particulier. Le premier comprend des loix & des devoirs communs à tous les états, puiſés des mêmes ſources, qui ſont le droit naturel & le droit des gens. Le droit public particulier comprend des loix & des devoirs qui varient dans les états ſuivant les différentes circonſtances (qui ont concourus à leur formation ou à leur changement.) Ces circonſtances (telles ſont la ſituation du pays, le génie du peuple, ſes mœurs, ſes coutumes, ſes engagemens, ſes productions & autres) en modifiant le droit naturel, ont donné l'origine aux loix & conventions, auxquelles chaque ſociété particuliere eſt ſoumiſe. C'eſt là ce qu'on appelle le droit public particulier. Dans ce petit ouvrage nous allons faire une ébauche du droit public particulier de l'Allemagne en y ajoutant ce qui y peut être analogue à l'égard de la France.

VI.

L'Etat d'Allemagne ſe partage en chef, qui eſt l'Empereur, & en membres, qui pris ſéparément peuvent tous être regardés comme ſujets de l'Empire. L'Empire dénote l'Empereur & tous les Etats en corps.

VII.

Les membres ſont immédiats ou médiats. Les premiers dépendent uniquement & immédiatement de l'Empire, & contribuent par eux-mêmes & directement aux charges publiques, ſans que leur portion paſſe par les mains de quelqu'autre. Les médiats dépendent de l'Empire par le moyen de leurs ſeigneurs immédiats, dont ils ſont ſujets & auxquels ils délivrent leur quote-part, qu'ils fourniſſent aux fraix communs de l'Empire.

VIII.

Entre les médiats, ceux qui avec une certaine prééminence ont quelque part aux offices publiques, ſe nomment Etats provinciaux. v. l'art. 15 & 19. de la capitul. de François I.

IX.

Les autres ſont bourgeois ou habitans. Bourgeois s'appelle celui, qui étant reçu au nombre des citoyens d'un endroit, y jouit du droit de bourgeoiſie & contribue aux fraix de la communauté, à moins qu'il n'en ſoit exempt. Les manans ou habitans ſont ceux qui, moyennant une certaine redevance payée au ſeigneur, ont ſeulement le droit de reſter dans un endroit tant qu'ils ſe comportent bien ſans participer aux droits de bourgeoiſie. Il y a encore en Allemagne des gens attachés au domicile par une eſpece de ſervitude.

X.

Le droit public de l'Allemagne eſt le plus intéreſſant tant par ſa ſingularité, que par la puiſſance du corps, dont l'eſprit & le génie autoriſe, maintient & affermit ce droit, qui enſeigne comment l'Empereur ſe doit conduire envers les États, les États envers l'Empereur, & chacun des Etats à l'égard des autres, pour la conſervation de ce tout, ou de cet enſemble nommé communément l'*Empire*. Ce droit eſt en même temps plus étendu que celui de toute autre nation; parceque la ſouveraineté y eſt diviſée entre le chef & ſes membres, qui ſont en grand nombre & jouiſſent des droits différens les uns des autres; auſſi les commentaires du droit public d'Allemagne ſont-ils fort volumineux, p. e. le Staatsrecht de *Moſer*, qui contient 52 tomes in 4°.

XI.

Pour ſe former une ſolide connoiſſance du droit public, il faut d'abord apprendre à connoître à fond la ſituation de l'Allemagne, ainſi que le génie de ſes habitans tant anciens que modernes; & pour cet effet ſe ſervir des meilleurs Géographes. Les trois premiers tomes de *l'Atlas historique ou nouvelle introduction à l'histoire, à la chronologie & géographie ancienne & moderne &c.* peuvent tenir lieu de tous les autres. En second lieu il faut en apprendre l'histoire; ce que l'on peut faire commodément en lisant *Mascov* Geschichte der Deutschen, ou l'abrégé de l'histoire d'Allemagne par *Pfeffel*, en y ajoutant *Schmidt* Geschichte der Deutschen. En troisieme lieu voir les actes & diplômes de l'Empire, & pour cet effet en consulter les recueils de *Faber*, sous le titre de Staatscanzley; de *Lunig*, sous celui de Reichsarchiv. Ajoutez-y *Lunig bibliotheca deductionum augmentée par le Docteur Jenichen; & les recueils de Goldast*, *Hortleder*, *Londorp*, *Mabillon*, *Leibnitz* & autres. En quatrieme lieu voir les annales & chroniques, p. e. Aventini, Baronii, Broveri & Crucii annales, Chytræi chronicon, Lehmanni chronicon Spirense &c, & en dernier lieu lire les traités de paix & les pieces d'écritures & lettres patentes non imprimées, que l'on trouve aux archives.

XII.

Struv. Corp. Jur. publ. cap. I. tit. 2. pose sept. périodes de loix publiques concernant la forme & le bien général du gouvernement de l'Allemagne : la Ire. sous Otton le grand, qui joignit l'Empire romain à l'Allemagne par un pacte fait avec le Pape Léon VIII, & le Peuple romain en 964.

La II^de^. sous Henri IV, à l'occasion des troubles & dissentions entre l'Eglise romaine & l'Empire.

La IIIme. lors du grand Interregne, pendant lequel le pouvoir des Empereurs fut diminué & l'autorité des États augmentée.

La IVme. à l'occasion de la Bulle d'or, qui établit ou affermit les droits & prérogatives des Electeurs ; laquelle fut suivie en 1447. des Concordats de la Nation germanique entre l'Empereur Frédéric III, & le Pape Nicolas V.

La Vme. sous Maximilien I. pour avoir établi la paix publique perpétuelle, & qui érigea la chambre impériale, divisa l'Allemagne en Cercles & fit la fameuse ordonnance des Notaires en 1512.

La VIme. sous Charles-quint, à cause de la guerre assoupie par la paix survenue; de même que pour raison de la premiere capitulation en 1521, par laquelle le pouvoir des Empereurs déja beaucoup restreint, fut encore serré d'avantage. Cette époque est aussi remarquable par la Matricule de l'Empire.

La VIIme. fait la paix de Westphalie, par laquelle les droits de la superiorité territoriale furent étendus & confirmés aux Etats.

XIII.

Au commencement du treizieme siecle les Germains ou les Allemands n'avoient pas encore beaucoup de loix publiques; comme le prouve Conradus Ursbergensis à l'année 1171; & les jurisconsultes qui traitoient alors le droit public systématiquement, empruntoient & expliquoient beaucoup conformément au droit canonique & civil, principalement ſelon le code Juſtinien.

XIV.

L'Allemagne eſt un corps de pluſieurs États & Villes libres, à la tête deſquels eſt un chef appellé Empereur.

XV.

Les troubles du grand interregne peuvent être enviſagés comme la ſource de ſon droit public & l'époque de l'agrandiſſement des États & de l'affoibliſſement des Empereurs, comme la ſuite le démontrera.

XVI.

Les publiciſtes ne s'étant point aviſés juſqu'à préſent de preſcrire une certaine méthode de traiter le droit public, il me ſemble que l'on peut en ſuivre une à ſon choix ſans ſe compromettre avec eux. Conſéquemment je ſuivrai à peu près celle de *Maſcov*, dans ſon ouvrage intitulé : *Principia Jur. publ. in prolegomenis* §. 20. & je diviſerai cet ouvrage en VII. Livres.

Dans le I. je traiterai des principes du droit public.

Dans le II. de l'origine & des limites de l'Allemagne.

Dans le III. & IV. de la suprême puissance qui y regne.

Dans le V. & VI. de la maniere dont s'exerce ce pouvoir dans les différentes parties de l'Allemagne.

Dans le VII. de la nature & de la forme de quelques États en particulier, ainsi que de la connexion & du lien de l'Allemagne avec ces États.

LIVRE I.

CHAPITRE I.

Des Loix Publiques de l'Allemagne en général.

I.

Le pouvoir de faire des loix réſide dans l'Empereur & les États. Les différens changemens arrivée dans le gouvernement de l'Allemagne ont enfin pouſſé cet Empire au point, que pour y établir une loi générale, qui ne concerne point les affaires, dont l'Empereur a ſeul l'entiere diſpoſition, il eſt de néceſſité abſolue, que le conſentement des États aſſemblés y intervienne d'un côté, & celui de l'Empereur de l'autre. v. *art.* 8. §. 2. *du Traité d'Oſnabrug.*

II.

Le pouvoir législatif, comprend celui de faire des loix nouvelles, de confirmer les anciennes, de renouveller & de rétablir celles qui étoient hors d'ufage, de les interpréter, d'y fuppléer par des additions, ou d'en diminuer l'étendue, de les abroger ou annuller entiérement ou en partie.

III.

L'Allemagne a des loix publiques propres, c'eft-à-dire nées dans fon fein & faites par fes propres chefs & législateurs; & des loix adoptées. Telles font les loix publiques contenues dans le droit canonique, dans le droit romain, & dans le droit féodal des Lombardes. Nous parlerons de ces dernieres dans la fuite.

IV.

On appelle *Loix publiques de l'Empire* toutes celles, qui ont pour objet immédiat l'établiffement, la forme, le maintien, & le bienêtre de l'Empire; Elles fe divifent en écrites & non écrites (appellées obfervances & coutumes.)

V.

La premiere efpece a été le fruit des déliberations des États avec leur chef. Même du tems de Charlemagne & d'Otton I, quoiqu'ils aient tous les deux gouverné en monarques, les premiers du peuple étoient admis aux Dietes & délibéroient avec leur ſouverain ſur l'établiſſement des loix du gouvernement. Déja Louis le débonnaire, rétabli ſur le trône, fut obligé de promettre ſolemnellement de ne décider aucune affaire publique ſans la participation des Princes: Cependant les ſuffrages des Princes n'avoient point dans ces tems là le même poids, que ceux des États d'aujourd'hui; ils ne lioient point le ſouverain, qui avoit le pouvoir de négliger la pluralité des voix, en ſuivant l'avis qui lui paroiſſoit le plus avantageux à l'État.

VI.

La ſeconde eſpece, c. a. d. les obſervances & les coutumes de l'Empire, dénotent de certains uſages qui ont pris force de loix. Déja du tems de Frédéric I. (*a*)

(*a*) Celà eſt prouvé par des lettres que les Evêques d'Allemagne envoyerent au Pape Hadrien du temps de Frédéric I. qui portent; „duo ſunt quibus noſtrum

l'Allemagne étoit gouvernée par ces deux especes de loix. Nous traiterons des coutumes dans le huitieme chapitre.

VII.

Nous appellons loix publiques écrites, celles qui ont été faites & publiées de l'autorité de l'Empereur & du consentement des États assemblés.

VIII.

Les loix ou constitutions publiques en général ont divers objets. les unes regardent l'établissement ou plutôt la forme constitutive du gouvernement & de l'État. Telles sont les loix concernant le pouvoir législatif, ainsi que celles qui décident, si un État est électif ou héréditaire; s'il est restreint aux mâles, ou s'il passe aussi aux femmes; si le souverain en est le propriétaire, l'usufruitier, ou seulement

„ regi oportet Imperium : *Leges sanctæ Imperatorum & bonus usus prædecessorum & patrum nostrorum*, quidquid ab his „ discordat, non recipimus.„ v. *Radevicus de gestis Friderici I. lib.* 1. *cap.* 6.

ment l'adminiſtrateur & autres ſemblables. Ces loix s'appellent fondamentales, & ne peuvent être changées ſans que l'État reçoive une nouvelle forme. Les autres concernent la maniere de le ſoutenir, de le rendre plus ſolide ou plus brillant. Telles ſont les loix concernant le militaire, la magiſtrature, la police, les fortifications, la navigation, le commerce, les finances, les vivres, les cérémonies du couronnement, les audiences publiques, les ambaſſades & autres.

IX.

Les loix fondamentales de l'Empire ſe trouvent dans la Bulle d'or, les ordonnances & traités de paix, dans la Capitulation & dans quelque recès de l'Empire. Dans ces mêmes loix (ou mieux dans ces différens codes de loix) il y a bien des conſtitutions, qui ſont de ſimples loix publiques, ſans pouvoir être qualifiées du nom de loix fondamentales; & dont pluſieurs ont déja été changées ou entiérement abolies, ſans que le gouvernement en souffrît la moindre altération.

X.

Les loix publiques (au moins celles qui sont écrites) peuvent être envisagées comme des conventions entre l'Empereur & l'Empire (c. à. d. les États formés en colléges représentans tout ce corps que l'on appelle Empire) & comme de véritables loix à l'égard de chaque État considéré séparément; vu que comme tel il doit être regardé comme sujet de l'Empereur & de l'Empire, contraignable à l'observance de leurs loix & punissable en cas de contravention. Si cela n'étoit point, l'Allemagne auroit près de mille souverains à pouvoir égal sans la moindre subordination & dépendance; ce qui feroit un monstre inconcevable, qui se dévoreroit par sa propre constitution. Grotius a déja observé (*a*) qu'une même disposition considérée sous diffé-

(*a*) De Jure belli & pacis lib. 2. cap. 14. §. 9.

rents points de vues peut avoir force de loi & de convention.

XI.

Les loix publiques d'Allemagne dérivent toute leur force & vigueur du consentement exprès ou tacite de l'Empereur & des Etats (*a*), & elles ne sauroient être interprétées sans leur concours & leur suffrage décisif (*b*).

XII.

L'Interprétation faite par l'Empereur & les États en corps s'appelle authentique, c. à. d. provenant de l'Auteur de la loi. L'interprétation usuelle fondée sur le tacite consentement de l'Empereur & des États peut être regardée comme une espece d'interprétation authentique. Il y en a une autre appellée doctrinale, que les Docteurs ès loix ou Jurisconsultes s'avisent de faire dans leurs écrits.

(*a*) Cela est prouvé par l'art. 8. §. 2. du Traité d'Osnabrug.

(*b*) L'Empereur s'engage expressément par sa capitulation, de gouverner l'Allemagne suivant les loix faites à la Diete & toutes celles qui sont reçues en Allemagne,

Il fut ordonné (*a*) aux Magistrats, d'empêcher qu'on n'expose en vente aucun écrit contenant des propositions ou interprétations contraires aux constitutions de l'Empire. La défense des interprétations quelconques auroit été plus prudente.

CHAPITRE II.

Des Recès ou Résultats de l'Empire.

I.

Les loix écrites sont la base & les plus fermes colonnes, sur lesquelles se repose le gouvernement de l'Empire. Les recès tiennent parmi elles un des premiers rangs.

---

de les maintenir & de ne rien entreprendre, qui leur soit contraire, ni de les interpréter sans le suffrage des Etats assemblés. v. *la Capitul. de Joseph II. art.* 2. §. 3. & 5.

(*a*) *Voyez les recès de* 1530. 1548. 1570. & *de* 1577. *ainsi que l'art.* 5. *du Traité de Westphalie.*

II.

Ces recès ne ſont autre choſe que des loix générales ou réſolutions faites, données & publiées à la Diete de l'Empire par ceux qui en ont le droit. Il y a des recès qui n'ont pour objet que des matieres civiles, comme l'ordonnance de *Maximilien I.* de 1512. concernant les Notaires, ou des matieres criminelles, comme la Caroline. Ceux-là ne peuvent point être regardés comme loix publiques. Une partie des matieres qui peuvent entrer aux recès de l'Empire, ſe trouve dans *l'Art.* 8. *du Traité d'Osnabrug*, que l'on peut conſulter.

III.

Les recès ſe font à la Diete (*a*) générale des États, ou à une Diete particuliere des Députés repréſentans tous les États de l'Empire. Ces aſſemblées des Députés de l'Empire furent établies en 1555. Les recès de députation s'appellent Reichs-Deputations-Abſchied.

(*a*) *Voyez le recès de* 1548. §. 28.

IV.

On les appelle recès, du nom latin *recessus*, Reichsabschied : parcequ'on, ne publie ces loix qu'à la fin de la Diete lorsque tout le monde se retire. Chaque recès est une espece de code contenant plusieurs décrets faits à une même Diete, & approuvés de l'Empereur.

V.

Le premier recès publié solemnellement est celui de 1235. à la Diete générale de Worms sous *Frédéric II*. C'est la premiere loi de l'Empire conçue en langue allemande ; elles étoient auparavant toutes rédigées en latin. Le dernier recès formel est de 1654. Les décrets qui se font de tems en tems par les résultats des trois colléges, assemblés à la Diete convoquée en 1663. & continuée à Ratisbonne, étant ratifiés de la part de l'Empereur, ont la même force qu'un recès formel de l'Empire.

VI.

Outre le recès formel de l'Empire, il y a quelquefois un recès particulier (Nebens-Abschied) qui contient quelques articles ſecrets que l'on ne publie point; mais que l'on met entre les mains de l'Electeur de Mayence, pour les garder dans les archives de l'Empire. Ce recès ne peut être regardé que comme une convention particuliere, qui n'oblige que les États intéreſſés qui y ont prêté leur conſentement, à moins que ſon objet ne regarde tout l'Empire intéreſſé à le tenir ſecret pendant quelque tems.

VII.

Les matieres arrêtées à la pluralité des voix s'appellent (*Placitum Imperii*) *décret de l'Empire*, l'approbation de l'Empereur en fait un décret formel, appellé *concluſum imperii;* enfin la ſouſcription & la publication en forme fait ce que l'on appelle (*Receſſus imperii*) *recès d'Empire* dont voici la forme.

I°. Il doit être ſigné de l'Empereur & des États.

II°. l'Empereur y attache le grand ſceau, au milieu du quel ſort un double lacs de ſoie. A celui du côté droit on pend les ſceaux de deux

Electeurs eccléſiaſtiques, de deux Princes eccléſiaſtiques, d'un Prélat, & d'une ville impériale; à celui du côté gauche ſont attachés les ſceaux de deux Electeurs ſéculiers, de deux Princes ſéculiers, celui d'un Comte & celui de la ville impériale où la Diete a été tenue

III°. l'Empereur en fait faire la publication & en envoye un exemplaire à la chambre Impériale, un autre au Conſeil aulique, avec une lettre portante ordre de s'y conformer en jugeant

IV°. Il doit être dreſſé en langue allemande ou latine, de même que tous les actes publics conformément à la capitulation de Joſeph II. (*a*).

V°. Enfin il doit contenir la clauſe, par laquelle l'Empereur & les Etats de l'Empire déclarent qu'il

(*a*) *Art.* 23. §. 3. " Auch in Schriften „ und Handlungen des Reichs an unſerm „ königlichen und künftigen kayſerlichen „ Hof keine andere Zunge noch Sprache „ gebrauchen laſſen, dann die deutſche und „ lateiniſche, es wäre dann an Orten auſ- „ ſerhalb des Reichs, da gemeiniglich eine

a été dressé de leur consentement mutuel, promettant par maniere de convention de l'observer & de s'y conformer.

VIII.

Il suit du §. précédent, qu'il faut distinguer les recès d'Empire des recès des États d'Empire (Reichsgutachten) qui sont des articles, dont les trois colléges sont convenus entre eux, & qui obligent conséquemment les États par maniere de convention; mais qui ne peuvent point passer pour loix générales de l'Empire, parceque le consentement & l'approbation de l'Empereur, requis pour faire un *résultat ou un recès d'Empire formel*, leur manquent.

IX.

l'Empereur légitimement empêché de faire ses fonctions concernant la Diete, peut en charger le

---

„ andere Sprache in Uebung wäre. „ On ne se servit que de la langue latine pour dresser les actes publics de l'Allemagne jusqu'à l'Empereur Rodolph I. *vid. Moser* Abhandlung von denen Europäischen Hof- und Staats-Sprachen.

Roi-des Romains (s'il y en a un) qui pour lors est en droit de faire un recès d'Empire conjointement avec les États (*a*), & s'il n'y en a point, l'Empereur peût se décharger de ses fonctions sur un des deux vicaires de l'Empire, qui dès-lors sont également autorisés de former & de publier des recès d'Empire (*b*).

X.

Les États peuvent déroger par des loix provinciales à ce qui est statué dans les recès à l'égard des personnes privées; & les coutumes prévalent souvent aux dispositions de pareils recès. Ainsi l'on a coutume dans plusieurs provinces de prendre six pour cent d'intérêts, quoiqu'il fût *défendu par le recès de prendre plus de cinq*.

XI.

Le plus ancien recueil des recès

(*a*) V. *le Recès de* 1547.

(*b*) *Les Recès de* 1525. 1527. nous en fournissent des preuves.

NB. En citant les Recès d'Empire je me sers tantôt du nom de Recès, tantôt de celui de Résultats.

de l'Empire fait d'autorité publique est celui de 1527. imprimé à Spire.

La plus correcte & la plus complette collection des recès est celle qu'ont fourni les fameux publicistes Senckenberg, Schmauss & Olenschlager, imprimée à Francfort en 1749, & celle de Mr. Schmidt de 1750.

CHAPITRE III.

De la Bulle d'or.

I.

Quand on allégue simplement la Bulle d'or, on entend ce recueil de Loix publiques & fondamentales de l'Empire publié en 1356. (*a*) par l'Empereur Charles IV, du consentement des États de l'Empire assemblés en Diete à Nuremberg & à Metz.

(*a*) Cette Bulle contient quarante articles, dont 23. furent publiés à Nuremberg, & 17. à Metz. Il y a des savants qui prétendent, qu'elle fut dressée par le fameux Barthole.

II.

Charles IV, auteur de cette Bulle, étoit de l'illuſtre maiſon de Luxembourg, fils de Jean Roi de Bohéme & neveu de l'Empereur Henri VII. Il acheva ſon éducation en France, où il ſe fit inſtruire en différentes ſciences. Il parloit l'eſclavon, le françois, l'italien, le latin & l'allemand avec diſtinction.

III.

Elle tire ſon nom du ſceau d'or, (*a*) qui y eſt attaché. Elle fut dreſſée en latin, & enſuite traduite en allemand par ordre de l'Empereur Wenceslas.

IV.

A la cour des Empereurs grecs & romains on appelloit *Bulla* le ſceau du Prince, à cauſe de ſa forme ſemblable à ces petites bou-

(*a*) Charlemagne, & déja avant lui les Empereurs Grecs, ſe ſont ſervis de pareils ſceaux d'or; comme le prouve Thulemarius, dans ſon traité *de Bulla aurea, argentea, plumbea & cerea. Schilter Inſt. J. publ. tom 2. pag.* 267. Sa premiere partie c. à. d. les XXIII. premiers chapitres furent compoſés & publiés à Nu-

teilles rondes d'or ou d'argent, qu'on pendoit du tems des anciens Romains au col des enfans de qualité, qui les portoient jufqu'à l'âge de 17. ans (*a*); alors ils prenoient la robe virile appellée *toga*, & mettoient la Bulle au col de leur ftatue qui étoit auprès des Dieux pénates.

V.

Le fceau des Empereurs étant appellé *Bulla*, on donna infenfiblement ce nom aux ordonnances, & aux patentes mêmes où pendoient ces fceaux, qui étoient de plomb, de cire, d'argent ou d'or. Ainfi notre fameufe conftitution impériale de *Charles IV.* fut appellée *Bulle d'or* à caufe du fceau rond d'or, qui pend par des fils de foie jaune & noire au parchemin où cette conftitution eft écrite. Ce fceau repréfente d'un côté l'Empe-

---

remberg le 10. Janvier 1356, & fa derniere partie c. à. d. les chapitres fuivans, à Metz le 25. Décembre de la même année.

(*a*) Voyez Macrob. faturnal. lib. 2. cap. 4. & Perf. fat. 5. ufque ad 30.

reur aſſis ſur ſon trône, tenant d'une main le ſceptre & de l'autre le globe terreſtre ſurmonté d'une croix. A ſa droite on voit un bouclier & l'aigle Impérial, à ſa gauche un bouclier & le lion de Bohéme; la légende: *Carolus IV. divina favente clementia, Romanorum Imperator ſemper Auguſtus & Bohemiœ Rex.* Au revers il y a un château flanqué de deux tours fort élevées; au milieu eſt une porte ſur laquelle ſe trouve cette inſcription: *aurea Roma.* La légende porte ce vers: *Roma caput mundi, regit orbis fræna rotundi.* Ces derniers mots font alluſion aux prétentions des Empereurs ſur la ville de Rome.

VI.

Il exiſte pluſieurs Bulles d'or, qui jettent un certain jour ſur le Droit public; je n'en toucherai que celles qui me paroiſſent mériter un rang diſtingué. Telles ſont: 1°. Celle de l'Empereur Frédéric I. (*a*) donnée à Arbois

---

(*a*) *Pere Meneſtrier hiſtoire de Lyon pag.* 275.

le 18. Novembre 1157. par laquelle l'Empereur accorde à Heraclius Archevêque de Lyon les droits de régale, que les Empereurs prétendoient avoir ſur les égliſes, bénéfices, préſentations, confirmations, Droit de garde, Procurations, décimes & autres, qui furent examinés & réglés au ſecond Concile général de Lyon (*b*).

VII.

II°. La Bulle d'or du Pape Urbain IV. par laquelle il ſomme Richard & Alphonſe, élus Empereurs durant le grand interregne, de ſoumettre à ſa déciſion la validité de leur élection; qui eſt d'une grande reſſource pour les auteurs du droit public. Elle eſt de l'année 1260. & fournit la premiere preuve authentique de la fixation du nombre des Electeurs à ſept, & du droit qu'avoit l'Electeur Palatin du Rhin de juger les cauſes qui regardoient l'Empereur en perſonne.

VIII.

III°. Il y a une Bulle d'or de Charles-quint concernant la ſucceſſion au

(*b*) *Le même au l. c. pag.* 428. *& ſuiv.*

Duché de Milan, donnée à Bruxelles le 12 Décembre 1548. Elle ſubſtitue les femmes au défaut des mâles ; & une autre de Charles IV. touchant le Brabant. Mais de toutes ces Bulles d'or il n'y a que celle du même Charles IV. faite à Nuremberg & à Metz, qui comme Loi publique d'Allemagne puiſſe entrer dans notre plan.

IX.

Les principaux motifs de la confection de cette Bulle furent I°. de mettre l'élection de l'Empereur ainſi que les fonctions des vicaires de l'Empire pendant la vacance du trône impérial à l'abri des anciennes prétentions de la cour de Rome, & ſurtout de celles des Jean XXII (*a*). II°. d'affermir le droit d'élection dans les maiſons électorales & de l'attacher à de certaines lignes des mêmes maiſons (*b*). III°. de lever les différents des Electeurs

(*a*) Extravag. Joh. XXII. tit. V. ne ſede vacante aliquid innovetur.

(*b*) A la Diete de Nuremberg, Charles IV. de l'avis des Electeurs exclut les

Electeurs ſur la préſéance. IV°. d'exclure de la voix d'élection tous les autres Princes d'Empire, qui prétendoient le droit de concourir avec les Electeurs dant cette négociation.

X.

Par la Bulle d'or I°. le nombre des Electeurs fut fixé à ſept; II°. on aſſigna à chacun d'eux une grande charge de cour, en leur preſcrivant la maniere de l'exercer, & en établiſſant des ſous-officiers héréditaires, qui doivent remplir les fonctions des Electeurs abſents ou empêchés à l'excluſion des Ambaſſadeurs ou Envoyés; III°. on y régla le cérémonial de l'élection & du couronnement, dont la premiere ſe doit faire à Francfort à la pluralité des voix, & l'autre à Aix-la-Chapelle par l'Electeur de Cologne; IV°. on y établit les deux

---

Ducs de Baviere du Collége Electoral, ordonnant que le ſuffrage, auquel ils avoient participés jusqu'alors, ſeroit exercé dorénavent excluſivement par les Comtes Palatins.

Vicariats c. à. d. celui du Comte Palatin du Rhin dans les terres du Droit franconien, & celui du Comte Palatin ou Duc de Saxe dans les terres du droit Saxon. V°. Les Electorats y furent déclarés indivisibles & la succession dans iceux y fut réglée conformément au droit de Primogéniture ; VI°. On y introduisit la tutele agnatique déférée au plus proche parent du côté paternel. VII°. l'On y confirma aux Electeurs tous les droits de la souveraineté appellée *supériorité territoriale.* VIII°. Le Roi de Bohéme y fut placé à la tête des Electeurs séculiers & on lui accorda, qu'au cas de minorité & au défaut de parens, qui puissent exercer la régence, elle appartiendra aux États du pays. Tels sont les principaux points de la Bulle d'or.

XI.

La plupart des publicistes prétendent que l'exemplaire qu'on en trouve à Francfort sur le Rœmer, est tiré de l'original : il est écrit en latin sur du velin avec un grand ſcel ou bulle d'or au bas, attaché à des lacs de ſoie jaune & noire.

Not. I°. Les auteurs à conſulter ſur cette bulle, ſont Limnæus ad A. Bullam. Ludovici **Einleitung der goldenen Bull.** 2 vol. in-4°. Stryckii. *Diſſert. de A. B. vol.* 14. *operum* ; & *Brunnemanni diſſert. de ejus mutatione. Nova editio corporis receſſuum Imp.* tom. I. pag. 45. & ſuiv.

II°. L'Empereur Charles IV fit deux conſtitutions en faveur de la maiſon électorale de Saxe : (appellées auſſi bulles d'or, pour raiſon du ſceau d'or y apposé,) dont l'une eſt de 1357 & l'autre de 1376, par leſquelles pour obvier aux différens de cette maiſon concernant la ſucceſſion, il y établit ou raffermit le droit de primogéniture, & la ſucceſſion linéale.

XII.

On rapporte communément à la même année 1356 l'uſage du nom de *Ville libre Impériale* : qui fut donné dans une charte de l'Empereur

Charles IV du 24 Décembre, aux villes de Mayence, Worms & Spire.

XIII.

Les Empereurs ont toujours promis expreſſément dans la capitulation (*a*) d'obſerver & de maintenir fermement & inviolablement la Bulle d'or. Cela n'empêcha pourtant point que l'on n'y dérogea & que l'on n'en abolît quelques articles peu importans. Lors de l'établiſſement du huitième & neuvième Electorat, il fallut même une mutation ſolemnelle faite du conſentement réciproque de l'Empereur & des États (*b*).

CHAPITRE IV.

De la Paix publique perpétuelle.

I.

L'ancienne Germanie, abandonnée à ſes mœurs barbares,

(*a*) V. la Capitulat. de Joſeph II. art. 2. §. 3.

(*b*) Traité d'Oſnabrug, art. IV. §. 5. & le décret de l'Empire du 30 Juin 1708.

nourrissoit dans son sein de certains usages tout-à-fait cruels : tel étoit celui de justifier son droit par un duel avec son adversaire, appellé *Droit manuaire* (Faust- und Kolben-Recht). Ce droit fit de tels progrès, que malgré toutes les loix de Charlemagne & de ses successeurs pour l'abolir, il dégénéra enfin en une espèce de guerre civile. On l'assujettit cependant à quelques formalités nommées *Défis*, au moyen desquelles on pouvoit après un avertissement de trois jours poursuivre son droit par le vol, le pillage & l'incendie (*a*). Les défis se faisoient en personne, ou par un mandataire d'égale condition, ou par lettres qui en contenoient les motifs. Les Papes les interdirent pour certains jours & pour quelques lieux privilégiés (*b*).

II.

Pendant le grand interregne qui commença à la mort de Frédéric

(*a*) Cap. XVII. §. 2. Aurea B.
(*b*) Decret. lib. I. tit. 34.

II. en 1250, & dura jusqu'à l'élévation de Rodolphe de Habsbourg sur le trône impérial en 1273, l'Empire fut jetté dans un désordre affreux & cruel : les Etats s'approprierent les biens de l'Empire & usurperent la souveraineté. L'absence & la foiblesse de Guillaume Comte d'Hollande & de Richard, Roi d'Angleterre, élus successivement Empereurs, empêcha de tenir des Dietes semblables à celles que les Empereurs précédents avoient convoquées pour juger les causes des Seigneurs. Ce défaut de justice fut une source de guerre entre les Princes qui formoient des prétentions les uns sur les autres.

III.

Delà cette quantité de châteaux dressés sur la cime des montagnes, élévés les uns pour exercer la rapine impunément, les autres pour se mettre à l'abri des brigandages d'un mauvais voisin. Plusieurs Etats, & en général la petite noblesse, renouvellerent avec plus d'ardeur que jamais leurs anciens pillages. Les défis particuliers se multiplierent & les chemins devinrent si dangereux, que sans une forte escorte, à peine pouvoit-on aller d'une ville à l'autre. Ces facheuses circonstances donnerent lieu à plusieurs établissemens.

I°. Quelques Etats intéressés au maintien de la paix se liguerent pour leur défense commune, & formerent l'alliance appellée *Confédération du Rhin*, l'an 1252.

II°. La Noblesse immédiate fit des confédérations particulieres nommeés *Ganerbinats* ou conventions de succession mutuelle (Gegen-Erbsverträg). Ceux qui composoient ces alliances, fortifioient à frais communs un château pour arrêter les brigands, & se liguoient pour sa défense. Les différens des Confédérés se déciderent par la sentence du Bourggraf ou Président de la ligue & de quelques *Bourgmænner* ou Confédérés. Le Château de Rodenbourg en Franconie étoit autrefois le siege d'un pareil ganerbinat.

III°. Les villes commerçantes suivirent l'exemple de la noblesse, & formerent la célébre ligue hanséatique, qui dans la suite comprenoit plus de quatre-vingt des plus riches villes de l'Allemagne. Elle étoit divisée en quatre classes; Lubeck étoit à la tête de la premiere, Cologne de la seconde, Brunswic de la troisieme & Danzig de la quatrieme. Les Consuls préposés pour juger les différends entre les négocians, s'appelloient Hansgrafen (*juges de la ligue*); *hansa*, vieux mot allemand, signifie *ligue*.

IV°. A cette même période on rapporte la fondation du Collége électoral à l'exclusion des autres Princes, laquelle se fit insensiblement & sans aucune loi antérieure à celle de Louis de Baviere, de 1338; en même tems les avoueries des églises & des villes, qui faisoient un des plus beaux droits de l'Empereur, furent démembrées de la couronne.

V°. Les pactes de confraternité font du même âge. Tels font les pactes entre les maifons de Saxe, de Heffe & de Brandebourg. Nous aurons lieu de parler plus amplement de toutes ces chofes.

IV.

Pour arrêter ou diminuer les troubles de l'Empire, plufieurs États convinrent d'établir des auftrégues, ou des juges de convention, qui devoient terminer les procès, même entre les confédérés, comme la fuite le fera voir. Maximilien introduifit des auftrégues légitimes ou légales pour ceux qui n'en avoient point de conventionnels.

V.

Rodolphe de Habsbourg refpecté par fes forces, publia à la Diete de Würtzbourg en 1287. une paix publique pour trois ans & fit démolir la majeure partie des châteaux remplis de voleurs & des tyrans. Ses Succeffeurs firent de même : cependant aucun ne fut en état d'abolir les défis, qui empêcherent la liberté du commerce, & exposoient tout le monde à de perpetuels dangers de vie. Çela fit négliger la culture de la terre & jetta ses habitans dans une cruelle détresse. La justice étoit mal administrée ; il n'y avoit point de tribunaux souverains ; les austrégues ne suffisoient point ; en un mot l'injustice & la tyrannie marchoient de pair, & dévastoient ce pays aujourd'hui si riche & si fertile ; enfin l'Allemagne déchirée & abattue pensa sérieusement à sa sécurité, & les États tout énervés vinrent d'eux mêmes solliciter Maximilien I. d'établir une paix solide & perpétuelle.

VI.

La sage conduite & la prudence consommée de cet Empereur retrancha enfin (autant que possible pour lors) toutes les voies de fait, par une constitution impériale faite du consentement des Etats d'Empire à la Diete de Worms l'an 1495, & augmentée ensuite de tems en tems par le même Empereur & par ses successeurs de quelques nouvelles clauses & déclarations. Cette conſtitution eſt nommée proprement & par excellence la *paix publique* (*a*): étant en effet une loi perpétuelle & fondamentale, en vertu de laquelle les membres de l'Empire ſont tenus de s'abſtenir de toutes ſortes d'hoſtilités & de violence les uns envers les autres, de faire décider les différens par la voie ordinaire de la juſtice, de ſe ſecourir mutuellement contre ceux qui oſeront attaquer quelqu'un de cette maniere, & de ne rien ſouffrir qui puiſſe troubler le repos public.

VII.

Pour pouvoir être accuſé comme infracteur de la paix publique, il faut que la violence, ſur laquelle

---

(*a*) Le nom de paix convient à cette conſtitution pour deux raiſons: la premiere, parce qu'elle fut faite dans l'intention de mettre fin aux guerres inteſtines de l'Allemagne; la ſeconde, parce qu'on lui donna la forme d'un véritable traité de paix avec la promeſſe réciproque des Etats faite par écrit ſous leur foi & honneur, & confirmée par des alliances particulieres en garantie de ſon exécution.

le chef de l'accuſation eſt fondée, ſoit accompagné de trois circonſtances, ſavoir: I°. qu'elle ait été publique & conſidérable, II°. faite à main forte, III°. malicieuſement & de deſſein prémédité. On agit aujourd'hui contre les infracteurs de cette paix à la Chambre impériale ou au Conſeil Aulique, & l'on conclud à la proſcription & à l'amende de deux mille marcs d'or, (288000 florins). L'exécution du ban ou de la proſcription ſe fait par les Cercles.

Obſervation. Si nous examinons attentivement la Déclaration de la paix publique de Charles-quint faite à Nuremberg en 1522, nous voyons que l'amende des deux mille marcs d'or ci-deſſus regardent les Magiſtrats, qui n'ont pas punis les infracteurs de la paix. Certes cette amende ne peut point être exigée du proſcrit, vu que ſes biens ſont confiſqués.

VIII.

Malgré la gravité des peines ſtatuées contre les violateurs de cette paix, les *défis* reparurent quelques fois, & Charles-quint se vit obligé de la renouveller & raffermir à différentes reprises & notamment en 1548. (*a*) C'est cette paix confirmée par l'Art. 17. §. 7. & 8. du Traité de Westphalie & par les Capitulations de François I. & de Joseph II. art. 2. §. 3. qu'on a coutume d'alléguer comme plus claire & plus ample.

CHAPITRE V.

De la Paix de Religion.

I.

L'Allemagne commençoit à peine à goûter les doux fruits d'un calme gracieux & bienfaisant que

---

(*a*) M. Datte, Conseiller de Würtemberg, écrivit en 1698 un ouvrage in-folio qui donne un grand éclaircissement concernant le droit public de l'Allemagne pendant les XII. XIII. XIV. & XV. Siecles, & particulierement à l'égard de la paix publique. Voyez aussi Struv. Corp. J. publ. cap. 6. §. 51.

la paix publique venoit d'y produire, que le fanatisme, jaloux de ce repos, suscita de nouveaux troubles, qui ensanglanterent, derechef ce pays malheureux.

II.

Luther voit des abus dans l'église Catholique Romaine; il se leve & veut les reformer. Malheureusement il manque de caractere; les tems & les circonstances le favorisent; mais au lieu de se contenter de se déclarer contre les abus, il s'oublie & s'en prend aux dogmes de l'église, cela déplait à l'Empereur & au Pape.

III.

Le Pape déclare Luther hérétique & l'excommunia; la Diete de Worms (1521) le proscrivit avec ses adhérens & défendit la lecture de ses livres. Celle de Spire (1526) défendit de rien innover dans la foi Catholique, & ordonna qu'en attendant un Concile ou une assemblée nationale, chacun agît de façon qu'il en put rendre compte à Dieu & à l'Empereur. A la Diete de Spire en 1529. on défendit aux

États de l'Empire de recevoir les dogmes de Luther contraires au sacrement de l'eucharistie, d'abolir les rites de la messe & d'empêcher quiconque de l'entendre. Jean, Electeur de Saxe, George, Margraf de Brandenbourg, Philippe de Hesse & Wolfgang d'Anhalt, chefs du parti de Luther, protesterent contre ces décisions. Delà le nom de *Protestans.*

IV.

Là-dessus lesdits États convinrent entre eux de dresser un formulaire de foi pour prévenir les maux dont ils étoient menacés. Ce formulaire fut dressé par Melanchton un de leurs plus savans personnages, & présenté à Charles-quint à la Diete d'Augsbourg en 1530. Ce formulaire s'appelloit *la Confession d'Augsbourg*, dont les articles furent réfutés à la même Diete, qui ordonna aux Protestans la restitution des biens dont ils s'étoient saisis.

V.

Personne ne voulant céder, les troubles s'augmentoient de jour en jour & engendrerent enfin une guerre sanglante appellée *guerre de Smalkalden*, parceque le dessein en fut formé dans cette ville située en Franconie. Cette guerre devint funeste à l'Allemagne & aux confédérés: Charles-quint met l'Electeur de Saxe au ban de l'Empire, donne son Electorat à son parent Maurice deSaxe, & remporte une victoire complette près deMühlberg dans le Marquisat de Misnie l'an 1547 ; prend prisonnier Jean Frédéric Electeur de Saxe & Philippe le Magnanime Landgrave de Hesse, tous deux grands partisans de Luther.

VI.

Cinq ans après, Maurice Duc de Saxe & Margrave de Misnie, abandonna l'Empereur & s'allia avec Henri II, Roi de France, alléguant pour raison I°. que l'Empereur avoit manqué de parole au Landgrave, II°. qu'il refusoit injustement de délivrer les prisonniers, III°. qu'il attentoit aux libertés du corps germanique, & qu'il violoit continuellement sa capitulation.

VII.

VII.

Tout d'un coup Maurice surprend Inspruck, d'où l'Empereur échappe avec peine; il délivre les Princes prisonniers, & force l'Empereur à rétablir Jean-Frédéric par des lettres-patentes dans tous ses états, excepté le Duché de Saxe ou Cercle de Wittemberg & la dignité électorale.

VIII.

Enfin Charles se voyant hors d'état de résister aux forces victorieuses de Maurice, donna plein pouvoir au Roi Ferdinand son frere, de traiter avec les Protestans d'une trève, & ensuite d'un accommodement formel & définitif. La trève fut conclue à Lintz & l'accommodement se fit à Passau en 1552, moyennant la célebre transaction du 2 Août, qui contient en substance: I°. que le formulaire de foi appellé l'*intérim* (*a*) seroit

(*a*) On appella ce formulaire *intérim*, parce qu'il devoit servir de livre symbolique *en attendant* qu'un concile général eût décidé sur les points de doctrine

caſſé & annullé ; II°. que l'Empereur aſſembleroit une Diete pour y terminer à l'amiable les diſputes ſur la religion ; III°. que les Proteſtans jouiroient en attendant d'une pleine liberté de conſcience ; IV°. que les aſſeſſeurs de la chambre Impériale ſeroient indifféremment des deux religions.

IX.

La Diete promiſe par la transaction de Paſſau auroit dû ſe tenir l'année d'après ; mais elle ne commença que le 5 Février de l'année 1555, & ſe termina le 23 Septembre de ladite année. C'eſt dans cette famauſe Diete, tenue à Augſbourg, que fut conclue la paix de religion dont nous parlons principalement dans ce chapitre.

---

controverſés. Il fut dreſſé à la Diete d'Augſbourg en 1548. & portoit en ſubſtance : „ que les prêtres actuellement mariés garderoient leurs femmes, & que les laïques „ qui avoient déja communié ſous les deux „ eſpeces, continueroient de recevoir le calice. „ *V. l'abrégé chronol. de l'hiſtoire du droit public de l'Allemagne*, page 426.

Observations.

Ire.

L'article 16me. n'approuve que la religion Catholique & la Protestante ; mais par l'article 7, § 1, du traité de paix d'Osnabrug, la liberté de conscience fut étendue aux Réformés ou Calvinistes ; & ce qui plus est, les États, par un ancien usage de l'Empire, tolérent en différens endroits des Anabaptistes & d'autres sectes, pourvu qu'une pareille tolérance ne porte aucun préjudice à l'une des trois religions approuvées. vid. Gundlings Discurs über den Westphälischen Frieden.

II^de.

Ce qui fut statué par l'article 17, s'appelle le *Réservat Ecclésiastique.*

Observation. Pendant la Diete d'Augsbourg, les États ecclésiastiques soutenoient que la liberté de conscience ne devroit être accordée qu'aux laïques. Les Protestans prétendoient au contraire qu'elle doit s'étendre également sur les ecclésiastiques, ensorte qu'un État eccléſiaſtique, changeant de religion ou ſe faiſant luthérien, doit conſerver ſon bénéfice, ſes revenus & ſa dignité. Ces deux ſentimens contraires échaufferent infiniment les eſprits. Enfin, *Ferdinand I*, pour trancher le fil à toutes les altercations, inſéra dans le traité de paix le *Réſervat Eccléſiaſtique*, **der geiſtliche Vorbehalt.** Dans la ſuite les Luthériens proteſterent contre, & réitérerent leurs proteſtations dans les Dietes ſuivantes de 1556, 59 & 66. Ces proteſtations firent renaître la guerre en 1582, pendant laquelle Gebhard Truchſes de Walbourg, Archevêque de Cologne, embraſſa publiquement la confeſſion d'Augsbourg. Il fut dépoſſédé de ſon ſiege, après quoi il ſe transporta à Strasbourg, où il étoit doyen de la cathédrale, & y mourut.

Malgré le *réſervat* & nonobſtant toutes les précautions & défenſes, pluſieurs Evêchés & pluſieurs Couvens furent ſéculariſés. Il fut enfin confirmé par l'article 5, § 15, du traité de paix de Weſtphalie, avec cette clauſe y ajoutée par les Proteſtans, *qu'un Prélat proteſtant qui ſe fait catholique, ſeroit déchu de fait de ſa dignité & de ſes revenues.* Ainſi le *réſervat* fut étendu aux Luthériens.

IIIme.

La permiſſion de ſortir du pays, accordée par l'art. 24 de la paix de religion, aux ſujets qui ſe trouvent d'une religion différente de celle de leur ſeigneur, fut confirmée par le traité de paix de Weſtphalie.

Obſ. L'Archevêque de Salzbourg fit afficher un édit en 1588, par lequel il ordonna à tous les habitans de Saltzbourg & des environs, de ſuivre la religion romaine ou de ſortir du pays. Pluſieurs prirent le parti de le quitter dans la ſuite. En 1737 pluſieurs familles proteſtantes trouvant le gouvernement de l'Archevêque trop dur, en ſortirent de même.

CHAPITRE VII.

De la Capitulation des Empereurs.

I.

La convention faite & passée entre l'Empereur (*a*) & les États, comprenant les conditions & clauses, selon lesquelles l'Empereur promet d'administrer & gouverner l'Empire, s'appelle *Capitulation*, parce qu'elle est ordinairement divisée en chapitres, sections ou articles; delà Limnæus (*b*) la nomme :

(*a*) Les Rois des Romains, élus du vivant des Empereurs, sont également tenus d'en jurer une immédiatement après leur élection, en personne ou par commissaire. Celle de Joseph II. aujourd'hui Empereur, faite le 27. Mars 1764, peut nous en servir de preuve.

(*b*) Jur. pub. Annotam. ad capitul. prolegom. f. 1. n. 33. pour la même raison on appelloit autrefois les loix des Francs *Capitulaires*, de même qu'on nomme *Capitulation* les conditions sous lesquelles se fait une reddition de ville ou de forteresse. On peut comparer la Capitulation des Empereurs aux *Pacta Conventa* des Polonois.

den kayserlichen Artickel = Brief, quoiqu'on l'appelle ordinairement kayserliche Wahl=Capitulation.

II.

La Capitulation, regardée comme un acte passé entre les États, est une convention (a) & non pas une loi; vu que l'Empereur élu peut refuser le gouvernement ou l'accepter, & conséquemment se soumettre ou ne pas se soumettre aux conditions à lui prescrites.

III.

Cette convention est en même tems un recueil de plusieurs loix fondamentales de l'Empire, que l'Empereur & les États pris séparément, sont obligés de suivre. Outre ces loix publiques fondamentales, elle contient plusieurs loix publiques simples & des loix privées ou particulieres, que les tribunaux doivent observer, & que

---

(a) Cela est clairement expliqué par la préface ou l'introduction à la Capitulation de Joseph II. " Geding= und pacts=weise dieser nachfolgenden Artikel vereiniget, verglichen, angenommen und zugesagt haben. "

l'Empereur promet de maintenir (*a*) & de faire ensorte, que personne n'y contrevienne par voie d'absolution, de dispense ou autres quelconques.

IV.

L'Empereur élu, avant de pouvoir être couronné ou gouverner l'Empire, est obligé de jurer personnellement le maintien & l'accomplissement de la Capitulation, quoiqu'immédiatement après l'élection il ait fait prêter ce serment en son nom par un envoyé commissaire (*a*) ; cela est fondé dans l'usage.

(*a*) Capitul. de Joseph II. art. 30. § 6... Solches alles und jedes haben Wir obgedachter Römischer König ... beschworen, stät, vest, und unverbrochen zu halten, dem treulich nachzukommen, darwider nicht zu seyn, zu thun, noch zu schaffen, daß darwider gethan werden möge ... Uns auch dawider einiger Behelf oder Ausnahm, Dispensationen, Absolutionen, geist- oder weltliche Rechte, wie das Namen haben mag, nicht zu statten kommen sollen.

(*a*) Pour cette raison nous lisons dans l'art. 30. § 5. de ladite Capitul... Wir versprechen und geloben, sothane Be-

V.

Conformément au serment (que l'Empereur est obligé de prêter) il a été statué par toutes les Capitulations, & notamment par celle de Joseph II *(a)*, que toutes les entreprises, actes ou négociations contraires à la teneur de la Capitulation faites de la part de l'Empereur sans le consentement des États assemblés, seroient nulles & sans effets.

VI.

Il y a des publicistes qui prétendent déterrer l'origine des capitulations dans le serment que prêtoient autrefois les Rois Carlovingiens avant l'inauguration: (*de maintenir les droits du peuple*

schwörung der Capitulation, noch vor Empfangung der Krone, in eigener Person selbst zu leisten, und uns zu Vesthaltung besagter Capitulation nochmals zu verbinden.

(*a*) Art. 16. §. 11. de ladite Capitul... Ob aber diesen und andern in dieser Capitulation enthaltenen Artickeln und Puncten einiges zuwider erlangt oder ausgehen würde, das alles soll kraftlos, todt und ab seyn. vid. Moser ad cit. art.

& de l'Eglise) mais sans fondement; vu que cette promesse n'avoit rien de déterminé ni de spécifié. D'ailleurs, cette promesse juratoire faite dans un royaume héréditaire, tel qu'étoit la France en ce tems-là, ne doit pas être comparée aux Capitulations qui se font dans un empire *électif*, comme l'Allemagne. En outre les Rois & les Empereurs d'Allemagne qui succéderent aux Carlovingiens, faisoient les mêmes sermens, comme les Codes de Saxe (*a*) & de Suabe (*b*) le démontrent, sans qu'ils aient jamais passé pour des Capitulations.

VII.

Nous voyons un commencement de Capitulation dans les conditions prescrites à Robert Palatin, par les Electeurs après la déposition de Wenceslas, & dans les promesses qu'il fit aux Electeurs ecclésiastiques. Ces articles se trouvent dans les archives de Strasbourg.

(*a*) *Speculum Saxon.* lib. 3. art. 34.

(*b*) *Speculum Suev.* cap. 105. videatur Theganus *de gestis Ludovici Pii*, cap. 6.

VIII.

On n'en vit plus aucune trace jusqu'à la mort de Maximilien I; il y eut pour lors deux rivaux qui briguoient également la dignité impériale, sçavoir : François I. Roi de France, & Charles d'Autriche Roi d'Espagne. Ce dernier l'emporta par le suffrage de Frédéric le sage, Electeur de Saxe. Mais de peur que la liberté & les prérogatives des États de l'Allemagne ne fussent lézées par l'ambition & la puissance de Charles, les Electeurs dresserent une Capitulation, dans laquelle ils lui prescrivirent certaines conditions, auxquelles il lui falloit se soumettre avant d'être couronné Empereur. Comme c'est la premiere Capitulation en forme & en même tems le fondement & la base de toutes les suivantes, il fait bon de la voir dans Limnæus *J. p. tom. I*, idem *ad Capitul.*

IX.

Les Electeurs se sont arrogé le droit de faire la Capitulation exclusivement aux autres États de l'Empire; ce qui paroît être contraire à toutes les Capitulations, depuis la premiere jusqu'à la derniere (*a*), dont chacune donne seulement au corps des États assemblés, & non pas à un ou plusieurs États en particulier, le droit de faire confirmer, renouveller ou changer, les loix de l'Empire. Or, qui a jamais nié, que la Capitulation est une loi ou même un recueil des loix principales de l'Empire?

X.

Les Electeurs exerçerent ce droit assez paisiblement, même à l'exclusion de l'Electeur, Roi de Boheme (*a*), jusqu'à l'élection de

(*a*) *Capitulat. de Joseph II. art.* 2. §. 5. Ce qui est si vrai, que conformément à cet article, l'Empereur lui-même, quoique chef du corps Germanique, n'est pas en droit d'introduire une nouvelle loi, de changer l'ancienne, d'y ajouter ou d'en retrancher sans les avis & consentement des Etats assemblés en Diete. Ce droit, contraire aux loix positives de l'Etat, est-il fondé dans l'usage? Voyez la paix de Westphalie, art. XIII. §. 2.

(*a*) Le Collége électoral avoit pourtant la politique de communiquer à son Ambassadeur la Capitulation après qu'elle

l'Empereur Matthias. Alors les autres États s'éveillerent, & remuant tous les reſſorts de leurs corps, ils ſoutinrent très-vigoureuſement leur droit de concourir avec les Electeurs pour la confection de la Capitulation. Ils appuyoient leur cauſe par les loix écrites & fondamentales de l'Empire. Les Electeurs ſe repoſoient à l'ombre de l'obſervance & de l'uſage ; tous les efforts des États échouerent pour la premiere fois, & Matthias jura la Capitulation faite par les ſeuls Electeurs (*b*).

Obſerv. En 1708. l'Electeur de Boheme fut rétabli dans ſes droits, depuis ce tems on retrouve ſon nom dans la préface de chaque Capitulation, comme Electeur exerçant ſon droit de ſuffrage lors de la confection d'icelle ; la ſuite nous

---

fut achevée, deux ou trois jours avant l'élection, pour en faire ſes remontrances au nom de ſon Principal ſans aucun délai.

(*b*) *Muldeneri Præfatio ad Capitulationes. Londorp.* t. V. Act. publ. L. II. p. 1055.

fera voir les raifons pour lefquelles le Roi de Boheme fut exclu du collége électoral.

XI.

L'infructuofité de cette premiere tentative, ne fit qu'irriter davantage les efprits des Princes d'Allemagne; ils redoublerent leur attention & leur vigilance pour déterrer une occafion favorable de faire revivre leurs prétentions; les préliminaires du traité de paix de Weftphalie la fit naître. Les États foutenus par le Roi de Suede demandent à ce que les Electeurs foient tenus de procéder conjointement avec eux à la confection d'une *Capitulation perpétuelle*, laquelle ne pourroit être changée dans la fuite fans leur délibération & confentement. Le traité fe conclut, & cette affaire fut rejettée (*a*) à la prochaine Diete.

(*a*) Par l'*art.* 8. §. 3. *du traité de paix d'Ofnabrug*, vid. *Pfanner hiftoria comitiorum* lib. 2. §. 2. & feq. & *Monzambano de ftatu Imperii* cap. 5. §. 2.

XII.

Après cette paix les Electeurs firent derechef, à l'exclusion de tous les autres États, la Capitulation de Ferdinand IV. en 1653, de maniere cependant qu'ils eurent quelques égards à de certains avis des États, & qu'ils déclarerent par une clause expresse inférée dans la Capitulation, qu'ils l'avoient faite en leur nom, ainsi qu'au nom des Princes & États de l'Empire. En 1658. les Électeurs firent de même la Capitulation de l'Empereur Léopold; les États firent de nouveaux leurs protestations.

XIII.

Lorsqu'on commença la Diete de Ratisbonne en 1663, qui dure encore aujourd'hui, cette dispute se rechauffa de nouveau. Les États présenterent une ébauche (*a*) de *la Capitulation perpétuelle*; plusieurs articles en avoient déja été agréés par les deux Colléges, lorsque de certains différens survenus sur le

(*a*) Cette ébauche ou plan s'appelle Concordanz-Project.

prologue & épilogue d'icelle, & d'autres matieres de dispute, en empêcherent le succès ; ensorte que les Electeurs lors de la rédaction de la Capitulation de Joseph I. n'y firent aucune attention.

XIV.

A la mort de Joseph I. les Electeurs continuerent de faire seuls, & exclusivement aux autres États, la Capitulation de Charles VI. Cependant pour ne point trop aliéner les esprits & pour se donner l'air de condescendre à leurs demandes, ils poserent le plan de la Capitulation perpétuelle pour base & fondement de celle de Charles. Mais les États ne se laissant aucunement prendre par ses apparences, protesterent formellement contre cette Capitulation (*a*).

XV.

Par *l'art. XXX. de la Capitulation de Charles VI*, l'Empereur promet

(a) Cette protestation, conjointement avec les griefs que les Etats alléguoient contre, est rapportée dans la Staats-Canzley de *Faber*, Tome 27. Chap. I.

promet & s'oblige d'employer tous les soins pour faire réussir le projet de la Capitulation perpétuelle & la conduire à sa perfection. La même clause fut insérée dans les Capitulations suivantes (*a*), cependant cette affaire reste toujours au même point, & les Electeurs se sont maintenus depuis dans leur ancienne possession de la faire seuls (*b*).

XVI.

Les Electeurs se sont réservés, comme la note précédente le démontre, au cas de la réussite de la Capitulation perpétuelle, *Jus adcapitulandi*, c. à. d. le droit d'y ajou-

---

(*a*) Et encore en dernier lieu dans celle de Joseph II. Roi des Romains, aujourd'hui Empereur glorieusement regnant, dont l'art. 30. §. 2. porte . . . Sodann sollen und wollen wir, gleich nach angetrettener Unserer Regierung, das *negotium* „ *Capitulationis perpetuæ*, woben jedoch „ die Churfürsten sich das jus adcapitu- „ landi vorbehalten haben, bey dem „ Reichstag vornehmen, und selbiges so- „ bald möglich zu seiner Perfection bringen „ lassen.

(*b*). Struv. Corp. J. publ. Cap. 6. §. 33. & seq.

ter d'autres articles ſelon l'exigence des tems & circonſtances. Les États y conſentent pourvu I°. qu'ils ne ſoient contraires au projet de la Capitulation convenue, II°. ni portés dans le texte même, & enfin III°. ratifiés par les États aſſemblés. Trois conditions que les Electeurs trouvent trop gênantes pour vouloir y conſentir.

XVII.

Limnæus fit des notes aux Capitulations de Charles-quint, Ferdinand I, Maximilien II, Rodolphe II, Matthias I, Ferdinand II. & III (*a*). Nous avons auſſi des obſervations ſur la Capitulation de Joſeph I. par *Nitsch*, & ſur celle de Charles VI. par *Wagelin* (*b*). Mr. le Baron de

(*a*) Ces obſervations furent imprimées à Strasbourg. On ajouta à la troiſieme édition, qui ſortit en 1674, in-4°. des notes ſur les Capitulations de Ferdinand IV. & de Léopold I.

(*b*) Cet ouvrage, ſous le titre de *Specilegium obſervationum ad Capitulationem Caroli VI. Cum Capitulatione Joſephina, Nitſchii commentario illuſtrata*.. fut imprimé à Francfort, en 1714. in-4°.

Spon, dont le digne defcendant, brillant de toutes fortes de mérites, premier Préfident du Confeil fouverain d'Alface, fait aujourd'hui les délices de ma patrie, traduifit en françois la Capitulation de Charles VII, en y ajoutant des obfervations, qui y jettent un grand jour (*c*). On y ajouta la Capitulation de l'Empereur François I. combinée avec la Capitulation de l'Empereur Charles VII. avec des remarques hiftoriques & politiques. Jean Jacques *Mofer*, Confeiller d'État du Roi de Danemarc, fit mettre au jour en 1778. fes obfervations fur la Capitulation de Jofeph II. Roi des Romains, aujourd'hui Empereur.

CHAPITRE VIII.

Du Traité de Paix de Weftphalie.

I.

Parmi les principes du droit pu-

(c) Cet ouvrage eft anonyme (preuve de la modeftie de l'auteur), & prit naiffance à Francfort en 1743, de même que l'ouvrage y joint en 1746. in-4°.

blic , les traites de Paix méritent une des premieres places : vu que c'eſt par eux principalement, que les États ſe démembrent, s'agrandiſſent, s'affermiſſent, & que leurs confins & limites ſont fixés & déterminés ; outre qu'ils diſpoſent fort ſouvent du gouvernement & des droits des provinces conquiſes ou perdues. Mais puiſque les traités antérieurs à ceux de Munſter & d'Oſnabrug n'ont preſque aucune influence dans le gouvernement moderne de l'Allemagne (*a*) , j'ai jugé à propos , pour ne point ſurcharger cet ouvrage, de commencer par ceux-ci.

II.

La paix de Weſtphalie fut traitée dans deux villes : ſavoir, à Munſter avec les François, & à Oſnabrug avec les Suédois. Dans chacune de ces villes on dreſſa un inſtrument de paix. On choiſit ces

---

(*a*) V. le *Droit public de l'Europe*, fondé ſur les traités conclus juſqu'en l'année 1740. M. Rouſſel a enrichi la ſeconde édition de notes fort inſtructives.

deux endroits, pour deux raisons, I°. afin d'empêcher les collusions des puissances pacifiantes, II°. parceque les États protestans ne vouloient point y admettre le Nonce Papal.

III.

La teneur de ces deux instrumens ou traités, fait ce qu'on appelle *la paix de Westphalie*, qui est une convention entre l'Empereur, les États de l'Empire & ses adhérans d'une part, & le Roi de France & la Reine de Suéde, y joint quelques Etats d'Empire leurs alliés d'autre part. Cette paix a restreint de toutes parts l'autorité de l'Empereur, a étendu & fixé celle des États de l'Empire, & les a portés au dégré de grandeur où ils sont élevés aujourd'hui. Un acte aussi solemnel, qui éclaircit & régle les droits du chef & des membres de l'Empire, doit être régardé comme la principale loi publique & fondamentale de l'Empire d'Allemagne (*a*), ou mieux, comme le plus pré-

(*a*) Aussi *dans le dernier Recès de l'Em-*

cieux recueil de ses loix publiques & fondamentales.

IV.

Delà nous pouvons conclure, que, quoique le traité de Westphalie soit une convention, il oblige cependant l'Empereur & les États, comme une loi fondamentale, & conséquemment, que l'infraction de cette paix faite de la part de l'un, ne donne point de droit aux autres

---

pire §. *6.* elle est appellée : ein Fundamental Gesetz des heiligen Reichs und immerwährende Richtschnur und ewige Norma judicandi; & *art.* 17. *pacis Osnab.* §. 2. *hæc leguntur* :" Sit hæc transactio per„ petua lex & pragmatica Imperii sanctio „ in posterum æque ac aliæ leges & „ constitutiones fundamentales Imperii „ nominatim proximo Imperii recessui, „ ipsique Capitulationi Cæsareæ inse„ renda, tribunalium omnium judicibus „ & assessoribus ut regula, quam perpe„ tuo sequantur, præscripta „. Conformément à cet article le traité de Westphalie fut toujours inséré dans les Capitulations, & encore en dernier lieu dans celle de Joseph II, art. IV. §. XIII. comme une loi fondamentale contre laquelle ni l'Empereur ni les Etats n'oseront jamais rien entreprendre.

de l'enfreindre de même (a) ; ainſi il faut diſtinguer ce traité des autres qui ont reſté dans la claſſe des traités pures & ſimples, ſans avoir jamais été reconnus pour loix publiques & fondamentales de l'Empire.

V.

Le traité de paix d'Osnabrug fut conclu le 24. Octobre 1648. pour l'appuyer & l'affermir à perpétuité l'on convint & ſtatua (a) qu'aucuns droits, prérogatives,

(a) Vid. *Ludwig, ad* §. *II. art.* 17, *pacis Oſnabrug.* & le *Droit publ. du St. Empire*, liv. V, chap. 4, vers la fin.

(a) *Art.* 17. §. 13, *hæc leguntur* : „ Contra hanc tranſactionem ullumve „ ejus articulum aut clauſulam nulla jura „ canonica vel civilia, privilegia, res „ judicatæ, Capitulationes Cæſareæ & „ aliæ religioſorum ordinum regulæ aut „ exceptiones ſive præteriti vel futuri „ temporis, proteſtationes, contradictio„ nes multo minus Edictum anni 1629. „ vel tranſactio Pragenſis aut concordata „ cum Pontificibus, ullave alia ſtatuta, „ diſpenſationes, abſolutiones, vel ullæ „ aliæ quocumque nomine aut prætextu „ excogitari poterunt, exceptiones un„ quam allegentur, audiantur aut admit„ tantur. „

régles, proteſtations, contradictions, concordats, diſpenſes, ni abſolutions quelconques, ne pourront jamais être valablement alléguées contre.

VI.

Toutes ces clauſes & précautions ne purent empêcher que *Fabius Chiſius de Pienne*, Cardinal-Evêque de Néridon, Légat ou Nonce Apoſtolique du Pape Innocent X. ne fit à Munſter le 26. Octobre 1648. un acte ſolemnel de proteſtation contre cette paix, ni que le même Pontiſe, en condamnant la ſéculariſation des plus beaux bénéfices de l'Allemagne en faveur des Proteſtans, & la conceſſion des droits à eux accordés au préjudice des États Catholiques, ne caſſa tous les griefs contre l'Egliſe Catholique Romaine, par une Bulle du 26. Novembre 1648 (*a*).

N. B. De même le Roi d'Eſ-

(*a*) Cette Bulle ſe trouve dans *Heiſs, hiſt. de l'Empire*, tom. VII. pag. 334. *David Blondelle*, déguiſé ſous le nom d'*Amand Flavien*, & *Benoit Carpzov* ſous le maſque de *Ludovici de Monte ſpe-*

pagne protesta contre la cession que l'on faisoit de l'Alsace à la France, contre la restitution du Palatinat, dont il avoit acquis une partie, & contre l'abandon du Cercle de Bourgogne aux entreprises des François. Mais toutes ses protestations furent peu fructueuses.

VII.

La paix de Westphalie fut rédigée en deux traités & instrumens, voyez §. II. Cependant quand on allégue le traité de Westphalie, l'on entend ordinairement celui d'Osnabrug. Il fut divisé en XVII. articles, que l'on peut voir ci-après dans toute leur étendue. En voici la substance :

I°. Le Comte Palatin est rétabli en tous ses biens & dignités.

II°. Un huitieme Electorat fut

---

rato, se sont avisés de faire des commentaires sur cette bulle. *De Ickstatt* écrivit en 1759. une dissertation : *de justa & efficaci summi Pontificis protestatione contra pacem religiosam & Westphalicam, obligationem tamen ejus intrinsecam & pactitiam inter compaciscentes haud infringente.*

érigé en faveur de la maiſon Palatine.

III°. La liberté de conſcience, ou le libre exercice de Religion fut accordé aux Luthériens & Calviniſtes.

IV°. La juriſdiction eccléſiaſtique fut ſuſpendue à l'égard des Proteſtans.

V°. L'exercice de la Religion fut remis par toute l'Allemagne ſur le même pied qu'il étoit en 1624, excepté dans le Palatinat, où l'on doit ſe régler ſur l'état de l'an 1618.

VI°. Les biens eccléſiaſtiques poſſédés par les Proteſtans en 1724, & par l'Electeur Palatin en 1619, leur doivent reſter.

VII°. Le *Réſervat* eccléſiaſtique fut étendu aux Proteſtans.

VIII°. On accorda aux Villes Impériales voix déciſive à la Diete.

IX°. A la Diete, ainſi que dans tous les Tribunaux de l'Empire, rien de ce qui touche la Religion ne pourra être conclu à la pluralité de toutes les voix Catholiques contre les voix des Proteſtans : dans ce cas l'on ne peut rien arrêter que par une amiable composition

X°. Le Royame de Suede fut reconnu État de l'Empire.

XI°. Les biens de l'Empire, possédés jusqu'alors à titre de gages, sont déclarés non rachetables.

VII.

Le traité de Munster comprend treize articles, dont voici la substance :

On accorde I°. à la France la souveraineté des trois Évêchés de Metz, Toul & Verdun, ainsi que de la ville de Pignerol, (cédée par la paix de Quierasque) & de Moyenvic.

II°. La ville de Brisac & ses dépendances, le Sundgau & le Landgraviat de la Haute & Basse Alsace.

N. B. La cession de ce dernier se fit sur le pied que l'Empire & la maison d'Autriche les avoient possédés, en conservant aux États de ces Provinces, ci-devant États immédiats de l'Empire, tous les droits & priviléges particuliers compatibles avec la souveraineté de Sa Majesté Très-Chrétienne.

III°. Le droit de tenir garnison dans la forteresse de Philippsbourg.

IV°. La souveraineté de la préfecture de Haguenau avec les dix villes Impériales de l'Alsace, savoir: Colmar, Keysersberg, Munster (dans la vallée de St. Grégoire), Turckheim, Schletstatt, Rosheim, Oberehenheim, Haguenau, Weissenbourg & Landau.

V°. On confirma le traité de paix de Quierasque (*a*), conclu en 1631 entre les Ducs de Savoye & de Mantoue.

VIII.

La France & la Suede se char-

(*a*) Il y en eut trois, le premier du 31 Mars, le second du 6 Avril, le troisieme du 30 Mai. Ces traités terminerent la guerre d'Italie. Ensuite le Duc de Mantoue reçut l'investiture de son Duché par l'Empereur Ferdinand II, qui abandonna les passages des Grisons; & la ville de Pignerol cédée au Roi Louis XIII pour six mois, par un traité conclu à Millefleurs le 19 Octobre, lui resta par un autre traité conclu à St. Germain le 5 Mai 1632, & ne revint au Duc de Savoye qu'en 1696.

gerent de la garantie de tous les articles contenus dans ces deux traités, qui doivent être regardés comme un ſeul.

IX.

Ces traités étant le plus précieux recuil des loix publiques & fondamentales de l'Empire, & en même tems la baſe & le fondement de tous les traités ſubſéquens ; je penſe que tous ceux qui aſpirent à une certaine connoiſſance du droit public de l'Empire, ne regarderont point comme un hors-d'œuvre la note des auteurs qui ont le mieux écrits ſur cette paix.

NOTE

Des Auteurs, & ouvrages à conſulter ſur cette paix.

Jean-Godefroi de Meiern raſſembla tous les faits & actes concernant la paix de Weſtphalie en 6. tomes in-folio, auxquels on ajouta deux tomes comprenans les actes des Dietes de Ratisbonne à cette égard ; enfin l'on y joignit encore deux autres concernant les actes d'exécution de la même paix.

Gärtners westphälische Friedens-Canzley, 9 tom. in-8°.

Arcana pacis Westphalicæ, vel relatio historica de pacificatione Osnabrugo-Monasteriensi. Prodiit Francofurti, An. 1698. in-4°.

Bougèant, Jésuite, écrivit : *l'Histoire de la paix de Westphalie*, 1. tom. in-8°.

Un autre ouvrage fort instructif, intitulé : *Mémoires & négociations secretes de la Cour de France touchant la paix de Munster*, in-fol.

Entre les commentaires émine celui de *Henniges* qui écrivit deux vol. in-4°. contenant des *Réflexions & observations sur le traité d'Osnabrug*, intitulé : *Meditationes ad instrumentum pacis Cæsareo-Suecicum.* Gundlings Discurs über den westphälischen Frieden de 1773. à Francfort, in-4°.

Ceux qui veulent connoître ou lire un plus grand nombre d'ouvrages à ce sujet, n'ont qu'à voir la *Bibliotheque du droit public de Hoffmann, depuis le numéro* 641, *jusqu'au numéro* 696.

CHAPITRE IX.

Du Traité de Nimégue.

I.

Pour conduire mon lecteur à ce traité, je lui dis seulement qu'un des principaux articles du traité des Pyrénées (*a*) fut le mariage de Louis XIV. avec l'Infante Marie-Thérese, qui moyennant une dote de cinq cent mille écus, renonça à tous ses droits & prétentions sur les Pays-Bas Espagnols. Renonciation, que la France regarda dès-lors comme comme non-avenue.

II.

Ainsi immédiatement après la mort de Philippe IV, pere de Marie-Thérese, Louis XIV. forma

(*a*) Ce traité fut conclu le 7 Novembre 1659, entre le Roi de France Louis XIV, & le Roi d'Espagne Philippe IV, par le Cardinal Mazarin & Don Louis de Haro, Plénipotentiaires de ces deux Puissances dans l'Isle des Faisans, sur la riviere de Badassoa.

des prétentions ſur le Brabant (*a*), du chef de la Reine, fille aînée du premier mariage de Philippe.

III.

Vers la fin du mois de Mai 1667, le Roi marcha en Flandres, ayant ſous lui le Maréchal de Turenne, la Reine l'y ſuivit avec toute la Cour; l'on n'y voyoit que des priſes & des fêtes. L'année ſuivante le Roi fit en perſonne la conquête de la Franche-Comté en hiver, en moins d'un mois; il avoit ſous lui le Prince de Condé. Les Hollandois s'aviſerent de ſoutenir les Eſpagnols & s'attirerent le courroux de Louis XIV, qui leur déclara la guerre en 1672, & prit en moins de trois mois les Provinces d'Utrecht, de Gueldre & d'Over-yſſel, & plus de quarante villes fortifiées.

(*a*) Il les fondoit ſur le droit de *dévolution*, uſité dans quelques provinces des Pays-Bas; par lequel les enfans du premier lit excluent ceux du ſecond, enſorte que même les filles du premier lit excluent les mâles du ſecond de la ſucceſſion paternelle.

fortifiées. Ces ſuccès tenant du prodige, allarmerent toute l'Europe. L'Electeur de Brandebourg, l'Empereur Léopold & l'Empire, jaloux du progrès de la France & craignant pour eux-mêmes, prirent le parti des Hollandois en 1674. La France preſque toûjours victorieuſe tâcha de parvenir à une paix glorieuſe.

IV.

Ses Plénipotentiaires la ſoudoyerent efficacement au congrès de Nimègue, où l'on tâcha de diviſer & de ſéparer les ennemis de la France. Pour cet effet la France y conclut d'abord le 10 Août 1678 un traité avec les Hollandois, en leur rendant Maſtricht, l'unique place qui lui étoit reſtée de ſes conquêtes ſur eux. Alors les Eſpagnols abandonnés de la Hollande & réduits aux abois, céderent à la France la Franche-Comté & la plus grande partie des villes qu'ils avoient perdues en Flandre & dans le Hainault. Le traité fut ſigné le 17 Septembre 1678.

V.

Enfin, l'Empereur ſe voyant ſeul expoſé à toutes les forces du vainqueur, conclut la paix de Nimègue le 5 Février 1679. On prit le traité de Munſter pour ſa baſe; la différence qu'il y a entre ces deux traités conſiſte en ce que par ce dernier I°. le Roi céde à l'Empereur ſes droits ſur Philipsbourg, II°. & l'Empereur céde au Roi ſes droits ſur Fribourg. III°. Huningue, qui n'étoit alors qu'une ſimple redoute, reſta au Roi & devint depuis une place de guerre, qui tient toute la tête du Rhin. IV°. La France promit de rétablir Charles V, Duc de Lorraine, qui avoit prêté ſes ſecours à l'Empereur dans ſon Duché, mais à des conditions ſi dures, que ce Prince refuſa de les accepter. V°. L'Empereur s'engagea par un traité particulier conclu avec la Suéde, de lui faire rendre les Provinces que les alliés du Nord lui avoient enlevés & à maintenir les droits de ſouveraineté du Duc de Holſtein Gottorp contre la Couronne de Danemarc.

VI.

Les Négociateurs de cette paix furent de la part de l'Empereur : l'Evêque de Gurck & le Comte de Kinski ; de la part de la France : le Maréchal d'Estrades, Mr. de Croissi, & le Comte d'Avaux, neveu de celui qui avoit été plénipotentiaire à Münster ; & de la part de la Suéde, alliée de la France : Benoît Oxenstiern & Olivencranz.

VII.

Cette paix fut ratifiée par un décret de la Diete de Ratisbonne, le 23. Mars 1679, après que l'Empereur eut fait ses excuses, de ce qu'il l'avoit conclu sans la participation des États (*a*). Ce décret fut

(*a*) Le droit de concourir à la confection des traités de paix, paroît avoir été accordé aux Etats de l'Empire par l'*art. VII.* §. *I. du traité d'Osnabrug*, parce qu'il y est dit que les Etats doivent être conservés dans tous leurs anciens droits, priviléges & prérogatives Or, il est certain, qu'ils ont exercé ce droit déja dans les premiers siécles de l'Empire. V. *Ludwig de jure adlegandi Ordinum S. R. I. Müller* Staats-Cabinet, p. 6,

ſigné de l'Empereur le 5. Février 1680.

VIII.

Pour vous former une plus grande connoiſſance des affaires concernant la paix de Nimègue, liſez : I°. Les obſervations de *Cortrejus*, qui ſe trouvent en ſon *Corpus J. publ.* tome. I. pag. 1. & 2. II°. Les actes & mémoires de la paix de Nimègue, 4. tomes in-12. III°. Lettres & négociations de Mrs. le Maréchal d'Eſtrades, de Colbert, du Marquis de Croiſſi & du Comte d'Avaux.

CHAPITRE X.

Du Traité de Ryſwick.

I.

Après la paix de Nimègue, la milice d'épée ſe repoſoit glorieuſement

---

cap. I, & *potiſſimum D. de Meiern Acta P. Weſtph.* lib. V, §. XIII, ſeq. §. XXX & ſeq. lib. VI, cap. II. & ſeq.

en France, & jouiſſoit tranquillement des beaux fruits de ſes conquêtes. La milice de robe en fut jalouſe, & pour parvenir à un égal dégré de gloire, elle inſtruiſit ſa Majeſté de ſes droits ſur pluſieurs terres dépendantes de celles qu'elle avoit conquiſes.

II.

Louis XIV. éclairé, fait auſſi-tôt fortifier Saarlouis & Huningue, pour couvrir la Lorraine & l'Alſace, & en même tems il érige les *Chambres de réunion* à Metz, Briſac & Veſoul. La premiere, par Arrêt du 12. Avril 1680 réunit à la couronne de France l'ancien domaine des trois Evêchés, Metz, Toul & Verdun (*a*). La ſeconde, par un pareil Arrêt du 22. Mars de ladite année, réunit les anciennes *dépendances* de l'Alſace (*b*).

(*a*) Ce Domaine s'étendoit ſur tout le Hundſruck, ſur le Duché des Deux-Ponts, & ſur les terres de Saar-Bruck, de Veldenz, de Hombourg & de Bitſch.

(*b*) En particulier de toutes les terres énoncées dans l'art. *teneatur*, 12me. du traité de Munſter, comme fief de la Franche-Comté.

III.

Louis le grand (titre que les étrangers mêmes lui donnerent vers ce tems,) s'empara de la ville de Strasbourg le 30 Septembre 1681, qui se rendit par Capitulation. Cela fit naître de grands mouvemens en Allemagne. La guerre se ralluma, Louis prend Luxembourg sur l'Espagne & fait raser les fortifications de Treves en 1684; l'Empereur Léopold, trop occupé contre les Turcs, ne put secourir l'Espagne. Enfin la nécessité obligea l'un & l'autre de conclure avec Louis XIV. une treve de 20. ans, le 16. Août 1684. Les Espagnols la signerent déja le 10. & abandonnerent à la France la ville de Luxembourg. L'Empire suivit son exemple le 16. à Ratisbonne, sur les instances de l'Electeur de Brandebourg, & consentit à ce que Strasbourg, le fort de Kehl & les places & terres réunies resteroient à la France pendant vingt ans.

IV.

L'on prévit dès-lors que cette

treve ne parviendroit point à son terme, plusieurs circonstances comme autant d'obstacles à son observation se présenterent successivemént; en voici les principales:

Premiere.

En 1685. mourut Charles (*a*), Electeur Palatin, dernier mâle de la branche de Simmern; & Philippe Guillaume, Comte Palatin de Neubourg fut reconnu par l'Empereur & le collége Electoral pour héritier de l'Electorat Palatin.

Seconde.

En 1688. mourut Maximilien Henri, Electeur de Cologne, & l'on procéda à une nouvelle élection. Les deux Candidats sur lesquels le choix du chapitre sembloit devoir tomber, étoient le Prince *Clément*

(*a*) Ce Charles étoit le frere de la Duchesse d'Orléans, en faveur de laquelle Louis XIV. prétendit les allodiaux & meubles de la succession de son frere. Cette prétention étoit incontestable; mais le nouvel Electeur & le Roi ne convinrent point de l'étendue qu'il falloit donner au terme *allodiaux*, première matiere de guerre.

de Baviere, Evêque de Ratisbonne, & le Cardinal de *Furstenberg*, *Egon* Evêque de Strasbourg. *Clément* l'emporta ; l'Empereur & les Princes d'Allemagne qui s'intéresserent pour lui en parurent fort contens. Louis XIV. protégeoit le Cardinal, dont le revers engagea le Roi de déclarer la guerre à l'Empire.

Troisieme.

En 1687. la France offrit de convertir la trêve de Ratisbonne en une paix perpétuelle ; l'Empire rejetta cette proposition.

Quatrieme.

L'invasion de l'Angleterre par le Prince d'Orange & les nouvelles certaines de la Ligue d'Augsbourg (*a*). Toutes ces considéra-

(*a*) Le moteur de cette ligue étoit le Prince d'Orange, qui ne cherchoit qu'à brouiller. Le Duc de Neubourg, nouvel Electeur Palatin, s'y porta avec ardeur, croyant qu'il étoit de son intérêt de susciter des ennemis au Roi, pour empêcher qu'il ne fît valoir les prétentions de Madame sur la succession du feu Electeur son frere. L'Empereur, le Roi d'Espagne,

tions dis-je, auxquelles on pourroit ajouter l'affaire des franchises, déterminerent le Roi à reprendre les armes (b).

V.

La guerre recommence en 1688, les puissances belligérantes se fatiguent & se harcelent pendant neuf ans (a). Les différens coups qu'ils se portoient réciproquement, les affoiblirent, & devinrent les principaux motifs de la paix de Ryswick.

VI.

Las de se battre & de se ruiner mutuellement, les États en guerre ouvrirent enfin le 9 Mai 1697. les conférences générales au Château de *Ryswick*, entre la *Haye* & le Château de *Delft*. Le Roi y envoya

---

l'Electeur de Brandebourg &c; en un mot tous les Confédérés de la derniere guerre se réunirent & se liguerent ensemble.

(b) Henault, Abrégé chronologique de l'Histoire de France, tom. II. p. 842.

(a) V. Henault, l. cit. p. 842. & suiv. jusqu'à la page 848, & l'Abrégé chronologique de l'histoire & du droit publ. d'Allemagne, page 584 & suiv.

pour Plénipotentiaires : MM. de *Harlai*, de *Créci*, & de *Callieres*; l'Empereur, les Comtes de *Kaunitz* & de *Stratman*, & le Baron de *Seilern*. Les États assemblés à la Diete y envoyerent une députation de quatre Electeurs, de vingt-quatre membres du Collége des Princes, & de quatre Députés des villes, tirés également des deux Religions. Le Comte de *Boude* & le Baron de *Lilienroth*, Ambassadeurs de Suéde, y firent les fonctions de médiateurs.

VII.

Les Plénipotentiaires de la France trouverent le moyen de diviser le chef & les membres du Corps Germanique : ils leurs offrirent l'alternative de restituer ou la ville de Strasbourg, ou celles de Fribourg & de Brisac l'Empire redemanda Strasbourg, & l'Empereur préféra les deux autres villes, comme faisant partie du patrimoine d'Autriche. Ils eurent d'autres démêlés avec les États Protestans, qui vouloient qu'on rétablît leur religion dans tous les endroits où le Roi avoit introduit la Religion Catholique durant la guerre. Pendant que les esprits s'échauffoient sur ces points, les alliés de l'Empire signerent publiquement leur paix avec la France : la Hollande signa son traité le 20. Septembre à minuit ; l'Espagne une heure après, & l'Angleterre le même jour 21. Cela fit que l'Allemagne fut obligée d'accepter les conditions que la France jugea à propos de lui prescrire.

VIII.

Le traité avec l'Empereur fut signé le 30 Octobre, malgré l'opposition de presque tous les États Protestans, qui voyant tous leurs efforts inutiles, y accéderent enfin & le ratifierent le 30 Décembre. Les traités de Westphalie & de Nimègue lui servirent de base ; il porte en substance : I°. que Strasbourg & toutes ses appartenances, ainsi que tout ce que la France avoit réunie en Alsace, lui resteroit ; mais qu'en compensation elle rendroit à l'Empire les forteresses de Kehl & de Philippsbourg,

Substance du traité de Riswick.

à l'Empereur les villes de Brisac & de Fribourg, & les endroits réunis à leurs anciens souverains; à condition cependant que dans tous ces endroits la Religion Catholique demeureroit dans l'état où elle se trouvoit actuellement (*a*); II°. que la navigation & autres usages du Rhin seroient également libres aux sujets des deux nations, & défendu de faire la moindre chose qui puisse en changer le cours ou en empêcher l'usage; d'établir de nouveaux péages, d'augmenter les anciens, de contraindre les vaisseaux mar-

---

(*a*) Cette clause fut insérée dans l'art. 4. de ce traité. Les Protestans s'y opposerent fortement après coup le 26 de Novembre 1697, comme à une chose contraire au traité de Westphalie & à l'*Année Décrétale*. Leur protestation souvent réitérée depuis fut toujours inutile. Vid. art. 4. §. 12. *Capitulat. Josephi II*, & *Joh. Jacob Mosers* Deutsches Staats-recht I. Theil. pag. 514. & Tract. von Deutschl. pag. 473. Elle ne doit pas être écoutée depuis que la paix de Ryswick fut ratifiée purement & simplement par la paix de Bade subséquente.

chands de charger ou de décharger les marchandiſes pour les expoſer en vente, ni de les attirer; III°. que le Mont-Royal & d'autres forts conſtruits ſur la rive droite du Rhin doivent être raſés; IV°. le Duc de Lorraine doit rentrer dans la poſſeſſion de toutes les terres que le Duc Charles, ſon oncle paternel, poſſéda en 1670 (*b*). V°. Quant à la ſucceſſion Palatine, on convint, que l'Empereur & le Roi de France, nommés Arbitres, décideroient cette affaire ſelon les loix & uſages de l'Empire, & qu'au cas qu'ils ne pourroient la terminer, la déciſion en feroit remiſe au Pape comme ſur-Arbitre; mais qu'en attendant le jugement, l'Électeur payeroit annuellement à la Ducheſſe la ſomme de deux cens mille livres en déduction de ce qui lui

(*b*) Mais on démentela conformément au même traité, toutes ſes fotereſſes; & la France ſe reſerva Longwic, Saarlouis & le paſſage pour ſes troupes. Vid. art. 24. du même traité.

ſera adjugé. VI°. L'Électeur de Trève & l'Évêque de Spire furent remis dans la paiſible poſſeſſion de leurs biens. VII°. On ordonna & promit réciproquement la reſtitution de toutes les archives.

IX.

Pour ſe former une idée plus nette & plus ample de ce traité, il faut lire le traité même que l'on trouve dans *le Droit public de l'Europe*, fondé ſur les traités conclus juſqu'à l'année 1740. (*a*). Enſuite le commentaire de *Cortrejus*, Corp. J. publ. tome I. part. 3. & les Actes & Mémoires des négociations de la paix de Ryswick, 5. tomes in-12. à la Haye 1707.

CHAPITRE XI.

Du Traité de Baden & des ſuivans qui ont quelque rapport avec l'Empire & la France.

I.

Charles II. Roi d'Eſpagne, dernier mâle de la Maiſon d'Autriche en Eſpagne, ſigne le 2. Octobre

(*a*) Ce traité ſe trouve auſſi vers la fin de cet ouvrage.

1700, ſes dernieres volontés, par lesquelles il déclare héritier univerſel de toute la monarchie d'Eſpagne *Philippe* de France, ſon neveu, Duc d'Anjou, ſecond fils du Dauphin. A ſon défaut, ſoit qu'il mourût ſans enfans, ou qu'il devînt Roi de France, il lui ſubſtitue le Duc de Berri, troiſieme fils du Dauphin, aux mêmes conditions. A ſon défaut il appelle l'Archiduc *Charles*, ſecond fils de l'Empereur *Léopold*, ſous la même réſerve, de ne pouvoir réunir l'Empire & la couronne d'Eſpagne; enfin après tous il inſtitue le Duc de Savoye.

II.

Charles II. meurt le I. de Novembre de ladite année. Louis XIV. accepte le teſtament le 11. du même mois, & il le déclare à l'Ambaſſadeur d'Eſpagne le 16. Philippe V. eſt proclamé Roi d'Eſpagne à *Madrid* le 24. & part de Verſailles le 4. Décembre. Son grand-pere, *Louis le Grand*, donne le 3. Février ſuivant des Lettres patentes, par leſquelles il conſerve au Roi d'Eſpagne & à ſes deſcendans mâles, le droit de ſuccéder à la couronne de France.

III.

L'Angleterre & la Hollande reconnoiſſent le nouveau Roi; l'Electeur de Baviere & le Duc de Savoye le ſoutiennent. L'Empereur fait ſes proteſtations, les autres Puiſſances de l'Europe reſtent neutres; l'on ſe prépare à la guerre. En 1701. ſe fait la grande alliance contre la France. Son projet eſt de démembrer tout ce qui eſt poſſible de la ſucceſſion d'Eſpagne. La fortune lui rit & dès-lors elle s'efforça de détrôner *Philippe*. L'Angleterre, la Savoye quittent la France; l'Eſpagne eſt enſanglantée; *Philippe* chancele, la France s'affoiblit. L'Empereur *Léopold* meurt le 6. Mai 1705. La guerre continue & l'année d'après met le comble aux revers de la France. Louis fait faire des propoſitions de paix qui excédoient même les eſpérances conçues au commencement de la ligue. Il les fit réitérer l'an 1709. par le Préſident *Rouillé* & enſuite par Mr. de *Torie*. Elles ſont rejettées

rejettées, la nature & les hommes sembloient conspirer cette année-là la destruction de la France Le cœur de l'Empire resta inflexible. L'Année suivante se fit le Congrès de Gertrudemberg. Le Maréchal d'Huxelles & l'Abbé de Polignac y offrent & promettent au nom du Roi, de fournir de l'argent aux alliés pour les aider à ôter la couronne à son petit-fils. Ils vouloient plus, & exigeoient qu'il se chargea seul de le détrôner.

IV.

Louis ne put se déterminer à détrôner son petit-fils ; mais obligé de retirer ses troupes d'Espagne, pour défendre ses propres États, il ne put le soulager qu'en lui envoyant le vaillant Duc de *Vendôme*. Le ciel parut touché des malheurs de la France & de l'Espagne. *Vendôme* remit *Philippe*; *Louis* porta *Anne* Reine d'Angleterre à quitter ses alliés. On commenca à négocier la paix en Angleterre; l'Empereur Joseph I. meurt le 17. Avril 1711. Charles II. Archi-Duc d'Autriche & rival de

Philippe, eſt élu Empereur. La crainte que l'Empire & l'Eſpagne ne ſe réuniſſent ſur la tête de l'Archi-Duc, agite la Reine. Elle ne ſonge plus qu'à ramener ſes alliés, ou ſur leur refus, à s'en détacher; & les préliminaires ſont ſignés à Londres dans le mois d'Octobre (*a*). En 1712. ſe fait l'ouverture du Congrès à Utrecht le 29. Janvier. Ce fameux Congrès, qui rendit la paix à l'Europe, ne fut terminé, que l'année d'après. Le 11. Avril 1713. ſe conclut la paix entre la France & l'Angleterre. Ce traité fut ſuivi de pluſieurs autres, conclus par la France avec le Portugal, la Pruſſe, la Savoye & la Hollande (*b*). L'Empereur & l'Empire proteſtent contre le traité d'Utrecht & rejettent les conditions qu'on y avoit ſtipulées en leur faveur (*c*).

(*a*) Henault l. cit. tom. II. pag. 924.

(*b*) *Abrégé chronologique de l'hiſtoire & du droit publ. d'Allemagne*, p. 638.

(*c*) La maiſon d'Autriche devoit avoir les Pays-Bas, le Royaume de Naples, le Duché de Milan & l'état des garniſons ſur

V.

La guerre continue entre l'Empire & la France. Le Maréchal de *Villars* fait revivre & triompher les armes de *Louis XIV.* Il prend les villes de Spire, Worms, Keyserslautern, Landau, Fribourg & autres, & prépare le chemin à la paix; enfin ils se rend conjointement avec le Prince *Eugene* à *Rastadt.* On y dresse les préliminaires le 6. Mars 1714; l'Empereur les communique aux États le 24 du même mois. Là-dessus l'on ouvrit le Congrès de Baden en Ergau le 10. Juin, où les États promirent de s'en rapporter entiérement à ce que l'Empereur stipuleroit en leur nom. La paix fut signée le 7. Septembre, & ratifiée par l'Empire à la Diete le 9. Octobre suivant (*a*).

---

les côtes de la Toscane. L'Empire devoit conserver la ville de *Landau*, & la France promettoit de lui rendre *Kehl* & *Brisac*, & de raser le *Fort-Louis* du Rhin.

(*a*) Vid. *Struv. Corp. J. publ. Cap.* 14, §. 78.

VI.

Les Plénipotentiaires de la part de l'Empereur, à qui les Princes de l'Empire avoient remis leurs intérêts, étoient le Prince *Eugene* & les Comtes de *Gœs* & de *Seilern*; de la part du Roi étoient le Maréchal de Villars, le Comte du Luc & Mr. de St. Conteſt. L'on ne fit dans ce traité aucune mention de Philippe V; auſſi l'Empereur ne le reconnoiſſoit-il pas pour Roi d'Eſpagne, de même que Philippe ne reconnoiſſoit pas Charles VI. pour Empereur.

VII.

Subſtance du traité de Baden.

Par ce traité I°. les choſes furent remiſes par rapport aux frontieres du côté de l'Allemagne, dans l'état où elles étoient après la paix de Ryswick; la France conſervant *Landau* & rendant *Briſac*, *Fribourg* & *Kehl*; & par rapport aux Pays-Bas, comme elles avoient été réglées à Utrecht. II°. On y céda à l'Empereur les royaumes de Naples & de Sardaigne, & les Duchés de Milan & de Mantoue, qui faiſoient partie de la ſucceſſion de *Charles II.* Roi d'Eſpagne. III°. Les Electeurs de Cologne & de Baviere furent rétablis dans tous leurs droits, états, dignités, biens, meubles & immeubles, qui leur avoient appartenus lors du commencement de la guerre de la ſucceſſion. IV°. Le Roi de France reconnut la dignité électorale dans la maiſon d'Hannovre.

VIII.

Ce traité fit aſſoupir la guerre de l'Empereur contre le Roi d'Eſpagne, mais la paix entre ces deux puiſſances ne fut formellement conclue qu'en 1725. le 30. Avril à *Vienne* en Autriche. Par cette paix l'Empereur renonça à ſes prétentions ſur la Monarchie d'Eſpagne, & le Roi Philippe ſur les provinces qui en avoient été démembrées. On y confirma les traités antérieurs & particuliérement celui de la quadruple-alliance (*a*). Le

(*a*) Elle prend ſon nom de quatre Potentats, ſçavoir : l'Empereur, le Roi de France, le Roi d'Angleterre & le Roi d'Eſpagne, que cette alliance devoit

Roi d'Espagne se charge de la garantie de la Pragmatique-sanction (b).

IX.

En 1733. le premier Février mourut Auguste II. Roi de Pologne & Electeur de Saxe ; l'Empereur fit

lier. Le projet de cette alliance, signée à Londres le 2 Août 1718, fut, de maintenir les traités d'Utrecht & de Baden, & d'accommoder les affaires d'Italie. On y convint aussi I°. que pour satisfaire le Roi d'Espagne, l'Infant Don Carlos, son fils aîné du second lit, feroit nommé successeur éventuel aux Duchés de Parme & de Plaisance, & au grand Duché de Toscane, & qu'en attendant l'ouverture de ces fiefs, il feroit mise une garnison de 6000. soldats, troupes Suisses & neutres dans les places fortes qui s'y trouvoient; II°. que la France & l'Espagne ne feroient jamais réunis sous un même chef; III°. que l'Empereur reconnoîtroit Philippe V. pour Roi d'Espagne. L'Espagne rejetta ces conditions : là-dessus la France & l'Angleterre lui déclarerent la guerre.

(b) La *pragmatique-sanction* est une loi fondamentale, faite par l'Empereur Charles VI, qui établit l'ordre de la succession dans les pays héréditaires d'Autriche. vid. *Desing. auxilia historica*, oder historischer Behülf, part. VII. p. 754.

auſſitôt camper un corps de troupes ſur les frontieres de Pologne. Cette démarche déplut au Roi de France, qui voulut qu'on laiſſât la République entiérement libre ſur le choix de ſon nouveau Roi. Le Roi de Sardaigne conclut le 26. Septembre, & le Roi d'Eſpagne le 25. Octobre, une alliance offenſive & défenſive avec le Roi, & déclarerent la guerre à l'Empereur. Auſſi-tôt l'armée françoiſe paſſe le Rhin & s'empare du fort de Kehl le 28. Octobre.

X.

L'élection du Roi Staniſlas s'étoit faite le 12. Septembre. Le lendemain quelques Seigneurs Polonois, avec les Evêques de Cracovie & de Poſnanie, ſe retirent à Prag, village ſitué ſur l'autre bord de la Viſtule, en face de Warſovie; où ils élurent le 5. Octobre le Roi Auguſte III. Les *pacta conventa* furent jurés le 13. Octobre. Stanislas trop foible pour réſiſter aux forces d'Auguſte, ainſi qu'à une armée de Ruſſes qui venoit d'entrer en Lithuanie, ſe vit obligé de ſe retirer à *Danzik*. L'année d'après 1734, après y avoir ſoutenu un ſiege de cinq mois, il fut obligé d'en ſortir. La ville ſe rend au Roi *Auguſte III*, le 7 de Juillet.

XI.

Les Eſpagnols ſe jettent ſur le Royaume de Naples & s'en emparent. *Don Carlos* ſe fait proclamer Roi de *Naples* le 15 Mai 1734. Ils font enſuite une deſcente dans la Sicile ; tout le royaume ſe ſoumet, excepté les Villes de *Meſſine* & de *Syracuſe*, où il y avoit garniſon impériale. L'année ſuivante la Sicile eſt entiérement ſoumiſe ; *Don Carlos* y paſſe, & le 3 de Juillet il ſe fait couronner à Palerme Roi des Deux-Siciles.

XII.

Préliminaires du traité de Vienne.

La même année commencent les négociations de la paix. Le Comte de *Neuwied* & ſon miniſtre, M. de *Nierolt*, en firent les premieres ouvertures. M. de la *Baune* y mit la derniere main à *Vienne*. Les préliminaires arrêtés & ſignés le 3 d'Octobre, portent en ſubſtance :

I°. que le Roi Stanislas abdiqueroit la couronne de Pologne, en faveur du Roi Auguste; II°. qu'il conserveroit le titre de Roi, & que pour prix de ce sacrifice, il seroit mis en possession des Duchés de Lorraine & de Bar, dont la propriété appartiendroit après sa mort à la France; III°. que le Duc de Lorraine recevroit en échange le Grand-Duché de Toscane; IV°. que l'Infant Don Carlos garderoit le Royaume des Deux-Siciles & l'état des garnisons sur les côtes de la Toscane; V°. que le Roi de Sardaigne auroit Tortoue, Navarre, la souveraineté de Langhes, & la permission de fortifier telles places de son domaine qu'il jugeroit à propos; VI°. que l'Empereur rentreroit dans le Duché de Milan & les États de Parme & de Plaisance; VII°. que la France garantiroit la *sanction-pragmatique*; VIII°. qu'au reste on restitueroit de part & d'autre toutes les conquêtes dont on n'avoit point disposé par les articles préliminaires.

XIII.

Le ministere d'Espagne rejetta ces conditions & cotinua la guerre. Le Comte de *Kœnigsegg* rentre en Italie & repousse l'armée Espagnole jusqu'au delà du Pô. Là-dessus l'on convint d'une amnistie générale, qui fut enfin suivie de l'accession de l'Espagne, de la Sardaigne & du Roi des Deux-Siciles.

XIV.

En 1736 on exécuta les préliminaires de paix, arrêtés à Vienne. Le Roi Stanislas abdiqua la couronne par un acte du 28 Janvier. Le 26 Mars les troupes Espagnoles s'embarquerent pour s'en retourner à Barcelone, & l'Empire ratifie les préliminaires par un Conclusum du 16 Mai; & voulut que le Duc de Lorraine conserveroit le suffrage dont il avoit joui jusqu'àlors à la Diete en qualité de *Marquis* de *Nomeni*. Ce suffrage fut attaché depuis au Comté de *Falckenstein* (*a*), qui n'avoit pas

(*a*) L'Empereur *Joseph II*, aimé & admiré de toute l'Europe, fils de Fran-

été compris dans la succession de Lorraine.

XV.

Le traité de paix de Vienne entre la France & l'Empire, ne fut signé à Vienne que le 18 Novembre 1738, sur le pied des préliminaires; l'Espagne y accéda le 21 Avril 1739.

XVI.

En 1740, le 20 Octobre meurt *Charles VI*, dernier Empereur de la maison d'Autriche, qui s'éteignit avec lui (*a*). Aussi-tôt Charles VII, Électeur de Baviere, & Philippe V, Roi d'Espagne, s'op-

çois I, pour lors Duc de Lorraine & ensuite Empereur, voyagea en 1777 en France incognito, sous le nom de Comte de *Falckenstein*.

(*a*) Cette maison, si vous exceptez Charles V, ne fournit pas un seul conquérant depuis Rodolphe jusqu'au dernier de ses descendans. Tous des héros pacifiques, ils sçurent acquérir par des mariages plus de Provinces, qu'ils n'eussent pu soumettre de villes en faisant la guerre. Ensorte, qu'on chanta pour leur gloire ce fameux vers :

Bella gerant alii, tu felix Austria nube.

posent à la pragmatique-sanction(*b*), & déclarent la guerre à Marie-Thérese, Reine d'Hongrie.

XVII.

Le Roi de Pologne, Electeur de Saxe, fait valoir le droit de la Reine sa femme, qui étoit la fille aînée de l'Empereur *Joseph I*, & à qui selon les loix de la primogéniture la succession devoit échouer. L'Electeur de Baviere demande le Royaume de Bohème, en vertu du testament de l'Empereur Ferdinand I, la haute Autriche, comme une province démembrée de la Baviere, & le Tirol, comme un héritage injustement enlevé à sa maison. Le Roi de Prusse ressuscite une ancienne prétention sur les Duchés de Troppau & de Jægerndorff, en Silésie. Enfin, le Roi d'Espagne réclama le Milanez & les autres états Autrichiens en Italie, comme des

(*b*) Cette loi fondamentale fait passer aux femmes & à leurs descendans, au défaut de mâles, tous les fiefs & allodiaux attachés à la maison d'Autriche.

fleurons arrachés de sa couronne, & en vertu des anciens pactes de famille, faits entre les deux branches de la maison d'Autriche. Ces prétentions allument une guerre sanglante, qui a durée plus de sept ans, & ne fut terminée que lorsque Marie-Thérese trouva des moyens pour satisfaire ses ennemis.

XVIII.

Le Roi de Pologne renonce à ses droits, par une convention faite en 1743 & 44. L'Électeur de Baviere se départit des siens par la paix de Fuessen en 1745; les traités de Breslau en 1742, & de Dresde en 1745, assurerent au Roi de Prusse la souveraineté sur la partie de la Silésie occupée pour lors par ses armes; & le traité d'Aix-la-Chapelle, conclu en 1748, satisfit l'Espagne sur ses droits, par la cession que fit l'Autriche des Duchés de Parme & de Plaisance & de Guastalla, en faveur de l'Infant Don Philippe.

Observation.

Les traités de paix ne suffisent

point pour nous donner une entiere connoiſſance du droit public. Les fondations des Évêchés & Monaſteres, ainſi que les diplômes tirés des archives, principalement de celles des États eccléſiaſtiques, donnent un grand éclairciſſement dans ce droit. Entre pluſieurs recueils diplomatiques, tous fort inſtructifs, celui de *Hund* de Saltzbourg, en 3. volumes in-folio, & celui de M. *Dumont*, ſont fort recommendables. L'ouvrage de M. *Dumont*, hiſtoriographe d'Empire, 8. tom. in-fol. intitulé : *Corps univerſel diplomatique du droit des gens*, contenant un recueil de traités, depuis le regne de Charlemagne, juſqu'à celui de Charles VII. eſt d'un grand avantage dans cette ſcience; on y ajouta cinq tomes de ſupplémens.

Avant tous ces ouvrages on devroit lire : *l'hiſtoire des traités de paix & autres négociations*, ouvrage néceſſaire aux miniſtres, pour ſervir d'introduction au corps diplomatique, fol. Haye, 1725. vol. 2.

CHAPITRE XII.

Des Concordats de la Nation Germanique avec la Cour de Rome.

I.

Parmi les loix publiques de l'Empire, certaines loix eccléſiaſtiques occupent une des premieres places ; ces loix peuvent être diviſées en trois claſſes qui nous fourniront autant de chapitres : la premiere contient les Concordats de la nation Germanique avec le St. Siege ; la ſeconde comprend les décrets de certains Conciles généraux ou particuliers ; la troiſieme renferme certaines conventions particulieres, faites entre les Empereurs & les ſouverains Pontifs.

II.

Le premier Concordat, ſelon quelques-uns, eſt celui qui ſe fit en 963 au Concile de Latran, entre le Pape Léon VIII. & l'Em-

I. Concordats.

péreur Otton I, dit le *Grand.* Il comprend plusieurs décrets très-remarquables, dont les principaux portent : I°. qu'Otton & tous ses successeurs auront le droit de nommer au St. Siege, ainsi qu'à tous les Archevêchés & Évêchés de ses royaumes ; II°. que toutes les élections & consécrations qui ne seroient point faites conformément à cette-loi, seroient nulles ; III°. qu'Otton & tous ses successeurs auront le droit de se nommer tels successeurs qu'ils jugeront à propos ; IV°. que la dignité impériale & le royaume d'Italie seroient à jamais réunies avec le royaume d'Allemagne. La suite nous fera connoître les changemens arrivés dans cette loi, qui selon les remarques de certains auteurs, est supposée & sans force (*a*). Ce Concordat élargit infiniment la puissance des Empereurs ; ils en abuserent & conféroient ou vendoient les dignités ecclésiastiques à des sujets indignes. Henri IV, en fut accusé auprès du Pape

(*a*) V. Les Ann. de Baronius à l'ann. 963.

Pape Grégoire VII, qui pour déraciner tout à-coup cette simonie, qui avoit déja gagnée la majeure partie de l'Europe, convoqua un Concile à Rome en 1075, où il fit un décret qui défend *à tout ecclésiastique, de recevoir à l'avenir aucune dignité ou office spirituel ou ecclésiastique de la main d'un laïque, fût-il Roi ou Empereur*; vid. *Desing.* aux. hist. part. VII, pag. 497. & seq.

III.

Ce décret eut peu de forces. Henri V. suivit les traces de son prédécesseur, & vivoit en grande désunion avec le St. Siege. La querelle des investitures mit tout en combustion. Les Papes excommunient les Empereurs. Les Empereurs déposent les Papes. Enfin Henri V. las de ces troubles, envoie des Ambassadeurs au Pape Calixte II; Calixte les renvoie en Allemagne, accompagnés du Cardinal-Evêque d'Ostie.

IV.

Enfin on ouvre la Diete de Worms en 1121. le 8. Septembre; là l'Empereur, de l'avis & du consentement des États, renonce I°. à la nomination des Evêques ; II°. il en laisse aux chapitres la libre élection : III°. il abandonne au Pape l'investiture par la crosse & l'anneau, & se réserve seulement le droit d'investir les Ecclésiastiques, touchant les biens temporels & les droits régaliens y attachés, en leur faisant baiser le sceptre.

V.

L'année d'après 1123, Calixte II. convoqua le Concile général de Latran, qui ratifia & confirma le concordat de Henri avec Calixte ; alors le Pape leva l'excommunication de l'Empereur.

Observ. L'Abbé d'Urspergue inséra la convention ou le concordat de *Henri V.* & de *Calixte II.* dans sa chronique à l'année 1122. Nous le trouvons aussi dans les Annales de *Baronius* à la même année, de même dans le Code diplomatique de *Leibnitz*, parte I pag 2. vid. Hoffmann *dissert. ad concordatum*

Henrici V. & Calixti II, de investituris Episcoporum & Abbatum.

VI.

Après ce concordat, il ne resta plus aux Empereurs que le droit de terminer en Allemagne une élection douteuse (a), en suivant l'avis du Métropolitain & des Evêques provinciaux, les suffragans, & celui d'envoyer des Commissaires, qui doivent assister à l'election.

VII.

Ce concordat ne statuant rien sur la collation des dignités & des bénéfices ecclésiastiques en général, il ne forma point une paix solide dans l'église de l'Allemagne touchant ce point. D'ailleurs le clergé étoit fort déréglé & fomen-

---

(a) C'est ce que *Calixte II.* exprime par ces paroles : " Concedo electiones „ Episcoporum & Abbatum Teutonici „ regni, quæ ad regnum pertinent, in „ præsentia tua fieri, absque simonia & „ aliqua violentia, ut si qua inter partes „ discordia emerserit, Metropolitani & „ Provincialium judicio vel consilio, „ saniori parti assensum & auxilium præ„ beas ".

toit bien des abus dans l'Empire. Enfin l'Empereur Sigismond, de concert avec les États d'Allemagne, envoie une députation particuliere en 1418. au Concile de Constance, pour ménager les intérêts de l'Empire. Leur dessein étoit : I°. de conserver aux chapitres l'élection des Prélats, trop gênée par les fréquentes concessions des expectatives ; II°. de remédier aux abus commis dans la dispensation des indulgences ; III°. de fixer les Annates, que le Pape exigeoit arbitrairement. On remit toutes ces matieres au Concile prochain, qui devoit s'assembler dans dix ans.

VIII.

En 1431. commença ce Concile promis, savoir : celui de Bâle; Sigismond pria les Peres de Bâle, de redresser les abus, qui s'étoient glissés dans la collation des bénéfices, dans l'exaction des Annates, dans la conduite des ecclésiastiques & autres. Il publia à cet effet un projet de réforme, dressé par *Fréderic de Landscron*, son ministre & son historien ; mais la mort de

Sigismond, priva l'Allemagne des fruits, qu'elle pouvoit attendre des décisions de ce Concile.

IX.

En 1438, le Concile de Bâle, dans la session 12me. défendit au Pape, de donner aucune expectative sur les bénéfices, auxquels les seuls chapitres & communautés respectives auroient le droit de nommer par une élection canonique, & condamne l'exaction des Annates en quelque façon.

X.

En 1439. le Concile de Bâle s'avisa de déposer Eugene IV. & élit Amédée, Duc de Savoye. Cet Antipape prit le nom de Félix V. Le schisme dura jusqu'à la mort d'Eugene IV. Nicolas V. lui succéde & il est reconnu pour Pape légitime dans la Diete d'Aschaffenbourg en 1448. Dans cette Diete, *Æneus Sylvius Piccolomini*, secretaire de l'Empereur Frédéric III, proposa le plan d'un réglement pour la collation des bénéfices, lequel fut ratifié le 27 Février 1448. par Nicolas V, par Frédéric III &

par plusieurs Électeurs & Princes d'Allemagne, sous le nom de *Concordat de la nation Germanique*, qui porte en substance :

XI.

III. Concordat. I°. Que l'élection canonique sera rétablie dans tous les chapitres & communautés, médiatement ou immédiatement soumises au St. Siege ; II°. que l'élection sera présentée au Pape pour en être confirmée, si elle est trouvée canonique ; III°. qu'aucune provision ni expectative ne sera plus accordée par le Pape ; IV°. que le Pape nommera aux bénéfices d'Allemagne, lorsqu'ils vaqueront en Cour de Rome (*a*) ; V°. que le souverain Pontife nommera aux canonicats, qui viendront à vaquer dans les mois de Janvier, Mars,

(*a*) Cela arrive I°. par la déposition & la translation des possesseurs, faite par autorité apostolique. II°. Si l'élection ou la postulation du nouveau bénéficier est infirmée & annullée par le St. Siege. III°. Si le bénéficier devient Cardinal. IV°. S'il devient commensal du Pape. V°. S'il meurt dans l'endroit où est le

Mai, Juillet, Septembre & Novembre (*b*); VI°. les Annates furent abolies (*c*), & on y fubftitua une certaine taxe que le nouveau bénéficier eft obligé de payer au St. Siege en deux termes égaux, chacun d'une année entiere; VII°. l'on y ordonna que, fi pendant ces deux ans, le même bénéfice vaquoit deux ou plufieurs

---

fiege Papal, ou dans un lieu à deux journées de diftance feulement du St. Siege. VI°. Si le bénéficier a été promu par le Pape à l'épifcopat, à un prieuré ou autre dignité pareille.

(*b*) Les Evêques, qui font Cardinaux, conférent par privilége du St Siege les bénéfices vacans dans leurs Evêchés, pendant les mois du Pape; de même l'un ou l'autre des Electeurs eccléfiaftiques par indult du Pape.

(*c*) C'eft-à-dire, le droit de percevoir les fruits d'un an du bénéfice vacant. Autrefois les Empereurs fuccédoient dans tout le mobilier du défunt bénéficier, & prenoient en outre les rentes d'un an du bénéfice vacant; mais depuis Clément V, les Papes fe font arrogés les Annates qui font aujourd'hui réduites à une taxe fort modique, *taxam de annatis exhibent*; Eftors kleine Schriften, tom. II.

fois, la taxe ne ſe payeroit qu'une fois.

Obſervations.

I.

Dans les Égliſes Cathédrales de Cologne, de Wurtzbourg & de Strasbourg, ainſi que dans la Collégiale de Bamberg & autres, l'alternative des mois n'eſt point reçue, & la collation des canonicats appartient aux chapitres reſpectifs. Il y en a d'autres, où les premieres dignités ſont électives par un ancien uſage. L'Empereur eſt obligé de les maintenir dans la poſſeſſion de leurs droits, conformément à l'art. 14, §. 3. de la Capitulation de Joſeph II.

II[de].

Ce concordat n'ayant été approuvé & ratifié par la majeure partie des États de l'Empire, il y a des publiciſtes qui prétendent, que la Cour de Rome, alléguant ce concordat contre un chapitre, elle doit d'abord faire preuve, qu'il en a été reçu (*a*); d'autres au

(*a*) Vid. *Autor. Principiorum J. publ. eccleſiaſt. Catholicorum*, cap. 12, §. 10.

contraire disent, que tous en sont tenus, & que ce concordat est présumé être reçu dans tous les chapitres (*b*), à moins qu'ils ne prouvent évidemment un privilege du contraire.

IIIme.

Au sujet de ce concordat, on reprocha à Frédéric III, d'avoir sacrifié les droits de l'Église Germanique, tandis qu'il ne dépendoit que de lui, de stipuler des conditions pareilles à celles de la pragmatique-sanction de Charles VII, de laquelle, puisque l'occasion se présente & qu'elle est analogue au Concordat Germanique, nous allons parler d'abord.

(*b*) Cette derniere opinion est reçue en Alsace, comme le prouve un Arrêt du Conseil souverain de 1752, porté en faveur de l'Evêque de Spire, qui en vertu d'un indult papal, conféra un bénéfice, qui vint à vaquer pendant les mois du Pape dans l'église de Weissembourg. Cependant ce concordat, quoique présumé reçu en Alsace, y souffre quelques modifications. Voyez la quatrieme époque de *M. Ditterich, in primis lineis jur. publ. Ecclésiast.*

IVme.

A ce ſujet je n'entre point dans la queſtion des ſavans, ſavoir : *ſi les chapitres Proteſtans ſont tenus d'obſerver ces Concordats ?* Ma déciſion, quelconque, n'y changeroit rien dans les chapitres, où l'alternative des mois eſt reçue. Le ſeigneur territorial Luthérien, fondé en poſſeſſion depuis le prémier Janvier 1624, y confére les bénéfices vacans dans les mois du Pape. Dans d'autres, la collation eſt alternative entre le ſeigneur & le chapitre, ſans faire diſtinction des mois.

L'on peut voir les griefs préſentés à ce ſujet à l'Empereur Maximilien I. en 1510, enſemble avec les avis & moyens d'y remédier, dans le 2d. tome *Rerum Germanicarum, Freheri*, pag 673.

De la Pragmatique-ſanction de Charles VII, Roi de France.

I.

En France, nous avons deux fameuſes loix, concernant l'élection & la nomination des Prélats, ainsi que les provisions, réserves, expectatives, & la collation des bénéfices. La premiere de ces loix, s'appelle : *Pragmatique-sanction de Charles VII.* (a) ; la seconde, le *Concordat François.*

II.

Pour mieux comprendre la pragmatique-sanction de Charles VII, il faut observer, qu'autrefois les Evêques étoient élus dans toute l'Eglise, par les suffrages du clergé & du peuple. Anciennement en France, quand un Evêque étoit mort, on députoit quelques ecclésiastiques & quelques laïques vers le Métropolitain, qui supplioit le

(a) Parmi les François, le nom de *Pragmatique-sanction* s'est donné quelquefois aux Ordonnances qui concernent les grandes affaires de l'Etat ou de l'Eglise. *Maillane* en son Dictionnaire de Droit Canonique, tome II, à la fin, rapporte deux pragmatiques-sanctions concernant l'Eglise, savoir : celle de St. Louis, faite en 1268, & celle de Charles VII ; mais comme lui-même avoue, *art. pragmatique*, que l'existence de la premiere, est révoquée en doute par plusieurs auteurs, j'ai mieux aimé la passer sous silence.

Roi, de permettre de donner un Evêque à cette églife, & de défigner un des Evêques de fa province, pour affifter au nom du Roi à l'affemblée, où fe faifoit l'élection ; lorfqu'elle étoit faite, on en portoit l'acte au Métropolitain, qui l'envoyoit au Roi, pour avoir fon agrément. Enfuite l'Archevêque & les autres Evêques de la province le facroient.

III.

Cet ufage continua jusqu'aux premiers Rois de la troifieme race; pour lors quand un Évêché devenoit vacant, le chapitre envoyoit deux ou trois Chanoines au Roi, pour le prier d'agréer, qu'ils éluffent un tel fujet. Les religieux & religieufes, après le décès des Abbés ou Abbeffes, en faifoient de même. Souvent les officiers du Roi faifoient faifir le temporel du bénéfice vacant & s'en approprioient le revenu. Après l'élection, on donnoit de la part du Roi, mainlevée de la régale, c'eft-à-dire, de la faifie faite en fon nom. Il y eut encore d'autres changemens, ſuivis de grands abus.

IV.

Après ces préliminaires, nous touchons à la Pragmatique. En 1438. le Clergé de France ayant fait des remontrances au Roi Charles VII, ſur les entrepriſes des Papes, depuis leur ſéjour à Avignon (*a*); ce Prince, pour y mettre fin, convoqua une aſſemblée à Bourges, où le Pape Eugene & les Peres du Concile de Bâle, envoyerent leurs Légats. Charles VII. y préſida en perſonne, aſſiſté des Princes du ſang & des plus grands ſeigneurs, tant eccléſiaſtiques que ſéculiers. On y dreſſa

(*a*) Bertrand de Got, dit: *Clément V*, François de nation, tranſporta le St. Siege à Avignon, en 1306. Il y reſta juſqu'en 1377, que Grégoire XI (ça été le dernier Pape François) en partit pour retourner à Rome, où il arriva en 1377. *Henault*, Hiſtoire de France, tome I, page 272. Les troubles excités en Italie, depuis que les François avoient pris poſſeſſion du Royaume de Naples, furent les principaux motifs de cette translation.

cette célébre Pragmatique-sanction, pour déraciner les abus qui s'étoient glissés dans l'Église de France principalement, touchant l'élection des Evêques.

V.

Le Concile de Bâle, sollicité par le Clergé de France, envoya au Roi plusieurs décrets, qui tendoient au rétablissement de la liberté de l'Eglise dans les élections. Ces décrets servirent de base à la Pragmatique, dont je ne rapporterai que les articles analogues au Concordat Germanique. Le IIIme. déclare, que les élections seront faites avec une entiere liberté, & par ceux, qui en ont le droit, suivant les Canons de l'Eglise. Le Vme. donne la collation des bénéfices aux ordinaires & aux patrons. On y établit les prébendes théologales, & on y affecta le tiers des bénéfices aux gradués. On y rejetta les graces expectatives, comme des occasions de commettre aux Eglises des ministres indignes ou incapables, & de se soustraire à la jurisdiction des ordinaires, &c.

L'article XXme. déclare ſimoniaques, tous ceux qui exigeront, promettront, ou donneront les Annates ou autres redevances pour la confirmation des. élections, admiſſion des poſtulations, proviſion, collation, préſentation, même faite par les laïques, inſtallation ou inveſtiture des Egliſes Métropolitaines, Cathédrales, monaſteres, dignités ou offices eccléſiaſtiques, &c.

VI.

Cette Pragmatique - ſanction, contenant 23. articles, devint une loi générale. Le Roi ordonna qu'elle ſeroit étroitement gardée dans ſon Royaume, & l'envoya au Parlement, où elle fut vérifiée & enregiſtrée le 13 Juillet 1439, & obſervée en France juſqu'à la confection du Concordat François, qui la ſupprima dans une grande partie.

Du Concordat François.

I.

La Pragmatique étoit un coup de foudre pour la Cour de Rome, ſappant ſon autorité en France, &

diminuant prodigieusement ses revenus. Aussi les Papes firent tous leurs efforts pour l'anéantir. Louis XI, ébranlé par les sollicitations de la Cour de Rome, en ordonna l'abolition par Lettres-patentes du 27 Novembre 1461; & fit ensuite par ses Ambassadeurs un traité avec Sixte IV en 1472; par lequel on réduisit les choses à peu près dans le même état où elles étoient en Allemagne par le Concordat Germanique, touchant les bénéfices (*a*); mais ni les Lettres d'abolition, ni ce traité postérieur, ne furent reçus du Parlement de Paris; le Clergé de France & l'Université de Paris y résisterent également.

II.

La Pragmatique-sanction toujours menacée, resta cependant intacte jusqu'à la mort de *Louis XII*; alors *François I*, son successeur, plein de courage & d'esprit, passa en Italie.

(*a*) Vid. Cap. I. *de treuga & pace in Communibus.*

Italie. Le Pape *Léon X*, qui tenoit pour lors le cinquieme Concile de Latran, convoqué par *Jules II.* en 1512, saisit cette occasion, & fit citer péremptoirement Sa Majesté, pour alléguer les raisons du refus de l'abolition de la Pragmatique. François consent à un accommodement; les Cardinaux d'*Ancone* & *Sanctiquatre*, furent commis à cet effet par le Pape, & le Chancelier *Duprat*, par le Roi. Cet accommodement, nommé le *Concordat*, se fit à *Boulogne* en peu de jours; le Roi le signa à *Milan*, le Pape le ratifia le 16 Août 1516. Ensuite on lut dans l'onzieme session, la Bulle de *Léon X*, du 19 Décembre 1516, portant la révocation de la Pragmatique & le Concordat de Boulogne. Le Concile l'approuva & le mit dans ses actes, comme en faisant une partie essentielle.

III.

Ce Concordat fut dressé sur les décrets de la Pragmatique & dans le même ordre. Il déroge à la Pragmatique quant à l'élection des

Prélats, & en accorde la nomination au Roi, à condition que les nommés se feroient pourvoir ensuite par le Pape.

Ire. *Observation.*

Le Roi nomme à tous les bénéfices purement électifs & consistoriaux (*a*); tels sont dans la grande regle les Archevêchés, Evêchés, Abbayes & Prieurés conventuels; quoique les provisions des deux derniers ne passent souvent que par la Daterie.

II.

Il paroît, qu'en vertu du Concordat, Sa Majesté nomme seulement auxdits bénéfices, s'ils sont situés dans les Provinces déja unies à la France lors de la passation d'icelui. Dans les autres Provinces postérieurement acquises, le Roi nomme aux mêmes bénéfices, en vertu de l'Indult accordé par le Pape (*a*).

(*a*) C'est-à-dire, dont les provisions passent par le consistoire des Cardinaux.

(*a*) *Rebuffe*, *prax.benef. q.* 8.*num.* 5. prétend, que le Roi y nomme parce que les provinces ajoutées doivent suivre les loix du Royaume auquel elles accedent. Cette rai-

III.

La nomination doit ſe faire dans les ſix mois, depuis la vacance du bénéfice, notifiée au Roi; & ſi la perſonne nommée eſt jugée n'avoir point les qualités requiſes pour être confirmée du Pape, le même Concordat accorde au Roi trois autres mois en ſus pour nommer une autre perſonne capable. Cependant il n'y a pas d'exemple, que la Cour de Rome, après les neuf mois de nomination écoulés, ait prévenue la Cour de France.

Obſ. L'Ordonnance de Blois du mois de Mai 1579, ordonne aux nommés aux bénéfices, d'obtenir

ſon auroit quelque vigueur, s'il s'agiſſoit du gouvernement civil, dont le ſouverain laïque eſt parfaitement le maître; mais l'élection étant une matiere eccléſiaſtique, dont la diſpoſition appartient de droit commun à l'Egliſe, & ne ſouffre conſéquemment aucune interprétation extenſive en faveur du Prince au préjudice d'icelle. Cette raiſon de *Rebuffe* eſt non recevable. Auſſi les Rois de France ſentant ſa défectuoſité, aimerent mieux nommer par droit d'indult, obtenu du St. Siege, que par la grace d'une mauvaiſe raiſon, incapable de tranquilliſer leur conſcience.

des bulles de provision de la Cour de Rome dans les neuf mois, après les lettres de nomination, ou de justifier des diligences suffisantes par eux faites dans ledit tems, à peine de demeurer déchus de leur droit de nomination.

IV.

Le Roi nomme auxdits bénéfices, de quelque maniere que la vacance en soit arrivée. La seule vacance où le Roi ne peut nommer à la lettre du Concordat, est celle qu'on appelle *in Curia.* Mais les Papes ont renoncés au moins tacitement à leurs droits, mêmes lors d'une telle vacance.

V.

Selon le Concordat, pour que le Roi puisse nommer un quelqu'un Evêque ou Archevêque, il faut qu'il soit Docteur ou Licencié en Théologie ou en Droit, & qu'il soit au moins dans sa vingt-septieme année. Cependant pour de sconsidérations particulieres, Sa Majesté peut nommer quelquefois des sujets moins âgés, auxquels le Pape envoie des bulles de provision en conséquence.

Obs. I°. Un étranger non-naturalisé, est incapable de posséder aucun bénéfice en France. Voyez *les Mémoires du Clergé*, tom. 12. pag. 774; & le Pape n'est pas en droit de dispenser à cet égard.

II°. Il y a de certaines Abbayes & Prieurés, exempts du droit de nomination. vid. *Maillane* Diction. Can. art. *nomination*.

VI.

Quant à la collation des bénéfices, le Concordat suit les dispositions de la Pragmatique, avec cette seule différence, qu'il explique mieux les droits des gradués.

VII.

Le Concordat ne rétablit point formellement les Annates abolies par la Pragmatique. Il paroît cependant les toucher (*a*); elles reprirent vigueur (*b*) par une bulle

(*a*) Au tit. 6, §. 1, *Statuimus*.

(*b*) Elles se payent, selon l'usage de la France, seulement des bénéfices consi-

adoptée du Roi, qui ſuivit de près le Concordat.

Obſerv. Les fruits des bénéfices non conſiſtoriaux, ayant été evalués en France au deſſous de 24. ducats, ils ne ſont point ſujets à l'Annate, conformément à une conſtitution de Clément VII.

VIII.

L'Abolition des réſerves & graces expectatives a été confirmée par le titre 4. §. I. du Concordat.

IX.

Ceux qui veulent s'inſtruire plus à fond des différentes matieres, dont traitent les deux fameux Conçordats, ainſi que la Pragmatique, qui ſont partie du préſent chapitre, peuvent en lire les tex-

---

ſtoriaux, avec cette différence, que les bénéficiers des pays qui étoient ſoumis à la France lors de la paſſation du Concordat, ne payent que la moitié de l'ancienne taxe, ſuivant la réformation du Concile de Conſtance; au lieu que les bénéfices des pays, qui pour lors n'appartenoient point à la France, nommé *Pays d'obédience*, payent leur taxe entiere ſans déduction.

tes entiers à la fin du Ier. tome du Diction. Canon. de *Maillane*.

X.

Le Concordat de François I, ainsi que la réintroduction des Annates, irriterent infiniment le Clergé. Le Président *Henault* justifie le Roi par ces raisons : Ie. que les Rois ayant fondés la majeure partie des grands bénéfices, il est juste, que leurs successeurs en aient le droit de nomination; IIde. que le Roi représentant la Nation, c'est à lui d'exercer les droits, qu'exerçoient les premiers fideles; & qu'ils lui ont remis, lorsque l'Eglise a été reçue dans l'Etat, pour prix de la protection, que le Roi accordoit à la religion; IIIme. que les élections étoient devenues une simonie publique, qui élevoit aux premieres places ceux qui avoient le plus de moyens de les acheter; IVme. que les grands sieges étoient souvent remplis par des sujets de la lie du peuple, au lieu qu'à choses égales, la Noblesse doit être préférée dans la distribution des dignités ecclésiastiques, & cela pour deux raiſons : la premiere, parceque pluſieurs des grands bénéfices proviennent des biens de l'ordre de la Nobleſſe ; la ſeconde, parceque les grands bénéfices donnant autorité aux Evêques dans les villes de leur diocéſe, il eſt important pour la ſûreté du Royaume, que les Rois choiſiſſent ceux, dont la fidélité leur eſt connue, & dont les talens s'étendent non ſeulement aux choſes de la Religion, mais encore au maintien de la paix & de l'ordre public. A toutes ces raiſons j'oſe ajouter celle-ci : que l'on ſert le Roi & l'état à proportion des bienfaits que l'on peut eſpérer de lui ; & que conſéquemment il eſt juſte, qu'on lui laiſſe la diſpenſation & la diſtribution des grands offices & dignités, tant civiles & militaires, qu'eccléſiaſtiques de ſon Royaume.

CHAPITRE XII.

Des Conciles généraux & Nationaux de l'Eglise d'Allemagne.

I.

Les Conciles sont des assemblées des Prélats ecclésiastiques, pour affermir les dogmes de foi & ordonner la discipline de l'Eglise. Les uns sont généraux, ainsi appellés, parcequ'on y convoque les Prélats de toute l'Eglise; d'autres sont Nationaux, parce qu'on n'y convoque que les Prélats d'une certaine Nation. Les uns sont provinciaux, auxquels ne sont appellés que les Prélats d'une certaine province ou Archevêché; d'autres sont Diocésains, auxquels on n'appelle que les Prélats & Docteurs d'un certain Diocése. Les bornes de cet ouvrage ne me permettent point de m'étendre davantage sur la maniere de les convoquer, sur les personnes que l'on a coutume d'y inviter, ni ſur celles que les ſouverains ont droit d'y envoyer; encore bien moins ſur l'ordre que l'on y obſerve. Ces matieres ſe trouvent dans les ouvrages qui traitent du droit Canonique.

II.

L'État d'Allemagne, comme tout autre, eſt eſſentiellement gouverné par deux eſpeces de loix : ſavoir, par des loix civiles & par des loix eccléſiaſtiques. Ces dernieres, lorſqu'elles concernent la Religion, conſidérée en elle-même, ſes miniſtres en général, ou l'hiérarchie de toute l'Egliſe, s'appellent *Loix publiques eccléſiaſtiques*. Ces loix ſe trouvent particuliérement dans les canons des Conciles. Les anciens Conciles généraux de Nicée, de Conſtantinople, d'Épheſe & de Chalcédoine, ſont univerſellement reçus en Allemagne.

III.

Dans ce chapitre nous ne traitons que des Conciles tenus dans l'empire d'Allemagne, & qui (paſſant pour généraux, au moins en partie) ont une certaine influence dans l'état eccléſiaſtique d'Allemagne ; tels ſont les Conciles de Conſtance, de Bâle & de Trente. Les anciens Conciles Nationaux de l'Allemagne, deſquels je ne puis parler dans cet ouvrage, ſont celui de Treves, en 316 ; de Cologne, en 347 ; de Francfort, en 774 ; ceux de Mayence, en 1000 & 1048 ; celui de Worms, en 866 ; de Tribure au Rhin, en 899 ; de Dingelfingen en Baviere, en 900 ; d'Altheim, dans le Diocéſe de Conſtance, en 920 ; d'Erfort, en 932 ; d'Ingelheim, en 977. Nous avons une collection des Conciles d'Allemagne par *Schannat*, continuée par *Hartzheim*, en 4 vol. in-fol.

IV.

Du Concile de Conſtance.

Au commencement du quinzieme ſiecle, l'Égliſe, contre laquelle les portes de l'enfer ne prévaudront jamais, étoit troublée & accablée ſous le poids d'un orage, & douloureuſement affligée par la corruption des mœurs ; ce qui lui ſervit de motifs pour convoquer un Concile général.

V.

Le Pape *Jean XXIII*, vivement sollicité par l'Empereur *Sigismond*, d'en tenir un, pour obvier à tous ces maux, dont l'Église d'Allemagne étoit affligée, publia à cet effet le 9 Décembre 1413, une bulle de convocation en la Ville de Constance. Il s'y rendit lui-même le 28 Octobre 1414, & on commença la premiere session le 15 Novembre.

VI.

On y régla d'abord, que tous les Peres du Concile seroient distribués en cinq classes ou langues : savoir, celle d'Allemagne, de France, d'Angleterre, d'Italie & d'Espagne. Chaque classe choisit un président. Le Pape *Jean XXIII*, y renonça au pontificat. *Jean Huss* y fut cité pour être ouï sur ses dogmes ; & malgré son sauf-conduit il fut enfermé dans les prisons des Dominicains, étant suspect de fuite.

VII.

Dans la troisieme session on déclara I°. que le Concile étoit légitimement assemblé ; II°. que la retraite du Pape ne le dissolvoit point ; III°. que le Pape ne transférera point hors de la ville de Constance la cour de Rome, ni ses officiers, & ne les obligera pas à le suivre, si ce n'est pour cause approuvée du Concile. Dans la quatrieme, le Concile décida, que le Pape même est soumis à sa puissance, & obligé de lui obéir dans ce qui regarde la foi, l'extirpation du présent schisme & la réformation de l'Église dans son chef & dans ses membres. Dans la cinquieme, le Concile suspendit *Jean XXIII.* de toutes ses fonctions. Dans la septieme on décida, qu'un Concile général est au-dessus du Pape.

IX.

Jean XXIII rétracte sa démission & s'échappe ; mais il fut arrêté à *Fribourg* en Brisgau, & commis à la garde de l'Électeur Palatin.

X.

Dans la XIIme. session *Jean* fut déposé ; dans la XIIIme. on ne permit la communion que sous une seule espece ; dans la XIVme. *Charles de Malatesta*, muni de la procuration de *Grégoire XII*, renonce au nom de ce Pontife, à la papauté ; dans la XVme. *Jean Huss* ayant refusé de retracter ses dogmes, fut déclaré hérétique, & livré au bras séculier, qui le condamna au feu.

XI.

Bénoit XIII continua toujours de braver l'autorité du Concile. *Sigismond* fait le voyage du Roussillon pour l'engager à se démettre de la papauté ; n'ayant pu y réussir, il se rend à *Paris* & puis à *Londres*, pour concerter avec les Rois de France & d'Angleterre les moyens de rendre la paix à l'Église ; mais il revint à *Constance* sans avoir eu effectué la moindre chose.

XI.

Dans la XXIme. session *Jérôme de Prague*, collégue de Jean Huss, accusé d'enseigner ses erreurs, fut condamné ; dans la XXXVIIme.

Bénoit XIII fut déposé comme hérétique & schismatique; dans la XLIme. vingt-trois Cardinaux & trente autres Prélats tirés en nombre égal des cinq Nations qui composoient le Concile, élirent à la pluralité des voix pour souverain Pontife le Cardinal *Otton Collone*, qui prit le nom de *Martin V*. Ainsi finit le schisme, qui avoit désolé l'Église plus de trente ans.

XIII.

Après la mort de Jean Huss, les Hussites ayant à leur tête *Jean de Drosnow*, surnommé *Zisca*, se révolterent contre l'Empereur Sigismond, & commencerent une guerre sanglante, qui dura près de vingt ans.

XIV.

On peut voir l'état de l'Allemagne sous Jean Huss dans l'histoire de l'Empire, par *Morfax*, qui donne à connoître l'état de l'Allemagne, tel qu'il fut sous chaque Empereur. Herrmann von der Hart fit une collection des actes du Concile de Constance, tenu en 1414.

XV.

Du Concile de Bâle.

Dans la trente-neuvieme session du Concile de Constance, il fut ordonné par un Décret perpétuel, que pour guérir entiérement l'Église des maux qui l'affligeoient & l'en préserver pour l'avenir, il se tiendroit un autre Concile général cinq ans après celui de Constance; un troisieme, sept ans après la fin du second, & à l'avenir un, de dix en dix ans. *Martin V*, pour satisfaire à ce Décret, convoqua un Concile général en la ville de Bâle, dont l'ouverture se fit le 23 Mai 1431. Le Cardinal *Julien Césarius* y assista comme légat du Pape.

XVI.

On le tint principalement pour appaiser les troubles excités & fomentés par les Hussites. Sa premiere session se fit le 14 Décembre 1431; le Cardinal Julien y fit un discours, dans lequel il exhorta les Peres à mener une vie sainte & à travailler pour les intérêts de l'Église.

XVII.

XVII.

Dans la ſeconde ſeſſion, on déclara de nouveau l'autorité & l'infaillibilité des Conciles généraux, & l'on y fit voir, que le Pape n'eſt point au-deſſus de ces corps myſtiques, repréſentans l'Égliſe militante. Durant cette ſeſſion, les chefs des Huſſites vinrent à Bâle, & préſenterent au Concile les articles de leur confeſſion, leſquels furent diſcutés à fond par les Peres de ce Concile, qui après bien des diſputes, convinrent avec eux dans la quinzieme ſeſſion en 1433, que la communion ſous les deux eſpeces leur ſeroit accordée.

XVIII.

Lors de la ſixieme ſeſſion, *Eugene* révoqua les bulles qu'il avoit donné pour diſſoudre le Concile, & choiſit quatre Cardinaux pour y préſider avec le Cardinal Julien. Il donna en même tems une Bulle, par laquelle il déclara le Concile légitimement continué (*a*).

(*a*) Par-là dit M. *Boſſuet* dans ſon hiſtoire univerſelle, le Pape mit le Concile

XIX.

Dans la XXme. ſeſſion le Concile déclara, que les eccléſiaſtiques concubinaires doivent être privés pour trois mois des fruits de leurs bénéfices, & s'ils refuſent d'obéir, il les déclare incapables de jouir d'aucun bénéfice. Dans la même ſeſſion il fut défendu de refuſer l'euchariſtie à quiconque ſous prétexte de ſentences ou de cenſures, à moins qu'elles n'aient été portées nommément contre une certaine perſonne.

XX.

Dans la XXIme. ſeſſion le Concile abolit les Annates, & défendit ſous les peines portées contre les ſimoniaques, d'exiger aucune rétribution à raiſon des bulles pour la confirmation des eccléſiaſtiques, proviſions, inveſtitures des égliſes, dignités & bénéfices. Dans la même il fit le décret *de pacificis Poſſeſſoribus*, qui porte, que ceux

---

au-deſſus de lui, puiſque par déférence pour ſes ordres, il révoqua les décrets qu'il avoit lui-même publié.

qui ont été durant trois ans paisibles possesseurs d'un bénéfice avec un titre légitime, ne pourront plus être privés de leur possession (*a*).

XXI.

En 1436 les Hussites sont défaits à la bataille de *Bœmischbroda*, par *Meinrad*, *Comte de Neuhaus*, & leurs chefs conclurent la paix avec l'Empereur à *Iglau* en Moravie; ils se soumettent à lui & le reconnoissent pour leur Roi. La même année *Eugene IV*. écrivit aux Peres du Concile de Bâle, de quitter cette ville & de se transporter à Ferrare. Les Prélats Italiens obéirent, la peste les fit passer ensuite à Florence; mais plusieurs Évêques de France, d'Allemagne, d'Espagne & d'Angleterre resterent à Bâle, & sommerent *Eugene* de se rendre au Concile.

XXII.

Dans la XXXIme. session

(*a*) Ce décret fut adopté de la France & entra dans la Pragmatique & le Concordat.

de l'an 1438, il fut défendu au Pape de donner aucune expectative sur les bénéfices, auxquels les chapitres & communautés respectives auroient seules le droit de nommer par une élection canonique (*a*).

XXIII.

Dans la XXXIVme. session, *Eugene IV* fut déposé par les Évêques assemblés, comme ennemi du repos public & de l'Église, & les Cardinaux présens au Concile, élirent dans la trente-huitieme session *Amédée*, Duc de Savoye, qui prit le nom de *Félix V*. (*a*).

(*a*) Cette décision, ainsi que l'abolition des Annates fut portée dans la Pragmatique-sanction, qui affermit les libertés de l'Eglise Gallicane, que l'on peut voir dans les traités, faits par *Pierre* & *Jacques Dupuis*, imprimés en 1651. en 2. vol. in-fol. dont l'un est intitulé : *Libertés de l'Eglise Gallicane*; & l'autre, *preuves des libertés de l'Eglise Gallicane*.

(*a*) Avant de devenir Pape, il s'étoit retiré dans la solitude de Ripaille, après avoir remis son Duché à son fils; on dit, que ce Prince n'avoit abdiqué que sur la foi de certains devins, qui lui avoient prédit qu'il parviendroit à la Papauté.

cela causa un nouveau schisme (*b*).

XXIV.

Eugene dépose les Archevêques de *Cologne* & de *Treves*, comme fauteurs du schisme & partisans de l'Anti-Pape *Félix*. En 1446, on tint une assemblée à Francfort, où les Nonces d'*Eugene* traitent avec les Electeurs, qui le reconnurent pour Pape légitime, après leur avoir promis de convoquer un nouveau Concile, d'approuver les décrets de celui de *Constance* & ceux qui avoient été arrêtés à *Bâle* jusqu'à sa séparation (*a*), & de ré-

---

(*b*) Qui dura jusqu'à la mort d'*Eugene IV*. Les François, quoique portés pour le Concile de Bâle, reconnurent toujours *Eugene* & ne voulurent point consentir à sa déposition, dans la crainte de voir renouveller le schisme. Les Anglois & les Ecossois resterent pareillement dans l'obéissance d'*Eugene*. Au contraire, *Alphonse*, Roi *Arragon*, la Reine de *Hongrie*, les Ducs de *Baviere* & d'*Autriche*, les Electeurs de *Cologne* & de *Treves* reconnurent *Félix*, ainsi que les Universités de *Paris*, d'*Allemagne* & de *Cracovie*.

(*a*) On regarde communément le Concile de *Bâle* comme œcuménique

tablir les Electeurs déposés. *Eugene* accepta & ratifia ce traité en 1449, & reçut l'obédience des Electeurs peu de jours avant sa mort.

XXV.

Nicolas V. lui succéda : les Peres de *Bâle* se retirerent à *Lausanne.* Le Pape *Nicolas*, pour achever de culbuter le parti de son antagoniste *Félix*, fait présent de la Savoye au Roi de France. On tint le Concile de *Lyon*, où *Félix* renonça à la Papauté (*a*) ; les Car-

jusqu'à la vingt-sixieme session ; car depuis la seizieme en 1433, dans laquelle le Pape *Eugene* s'étoit réuni au Concile, jusqu'à la vingt-cinquieme inclusivement, en 1437, les Peres du Concile continuerent leurs sessions & firent des décrets sur les matieres les plus importantes. Lors de la vingt-sixieme en 1437, le Concile se sépara, & le Pape en transféra une partie à *Ferrare*, & l'année d'après à *Florence*, où l'on acheva de traiter de l'union des Grecs avec les Latins, concernant le dogme de la procession du St. Esprit.

(*a*) *Félix*, qui mourut en 1450, obtint du Pape *Nicolas V.*, en considération de son abdication, une Bulle ou indult, par lequel le Pape s'engage de ne nommer

dinaux de son parti se soumirent à *Nicolas*; le Concile de *Bâle*, transféré à *Lausanne*, finit le 25 Avril 1449, & l'Eglise devint tranquille.

XXVI.

Les François, conformément aux principes de l'Église Gallicane, pensent très-avantageusement du Concile de Bâle. Les Ultramontains le traitent de schismatique, au moins depuis la déposition du Pape Eugene; tous conviennent cependant qu'il a été légitime dans son commencement (*a*).

XXVII.

Les progrès rapides de la doctrine de Luther, de Zwingle & de

---

aucun bénéfice consistorial dans ses états sans le consentement du Duc son fils. Cette Bulle, confirmée par plusieurs Papes, & étendue depuis à tous ses descendans, a excité de grands démêlés entre les Papes & les Ducs de Savoye.

(*a*) *Aeneas Sylvius*, secrétaire du Concile de Bâle, écrivit un Commentaire des actes du Concile de Bâle. Devenu Pape sous le nom de Pie II, il en désavoua les maximes.

Calvin, ainsi que le relâchement de la discipline ecclésiastique & des mœurs des Chrétiens, firent sentir à tout le monde la nécessité d'un Concile général, pour obvier aux égaremens des enfans de l'Église. L'Empereur Charles-quint le sollicita vivement; enfin la Pape *Paul III* en donna la Bulle de convocation le 23 Mai 1537. Il s'agissoit pour lors de convenir sur le lieu, où il devoit se tenir. L'Empereur & les Princes d'Allemagne proposerent Ratisbonne ou Cologne, qui certainement auroient été plus à portée des parties intéressées; le Pape vouloit qu'il se tînt en Italie. Après bien des débats, on accepta la ville de Trente; en conséquence le Pape indiqua par une Bulle, le Concile de Trente pour le 15 Mars 1543, & nomma pour ses légats, les Cardinaux, *Del-Monté*, Évêque de Palestine (élevé depuis à la papauté sous le nom de Jules III), *Marcel Corvin*, Prêtre, & *Polus*, Diacre. Plusieures contestations survenues, en différerent l'ouverture jusqu'au 13 Décembre 1545 (*a*). Il finit en 1563. On y raffermit les dogmes impugnés par Luther & on y établit les principaux points de la discipline ecclésiastique.

XXVIII.

Relation du Concile.

Le Pape Pie V. confirma ce Concile par une Bulle du 6. Janvier 1564. Les Vénitiens furent les premiers à recevoir les Droits du Concile de Trente. Les Rois d'Espagne, de Portugal, de Pologne, les reçurent aussi. Il fut publié en Flandre & dans les Royaumes de Naples & de Sicile. L'Allemagne l'adopta également,

---

(*a*) *Auctor principiorum j. publ. Ecclef. Cathol.* cap. 6, §. 33, *fcribit*... „ fuit hæc fynodus valde neceffaria, ferius indicta, diutius protracta, à Proteftantibus variè elufa, à Catholicis omnibus, fi aliqua decreta reformatoria demas, reverenter fufcepta". Je ne m'arrête point dans les matieres de ces Conciles, puifque mon plan ne l'exige point; j'en donnerai peut-être dans la fuite une traduction avec les libertés de l'Eglife Gallicane, enrichie de notes.

à l'exception des Protestans. En France il est généralement suivi, quant aux dogmes de foi, mais non pas dans tous ses décrets sur la discipline, parce qu'il déroge en plusieurs endroits aux usages & libertés de l'Église Gallicane (*a*).

(*a*) Voyez le dictionnaire de Mailliane, art. *trente*. Le Cardinal Pallavicinus écrivit, *en langue Italienne*, la vraie histoire du Concile de Trente; elle fut traduite en Italien. Dans la bibliothéque du Vatican, dont Nicolas V. posa les premiers fondemens, on voit les collections du savant Cardinal Sirleto, qu'il tira des SS. Peres & de leurs meilleurs copies, qu'il a extraites pendant la séance du Concile de Trente, & qu'il envoyoit toutes les semaines aux Peres du Concile par la poste de Rome. On en forma 6. volumes in-folio.

CHAPITRE XIII.

Des loix non écrites, ou observances de l'Empire.

I.

La multitude & la variété infinie des affaires d'un état, ont toujours empêchés les souverains de porter des loix expresses sur toutes les especes d'affaires concernant le bien public de leurs états, ou le bien particulier de leurs sujets. Cela laissa le champ libre aux usages, coutumes ou observances, qui se multiplierent à proportion des besoins, commodités ou douceurs, que l'homme cherche à se procurer dans cette vie. L'ambition, la vanité, la bienséance & l'honnêteté peuvent encore être régardées comme des causes créatrices d'une grande partie des usages.

II.

Les Allemands, du tems de *Tacite*, selon le génie des anciens

Germains, faisoient plus de cas de leurs mœurs & de leurs coutumes, que les autres peuples n'en font des loix écrites. Dans ce titre, je ne parle que des usages & observances analogues au gouvernement d'Allemagne, lequel ayant souvent varié, conserva toujours quelques parties de la forme de ses anciens gouvernemens, sous le nom d'observances.

III.

Ce mot *Observance*, **Reichs Herkommen**, dénote conséquemment un usage, qui par son approbation tacite, a pris force de loi. Dans les premiers tems de l'Empire, le consentement de l'Empereur, même tacite, suffisoit; mais depuis que les États se sont érigés en législateurs conjointement avec l'Empereur, le leur est également requis pour former une observance générale.

IV.

L'observance de l'Empire s'appelle dans l'art. 5, §. 30. de la paix d'Osnabrug : *une commune & constante pratique par tout l'Em-*

pire. Une pareille obſervance n'étant fondée que ſur des faits, doit être prouvé par celui qui y provoque, à moins que les faits ne ſoient conſtans & notoires. Or, elle ſe prouve par des témoins ou hiſtoriens dignes de foi, & par des diplômes ou autres actes publics, authentiques & non ſuſpects, que l'on trouve dans les différentes archives de l'Empire, ou dans les recueils des grands & fameux publiciſtes, p. e. *Goldaſt*, *Lehmann*, *Lunig*, *Speidel*, *Beſold*, *Webner*, *Londorp*, *Faber* & autres, ainſi que dans l'ouvrage intitulé: *Electa jur. publ.*

V.

L'obſervance conſtatée ou notoire, équivalante au droit écrit, & ayant force de loi, elle déroge à la loi antérieure & l'anéantit en tant qu'elle y eſt contraire; à moins qu'on n'y ait expreſſément appoſé cette clauſe: *que l'on ne pourra alléguer aucune coutume au contraire* (*a*).

(*a*) Vid. *Conſtit. pacis publ. de anno* 1495, tit. Wir ſetzen auch.

VI.

L'obſervance n'influe pas ſeulement dans les négociations publiques de l'Empire, conſidérées en elles-mêmes, comme celle qui n'admet point d'étrangers, ni les femmes à la dignité impériale; ou celle du droit des premieres prieres, ainſi que celle qui exclue les enfans d'un mariage inégal ou méſalliance, de la ſucceſſion aux titres & principautés de leur pere (*a*); mais encore dans la maniere de les traiter, comme celle qui regarde la maniere d'envoyer ou de recevoir les Ambaſſadeurs. Elle a même ſon pouvoir juſques dans le ſtile des cours ſouveraines (*b*).

VII.

L'obſervance peut être abolie par une loi expreſſe, vu qu'il ne

(*a*) Depuis la Capitulation de *Charles VII* & les ſuivantes, on peut regarder cette ancienne obſervance comme une loi écrite.

(*b*) Delà nous liſons dans le recès de l'Empire de 1570, §. 75, Der alte wohl hergebrachte Stilus.

faut pas plus de pouvoir pour détruire un usage, que pour l'autoriser & l'approuver.

VIII.

Il paroît par tout ce que nous venons de dire, que l'observance a beaucoup d'analogie avec la loi écrite ; cependant elle en différe essentiellement, & voici comment : I°. la loi écrite est la volonté expresse du législateur, publiée & manifestée au peuple, obligatoire dès le moment que sa connoissance lui est parvenue légitimement. L'observance au contraire dénote seulement un ou plusieurs faits provenans du peuple, approuvée du législateur, autorisant à faire la même chose exclusivement à toute autre à ce contraire ; II°. la loi écrite ne peut être abolie que par une autre postérieure, ou une coutume du contraire ; mais l'observance s'anéantit encore par le non-exercice dans les circonstances où elle devroit avoir lieu ; ainsi l'ancienne observance de faire des présens à l'Empereur dans les Dietes générales, ainsi que celle de faire porter un chien à un criminel noble jusqu'à une certaine distance proportionnée à l'énormité du crime, furent abolies dans l'Empire par le non-usage.

IX.

Si l'observance que l'une des parties litigantes reclame, est douteuse quant à son existence, ou obscure & sujette à l'interprétation; c'est à l'Empereur & aux États à décider si elle doit être reconnue, & en quel sens le juge doit la suivre, vu que l'existence d'une loi, ou d'une observance, ainsi que son sens, qui fait la loi même, ne doivent dépendre que du législateur (*a*).

X.

Les publicistes se plaisent à disputer sur la quantité de faits ou d'actes requis pour faire une observance. Sans vouloir attiédir l'effervescence

---

(*a*) Vid. art. VIII. §. 2. *pacis Osnabrug*; & *Kulpisius de observantia imperiali.*

fervefcence de leur raifonnement; je penfe qu'il y a des cas, où un feul acte ou fait public fuffit pour prouver l'obfervance (*a*). Ces cas fuppofent un fait évident & éclatant, de maniere que le juge en puiffe raifonnablement préfumer la connoiffance & le confentement de l'Empereur, ou du législateur.

CHAPITRE XIV.

Du Rapport entre les différentes efpeces de Droits avec le Droit public.

I.

Dans les Chapitres précédens nous n'avons parlé que des loix propres à l'Allemagne, & en tant qu'elles font adaptées à fon état. Mais puifque ces loix ne fuffifent

(*a*) *Kemmerich* fcripfit differtationem Jenæ, anno 1732. *de probatione confuetudinis & obfervantiæ tam privatæ quam publicæ.*

point pour décider tous les cas qui puissent se présenter, soit à l'égard des États de l'Allemagne entre eux seuls, soit entre eux & les États étrangers ; ces États se trouvent bien des fois dans la nécessité d'avoir recours aux loix communes & généralement reçues, qui sont celles du Droit de Nature & des Gens, du Droit Romain, du Droit Canonique & du Droit des Lombards.

II.

Le Droit de Nature, étant une espece de recueil ou d'assemblage de raisons & de lumieres, imprégnées dans l'esprit de l'homme par l'auteur même de la nature & de la vérité, il doit être la base de toutes les loix publiques ou privées, & à leur défaut, il doit servir de guide dans la décision des affaires.

III.

Le Droit des Gens, étant considéré comme un amas d'usages provenans des conventions faites

des gens, ne peut ſervir que lorſqu'il s'agit de décider un différent ſurvenu entre gens ou nations, qui ne connoiſſent point les loix poſitives l'une de l'autre, obſervent cependant de certains uſages entre elles, & ſe ſervent des droits réciproques (*a*).

IV.

Le Droit Romain, appellé dans de certains Recès d'Empire *Droit Commun*, die gemeinen Rechte (*a*), eſt certainement de grand uſage en Allemagne dans les affaires des particuliers (*b*); mais il trouve très-peu de place dans les négo-

(*a*) *Puffendorff*, *in hiſtoria Friderici Wilhelmi* lib. 18, §. 10. nous en fournit un exemple.

(*a*) *In Ordinat. Camer. de anno* 1495 & *in Conſtit. de blaſphemiis*, *eodem anno edita*, *aliiſque Receſſibus Imperii.*

(*b*) *P. e.* dans les matieres de tutele, de teſtament, de contrat & autres. *Stryck*, *Uſ. Mod. ff. tit. de Leg. & ſetis.* §. 9. & 40.

ciations de l'Empire & des États (c), vu que ſa forme & ſa cohéſion, ſa religion, ſa milice & ſa juriſdiction différent infiniment de celles des Romains.

V.

Le Droit canonique eſt reçu en Allemagne, autant qu'il ne bleſſe point ſes loix générales, ou les canons de quelques Conciles nationaux, ou coutumes particulieres (a), ni les pactes ou priviléges de certaines Égliſes.

(c) Vid. *Hornius*, *Jur. publ.* cap. 12, §. 7.

(a) Ainſi le Chapitre 34. x. *de electione & electi poteſtate*, qui donne au Pape le pouvoir & le droit d'examiner la perſonne élue Roi d'Allemagne, pour lui conférer la dignité d'Empereur, n'eſt point ſuivi en Allemagne, non plus que le Chapitre 1. §. 5. *de ſacra unctione*, *ubi Innocentius III.* ſic loquitur : „ refert inter „ Pontificis & Principis unctionem, quia „ caput Pontificis chriſmate conſecratur, „ brachium vero principis oleo delinitur, „ ut oſtendatur, quanta ſit differentia in- „ ter autoritatem Pontificis & principis „ poteſtatem." Hoc non attenditur in Ger-

VI.

Le Droit féodal des Lombards, ainsi que le Droit Romain, est adopté & enseigné en Allemagne depuis le treizieme siecle. On le suit dans les tribunaux de l'Empire & dans les cours féodales

---

„ mania. Ungitur enim Imperator in vertice capitis, in crucis formam, postmodum in cervice, inter utrumque humerum; posteà in pectore, tandem in dextro brachio ". Bien moins fait-on attention en Allemagne au Chapitre II. *de sentent. & re jud. in 6*, où le Pape s'arroge le pouvoir de démettre l'Empereur & de délier ses sujets du serment de fidélité. On n'y suit non plus le Chapitre II. tit. *de sentent. & re jud.* aux Clementines, où Clément V, s'érige en vicaire d'Empire en l'absence ou au défaut d'un Empereur. Je pourrois en citer d'autres, si la loi que je me suis prescrite d'être aussi court que possible, le permettoit. Ce Droit canonique ne lie aucunement les Etats protestans d'Allemagne, quoiqu'ils en aient retenus quelques canons, comme une grande partie de ceux qui traitent du mariage.

comme un droit commun (*a*).

(*a*) *Unde in ordinat. Judicii Aul. Cæſar.* tit. 5. §. 1. *Aſſeſſores judicii judicare jubentur :* Nach guten Ordnungen und Gewohnheiten, und in Mangel derſelben, nach dem kayſerlichen Recht. Vid. *Receſſ. Imperii de anno* 1654, §. 105. *Itter, de feudis Imperii*, & *Lunigii theſaurus J. feud. Lipſiæ* 1727, fol. 3. vol. Les Recueils des loix de la Saxe & de la Suabe, connus ſous le nom de *Speculum Saxonicum*, & *Speculum Suevicum*, faits dans le treizieme ſiecle, quoique ſouvent fabuleux & erronés, peuvent fournir quelques connoiſſances du Droit public d'Allemagne.

LIVRE II.*

CHAPITRE I.

Des Principes généraux concernant les limites de l'Empire.

I.

Tout État ou République bien ordonnée doit avoir & connoître ses bornes & limites, afin de savoir jusqu'où s'étendent sa possession & ses droits ; quels sont ses justiciables & ses sujets. De telles bornes ou limites ne pouvoient originairement provenir que d'une convention expresse ou tacite d'un peuple d'avec ses voisins, ou d'une conquête soutenue par la force majeure du conquérant. Aujourd'hui de pareilles bornes & limites des États ont pour base & fondement, des droits de succession ou d'autres acquisitions paisibles, fondées sur des donations, achats, transactions, traités de paix & autres titres justes & équitables.

II.

Chaque État doit soigneusement conserver ses limites, vu qu'ils servent de remparts à ses sujets, & que conséquemment la tranquillité & la sûreté du corps entier & de chacun de ses membres en dépendent. Ainsi ces limites, une fois posées ne peuvent point être changées sans une juste cause; telles seroit le consentement des intéressés, ou une guerre légitimement & solemnellement entreprise.

III.

Les différentes questions que les Publicistes font naître au sujet de ce titre, p. e. si un Prince peut aliéner son territoire en tout ou en partie? Si l'on peut acquérir un territoire par prescription & autres? sont plutôt du Droit de Nature & des Gens que du Droit public particulier que je traite; ainsi pour ne point faire des hors-d'œuvres, je les passe sous silence & renvoie mon lecteur au *chap.* 4. *du II. livre de Grotius* du *Droit de guerre & de paix*, & à *Ver-*

thosii vindicias dogmatis Grotiani, de præscriptione inter liberas gentes.

IV.

Pour bien connoître les limites des terres & du pouvoir de l'Empire, il faut d'abord se faire une idée nette & claire de sa constitution, de ses Royaumes & de ses Provinces, & en même tems des divers changemens qu'il a souffert; ce que la suite de cet ouvrage nous fera voir.

V.

Touchant les changemens & démembremens de certaines provinces, seigneuries & autres terres qui appartenoient autrefois à l'Empire, les Electeurs avoient toujours grand soin de faire promettre (*a*)

(*a*) Cela est prouvé par les Capitulations de Charles-quint, art. 9, de Ferdinand I, art. 8, de Maximilien II, art. 9, de Rodolph II, de Matthias & de Ferdinand II, art. 8; & encore en dernier lieu par celle de Joseph II, art. 10, §. 3, où il est dit: Vielmehr aber Uns aufs höchste bearbeiten und allen möglichen Fleiß und Ernst fürwenden, dasjenige, so davon (nemlich von dem Reich) kommen, als verpfändete und verfallene Fürstenthü-

aux Empereurs & aux Rois des Romains nouvellement élus, tous les efforts pour les récupérer à l'Empire.

VI.

Dans les Dietes de *Worms* en 1521, d'*Augsbourg* en 1566, de *Ratisbonne* en 1576, & d'*Augsbourg* en 1582, il fut délibéré & consulté derechef sur les moyens de récupérer ces biens, mais vainement (*a*); & il paroît qu'il vau-

---

mer, Herrschaften und Lande, auch confiscirte und ohnconfiscirte merkliche Güter, die zum Theil in anderer fremder Nationen Hände ungebührlicher weise erwachsen, zum förderlichsten wiederum darzu bringen und zu zu eignen. *vid.* Mosers Betrachtung über die Wahl-Capitulation Kayser Josephs II. ad h. §.

(*a*) L'Auteur du *Droit publ. du St. Empire*, *liv.* 2, *chap.* 3, dit: « Toutes » ces consultations n'ont pas eu beaucoup » d'effet, & plusieurs raisons invincibles » en ont empêché l'exécution. Les traités » de paix intervenus depuis, & les re» nonciations tacites en retranchent au» jourd'hui la plus grande partie & ren» dent cette matiere si stérile, qu'il en » reste peu de choses qui puissent faire » l'objet de ces délibérations ». *Schwe-*

droit beaucoup mieux à l'avenir de s'épargner la peine d'en faire mention, vu que cela ne sert qu'à augmenter le volume de la Capitulation. Les changemens de tems donnent quelquefois les meilleures occasions de renouveller ces anciens droits ; ainsi la mort de Charles VI, fit connoître très-efficacement les anciennes prétentions de la maison de Brandebourg sur quelques Duchés de la Silésie.

---

derus, dans son ouvrage intitulé : *Theatrum prætensionum*, nous instruit des droits & prétentions que les Etats ou les familles illustres forment les uns sur les autres, avec les raisons & preuves alléguées de part & d'autre. Cet ouvrage *de 2. volumes in-folio* fut enrichi *par Mr. Glafey*. V. le *Traité de Rousset*, 3. vol. in-4°. intitulé : *les intérêts présens des puissances de l'Europe, fondés sur les traités conclus depuis la paix d'Utrecht & sur les preuves de leurs prétentions particulieres.*

CHAPITRE II.

De l'ancienne Germanie ou Allemagne, & ses révolutions.

I.

En parlant de l'Empire Romain Germanique, il eſt à propos de parler en premier lieu de la Germanie propre, qui, de même que tout autre pays de cet univers, n'eut pas toujours la même étendue, ni les mêmes peuples. *Spener* (*a*) dit, que l'ancienne Germanie étoit limitée à l'Orient par la Viſtule, à l'Occident par le Rhin, au Septentrion par la mer du Nord ou l'Océan, & au Midi par le Danube.

II.

Du tems de *Tacite*, la Germanie ſe diviſoit en grande & petite Germanie. La petite étoit ſituée à la rive gauche du Rhin; ſes ha-

(*a*) *In notitia Germaniæ antiquæ*, cap. I. & 2; *Cellarii Notitia orbis antiqui.*

bitans étoient long-tems soumis aux Romains, elle étoit partagée en Germanie supérieure, dont la Métropole étoit Mayence, & en Germanie inférieure, qui avoit Cologne pour Métropole. L'Ahr séparoit ces deux Germanies; la grande ne fut jamais subjuguée par les armes des Romains.

III.

Pour mieux connoître la grande Germanie, ses limites & ses peuples, il faut la considérer au tems que ses peuples étoient le plus liés & ne faisoient pour ainsi dire qu'un même peuple & une même Cité. Le commencement du cinquieme siecle de l'Ere Chrétienne, peut nous servir d'époque ou de point de vue à ce sujet. En ce siecle plusieurs peuples de la Germanie sortant de leurs pays comme un essaim d'abeilles (*a*), envahirent les provinces Romaines & y établirent des Royaumes. Ainsi l'on a vu, 1°. les *Goths* originaires de

(*a*) Mascow, Geschichte der Deutschen Lib. VIII.

la Saxe, déja renommés dans le troisieme siecle, partagés en *Ostrogoths*, qui fonderent leur Royaume en Italie, & en *Visigoths*, qui érigerent le leur en Espagne; II°. les *Vandales*, qui ayant abandonné les côtes de la mer Baltique, passerent la Germanie & les Gaules, traversant ensuite l'Espagne & franchissant le Détroit de *Gibraltar*, ils allerent fonder leur Royaume sur les côtes de l'Afrique; III°. les Bourguignons, habitans des confins de la Pologne & de la Marche de *Brandebourg*, qui percerent la Germanie & pénétrant dans les Gaules, fonderent le Royaume de Bourgogne; IV°. les *Lombards*, habitans de la moyenne Marche & du Duché de *Magdebourg*, qui après avoir eu traversé la Hongrie & une grande partie de l'Italie, allerent poser leur siege dans sa partie supérieure.

Les peuples qui, spectateurs de cette grande émigration, aimerent mieux rester en Germanie, étoient les Francs, les Allemands, les Bavarois, les Thuringiens, les

Frifiens & les Saxons, defquels nous allons donner une notice fuccincte.

Les peuples fitués entre le *Rhin*, le *Wéfer* & l'*Elbe*, fe liguerent enfemble au tems des Empereurs *Valérien* & *Gallien*, pour la mutuelle défenfe de leur liberté contre les Romains, qui les menaçoient; delà leur nom *Franc* (frey), c'eft-à-dire *libre*. Or, parmi les différens peuples qui fe liguerent à ce fujet, deux excelloient, favoir, les Saliens & les Ripuariens (*a*); pour cette raifon l'on divifa ces peuples en deux claffes, l'une nommée des *Francs-Saliens*, l'autre des *Francs Ripuariens*. Des Francs.

(*a*) Les *Francs Orientaux* vécurent pour ainfi dire de rapine & de brigandage jufques vers l'an 420, qu'ils fe choifirent quatre de leurs principaux perfonnages pour leur prefcrire des loix, (felon Guillaume Ovangis); ces *loix* furent appellées *Saliques*, parceque les Francs Orientaux habitoient le long de la Saale. Leurs conquêtes s'étant beaucoup étendues au-delà du Rhin, ils fe diviferent fur une partie de leur coutume: ceux qui fe fixerent fur les rives du Rhin, de la Mofelle & de la Meufe, appellerent leur Code de

V.

Les Francs Ripuariens ou Occidentaux, devinrent vers le milieu du cinquieme siecle un peuple important, & après avoir aidé à chasser Attila & les Huns, ils se mesurerent avec les Bourguignons, les Thuringiens & les Francs Orientaux. La fameuse bataille de *Tolbiac* (Zulpich), dans le Duché de Juliers, que gagna *Clovis*, Roi des Francs Occidentaux en 495, posa les plus solides fondemens de leur gloire & de leur puissance; elle mit les Thuringiens, les Allemands & les Francs Orientaux sous le joug de *Clovis*, qui par-là devint *Roi de tous les Francs*. De retour dans la Gaule, il soumit les Bourguignons; & pour réprimer les courses des Thuringiens & autres peuples voisins, il envoya une forte *Colonie de Francs* sur leur frontiere: elle

loix: *Loi Ripuaire*. Leur Région appellée aussi Ripuaire, se nomma depuis *Austrasie*. Ses habitans furent nommés Francs Occidentaux, parcequ'ils habitoient la partie occidentale du Rhin.

elle s'*établit ſur les deux rives du Mein*, dans le pays qui porte encore aujourd'hui le nom de *Franconie* (*a*).

VI.

Les *Allemands* (Allemanni, Alle Männer), c'eſt-à-dire, aller Gattung Männer, *gens de toute eſpece*, étoient originairement un aſſemblage de gens de différentes nations, particulierement des Gaulois & des Sueves, qui ſe fixerent d'abord entre le Danube, le Rhin & le Mein. Dans la ſuite ils franchirent le Rhin & entrerent dans la Suiſſe & en Alſace (*a*).

Des Allemands.

VII.

Les *Marcomans* (*a*) ayant quitté

Des Marcomans.

(*a*) Sur l'origine, le nom, les progrès & la diviſion des Francs, voyez *Struv*, *J. publ.* Cap. 3, § 7. & ſeq. Maſcow, Geſchichte der Deutſchen, lib. V, §. 31. & VI. 31. & VIII. 45.

(*a*) Comme le prouve *Walafridus*, *de vita B. Galli*, *in prologo apud Goldaſt*, *Rerum Allemann.* tom. I, pag. 143.

(*a*) On les appelloit *Marcomans*, Markmänner oder Grenzmänner *du nom* Mark, *limite* : parce qu'ils s'étoient poſ-

du tems d'*Auguste*, leur pays situé entre le Rhin, le Mein & le Lech, pour entrer en Boheme sous la conduite de leur chef *Marobaude*; les Allemands s'en saisirent. Une partie des Sueves (nommés Suabes dans la suite), peuple Saxon, habitant le long de l'Elbe, près la mer Baltique (anciennement mer des Sueves), ayant eu vent de cette transmigration des Marcomans, vint se joindre aux Allemands, & s'unit tellement avec eux, que peu après on les regarda comme un seul peuple, que l'on nommoit tantôt les Allemands, tantôt les Suabes. Les Allemands devinrent si fameux, que déja dans le quatrieme siecle l'on comprenoit sous le nom *Allemannia* toute la Germanie, tout comme aujourd'hui (*b*).

tés sur les confins, c'est-à-dire, sur les rivages du Danube, pour s'opposer aux Romains, qui dans les derniers tems de la République, tenterent souvent le passage de ce fleuve. Les Marcomans leur résisterent toujours vigoureusement.

(*b*) Vid. *Spener Germania Antiqua* &

VIII.

Les Empereurs *Constantin*, *Julien* & *Valentinien*, remporterent quelques victoires sur eux (*a*). *Clovis* les défit totalement ; il leur laissa cependant leurs Ducs ou Gouverneurs, à charge de reconnoître l'Empire des Francs, & de leur payer un tribut annuel Ce joug leur pesoit, ils s'efforçoient de tems à autre de le secouer. Le Duc *Lantfried* les souleva contre *Charles-Martel*, qui après avoir eu remporté une entiere victoire sur ce rebelle, se soumit entiérement les Allemands (*b*). Les Ducs d'Allemagne ou de Suabe commencerent à devenir fameux dans le douzieme siecle, mais le treizieme leur fut fatal. La Maison de *Hohenstaufen*, qui après avoir donné à l'Allemagne six Empereurs des plus grands qui l'aient jamais

---

media, & *Crusii Annales Suev.* p. 1. lib. V, &c.

(*a*) *Urstisii Chron. Basiliense*, lib. 2, cap. 11.

(*b*) *Sigebert. gemb. ad annum* 525.

gouverné, poussa pour lors son dernier germe & enfanta le malheureux *Conradin*, héritier légitime de Naples & de Sicile, lequel ayant été informé de la mort de *Mainfroi*, assembla une armée d'Allemands pour reconquérir sur Charles, Duc d'*Anjou*, l'héritage de ses peres. Le jeune *Frédéric de Bade*, héritier du Duché d'Autriche, qu'*Otton*, Roi de Boheme avoit usurpé, se joint à lui; ils entrent dans l'Abruzze, leur armée fut d'abord victorieuse à la bataille d'*Aquila*, près du lac *Célano*; après cette victoire elle eut l'imprudence de se disperser pour piller le camp de *Charles d'Anjou*, une troupe de Picards en profita & la défit entiérement. *Conradin* & *Frédéric* se sauvent à *Rome*, & prêts à s'embarquer au Port d'Ostura pour passer à Pise, *Frangipani* les arrête & les livre à *Charles*. On les conduit à Naples; là une compagnie de Juges assemblés de toutes les Provinces du Royaume, les condamne à la mort & leur fait trancher la tête. Telle est la fin tragique de la Maison Ducale de Suabe.

IX.

Les terres de *Conradin*, dernier Duc de Suabe & de Franconie, furent démembrées ; les Comtes de Würtemberg & les Margraves de Bade en saisirent une partie. Mais *Rodolphe*, *Comte de Habsbourg*, dont la Maison étoit déja fort puissante, en eut les plus beaux morceaux ; il devint Empereur en 1273, & mit fin aux troubles du grand interregne. Enfin pour pacifier la Suabe & mettre un frein à certaines maisons remuantes, il créa son fils *Rodolphe*, Duc de Suabe à la Diete d'Augsbourg en 1283, qui cependant ne fut jamais appellé Duc de Suabe ; il se contenta du nom de *Prince en Suabe*. Après la mort de ce Prince, *Albert* son frere, Duc d'Autriche, joignit ce Duché au sien, & devenant Empereur en 1298, il le garda, mais il en commit l'administration à trois Préfets (Landvogt). *Henri de Lichtenberg* fut chargé de l'administration de l'Alsace ; le Brisgau fut commis au *Comte d'Ochsenstein*; le reste de la Suabe fut donné à régir au Comte de *Würtemberg*. Depuis ce moment il n'y eut plus de Ducs de Suabe.

X.

Des Bavarois.

Les *Boyens* (Boji ou Bojoarii), dont les Bavarois d'aujourd'hui prétendent descendre, quoiqu'il ne se trouve vraisemblablement plus une goutte de leur sang en eux, paroissent avoir eu leurs premieres demeures en Boheme (*a*)); *Bojohemia*, **Heymath der Boyen**, & *chez les Narijcs dans le Noricum* (*b*).

(*a*) La question, savoir, si les Boyens viennent de la Boheme ou du Noric, reste encore indécise parmi les savans. Desing. Geschichte von Bayern, supplément part. 1, pag 2, paroit vouloir la décider par ces paroles : Es scheinet das Noricum seye der älteste Sitz der Boyen; von da seyen lang vor Christi Geburt die TolleBuben (Dollistoboy) erst in Böhmen gekommen, welches sie etlich hundert Jahr hernach den Marckmännern räumeten, ibidem, pag. 8.

(*b*) Le *Noricum*, que les Romains ap-

XI.

Les Boyens avoient des Rois déja du tems de la République de Rome. *Arioviste*, *Roi des Sueves* ou des Allemands, qui se chamailloit avec *Jules-César* dans les Gaules, avoit épousé la sœur de *Woccion Roi de Navarre* (*a*).

XII.

La plupart des Boyens de la Boheme ayant été chassé par les Marcomans, entrerent en Italie dans les terres de Parme & de Modene, & s'étendoient ensuite le long des Monts Appennins jusqu'à Mantoue, & devenoient voisins des Vénitiens (*a*). Les Nariscs ou Naviscs, **Näbische Völker**, restoient alors dans les pays appellés aujourd'hui, *Baviere* & *Haut*

---

pelloient communément *Rhætia*, comprenoit du tems de Jules-César, la Baviere, le Tyrol, la Carinthie, la Styrie & l'Autriche. Vid. *Paul. Diac. de gest. Longobard.* Lib. III, cap. 29.

(*a*) *Desing, loco cit.*

(*a*) Vid. *Marcus Welserus*, *in Annalibus Bojicis.*

Palatinat, près de cinquante ans avant la naiſſance de Jeſus-Chriſt, & étoient déja un peuple très-conſidérable. Dans ce tems-là les Helvétiens, qui s'étoient propoſé de quitter leur pays & de ſe tranſplanter dans les Gaules, mirent leur confiance dans les Boyens, & s'en ſervirent comme de troupes auxiliaires & compagnons de leur riſque & péril (*b*). Jules-Céſar remporta une victoire complette ſur les Helvétiens dans la Bourgogne, & les obligea à s'en retourner. Les Héduens, qui pour lors occupoient la Bourgogne, ſpectateurs de la bravoure des Boyens, les engagerent à ſe fixer

---

(*b*) *Jul. Ceſar Bell. Gall. lib.* 1. init. ubi ſic legimus « Bojoſque qui trans Rhenum incoluerant & in agrum Noricum tranſierunt Nariamque oppugnarunt, receptos ad ſe ſocios adſciſcunt ».

Obſerv. La Ville de Naria dont Jules-Céſar fait mention ici, étoit une place forte & très-probablement la capitale du Noric. Les ſavans prétendent qu'elle fut dans le même endroit, où ſe trouve aujourd'hui Nuremberg, Noribergum.

dans leur pays; César y consentit. Les Boyens accepterent la proposition; les Héduens leur accorderent un certain district de terre (nommé aujourd'hui le *Bourbonnois*), où ils vécurent en pleine liberté, jouissants des mêmes droits & privileges que les Héduens (*c*).

XIII.

Les Boyens (qui avoient quitté la Boheme) ne pouvant s'accommoder avec les Italiens, & ne voulant point se mettre sous le joug que *Dietrich* ou *Théodoric*, *Roi des Ostrogoths*, prétendoit leur imposer, ils regagnerent, au commencement du sixieme siecle, leur ancien pays, le Noric, dont les limites s'étendoient pour lors jusqu'à la Pannonie, c'est-à-dire, la Hongrie (*a*).

(*c*) *Cesar l. cit.* & *Raymundus Martianus in Catalogo locorum apud Cesarem & Tacitum, verbo* Boji.

(*a*) *Desing, l. cit. pag.* 19 *& suiv.*, *Paulus Diaconus de gest. Longobard. lib.* 3, *cap.* 29. optimè Noricorum fines describit his verbis... *Noricorum Provincia*

XIV.

Depuis la bataille de Tolbiac, les Bavarois ne paroiſſent plus avoir eu que des Ducs de l'ancienne maiſon Agilolphingienne, juſqu'à la défaite de *Taſſilon*. La dignité ducale étoit comme héréditaire dans cette famille, & déja du tems des Rois de Baviere, cette dignité étoit conférée à ceux de cette maiſon, que les Rois avoient trouvé les plus fideles & les plus capables de gouverner leur peuple (*a*). *Thierri I*, ſucceſſeur de *Clovis*, ſe foumit les Bavarois & leur preſcrivit des loix en 534. Depuis ce tems-là les Ducs de Baviere étoient regardés comme ſujets des Rois de France (*b*). Au moins étoient-ils leurs vaſ-

---

quam Bojoariorum populus inhabitabat, habet ab oriente Pannoniam, ab Occidente Sueviam, à Meridie Italiam, ab Aquilonis vero parte Danubii fluenta.

(*a*) Vid. *LL. Bojoar. tit. II. cap. XX.*

(*b*) Ibidem *tit. II. cap. IV*, ſic legitur : " Si quis autem Dux de Provincia " illa, quam Rex ordinaverit tam audax

ſaux & leur prêterent en cette qualité foi & hommage (*c*). Enfin *Taſſilon*, leur dernier Duc, ſe révolta contre *Charlemagne*, qui le dépouilla de ſon Duché en 787;

„ aut contumax aut levitate ſtimulatus, „ ſeu protervus & elatus, vel ſuperbus „ atque rebellis fuerit, qui decretum „ Regis contemſerit, donato dignitatis „ ipſius Ducatu carebit “.

(c) V. *Deſing*, *l. cit. part.* 1. *pag.* 46, diſant: **Daß die Bayer (zu Zeiten des Utilo) nur** fœdere inæquali, **das iſt, mit einem ſolchen Bindnuß dem Fränkiſchen Reich zugethan ware, daß es daſſelbe reſpectiren müſſe, nicht aber Unterthan von demſelben wäre.** Que les Ducs de Baviere ne devoient qu'un certain reſpect aux Rois de France, paroît trop flatter la maiſon Agilolphingienne. Quoi qu'il en ſoit, il eſt certain que Taſſilon après bien des mouvemens qu'il s'eſt donné mal à propos contre *Pepin* & *Charlemagne*, fut enfin cité à la Diete d'*Ingelheim* & accuſé du crime de leze-Majeſté. Les Etats le condamnerent à la mort en 786. *Charlemagne* lui fit grace & ſe contenta de le dépouiller de ſon Duché, de l'envoyer dans l'Abbaye de *Lorche*, & delà dans celle de *Gemblours*, où il mourut ſaintement en 787.

la Baviere commença dès-lors à être gouvernée par des Comtes (*d*).

XV.

La Baviere resta sous la puissance des Francs & eut des Rois de la race Carlovingienne jusqu'à la mort de *Louis l'Enfant*, arrivée en 911; *Arnoul* son prédécesseur avoit créé derechef un Duc de Baviere, nommé *Luitbald* ou *Léopold*, de qui descend la maison Électorale Palatine & de Baviere. Ce fameux *Léopold*, à la tête des armées de *Louis*, défendit la Baviere vigoureusement contre les irruptions multipliées des *Huns*. Enfin succombant sous les coups réitérés & violens de ces barbares, il resta dans la bataille d'*Augsbourg* sur l'*Ems*, où les Allemands furent totalement défaits en 908, & les Huns victorieux dévasterent toute la campagne de la Baviere (*a*).

Souche de la Maison Palatine de Baviere.

(*d*) Voyez l'*Abrégé de l'Histoire & du Droit publ. d'Allemagne*, *pag.* 26. & *Eginhardus*, *vita Caroli M.* cap. XI. & *Struv. Corp. histor. Germ. per. IV. §.* 11. §. 29.

(*a*) Les savans regrettent les monu-

Léopold étoit le pere d'*Arnould*, surnommé le *Méchant*, qui exerça un plein-pouvoir en Baviere & en conféra même les Évêchés (*b*).

XVI.

Otton le Grand donna ce Duché après la mort d'*Arnould*, à *Berthold* son frere germain (*a*); depuis ce moment les Ducs de Baviere dépendent entiérement des Empereurs. *Otton de Northeim*, issu de l'ancienne maison de Saxe, créé Duc de Baviere en 1061, fut déposé en 1071; alors *Welf I*, fils d'*Ezon*, *Marquis d'Est*, & de *Cunegonde*, héritiere de la *maison des Welfs & d'Altorf* en Suabe,

---

mens antiques, consistans en Titres, Diplômes & Chartes, consumés par le feu allumé par ces barbares, qui auroient éclairci les siecles suivans.

(*b*) Voyez *Desing*, *l. cit.* pag. 91.

(*a*) De-là *Struv.* Corp. J. publ. cap. III, §. XVIII, conclut, que ce Duché n'étoit point héréditaire. *Desing* au contraire, l. cit. pag. 106. & suivantes, prétend, que c'est à tort que les enfans d'Arnould ont été privés de ce Duché.

devint Duc de Baviere ; il avoit épousé la fille de son prédécesseur ; il est la *souche de la maison de Brunswick & de celle d'Angleterre. Welf II.* son fils, lui succéda dans le Duché en 1101 ; il épousa la fameuse Comtesse de *Mathilde.* Vint ensuite Henri IX, & enfin Henri X, tous les quatre de la maison de Welf. Ce dernier *Henri,* surnommé *le Superbe*, Duc de Saxe & de Baviere, se rendit coupable de félonie & fut dépouillé du Duché de Baviere en 1138.

Souche de la maison de Brunswick & de celle du Roi d'Angleterre d'aujourd'hui.

XVII.

Alors l'Empereur *Conrad III.* le donna à *Léopold*, surnommé *le Large*, Marggrave d'Autriche, frere utérin de l'Empereur, né du second mariage d'*Agnès*, sœur de *Henri V.* avec *St. Léopold*, Marggrave d'Autriche. Son frere *Henri XI.* lui succéda en 1141, mais il ne put garder ce Duché, vu que *Henri XII*, surnommé *le Lion*, *fils de Henri le Superbe*, fut rétabli dans le Duché de Baviere par une sentence des États assemblés à la Diete de *Ratisbonne* en 1154 (*a*).

XVIII.

Hanri le Lion, après avoir eu jetté les premiers fondemens de la Ville de *Munich* (commencée ſur une métairie appartenante aux Moines de *Scheffenlarn*), tomba en diſgrace auprès de *Frédéric I.* pour

(*a*) Cette ſentence fit naître une conteſtation entre ces deux *Henris*, qui fut décidée à la Diete de Ratisbonne de 1156. Conformément à la déciſion de cette Diete, *Henri d'Autriche* renonça à la Baviere, & *Henri le Lion* à la ſeigneurie directe du Marggraviat d'Autriche, qui juſqu'alors avoit dépendu de la Baviere, & qui pour lors (afin de pleinement dédommager Henri d'Autriche), fut érigé en Duché & Principauté d'Allemagne, & rendu héréditaire même aux femmes, avec cette prérogative, que le dernier ou la derniere de la Maiſon en pourra diſpoſer librement & en faveur de qui il ou elle voudroit. On régla à la même Diete, que le Duc d'Autriche ne pourroit être cité qu'à des Dietes convoquées en Baviere, ni être obligé à ſuivre l'Empereur dans une guerre qui ne ſeroit point faite ſur ſa frontiere. Le lecteur pardonnera cette digreſſion à l'occaſion qui la fit naître.

lui avoir refusé du secours contre les Italiens. Là-dessus les États assemblés à la Diete de *Würtzbourg*, le déclarerent déchu du Duché de Baviere & autres ses fiefs. Alors le Duché dont les enfans d'*Arnoulti* étoient privés lors de la mort de leur pere, rentra dans leur Maison, & fut donné à *Otton V*, *Comte de Wittelsbach*, *souche de la maison Palatine & de Baviere d'aujourd'hui.*

Souche de la maison Palatine & de Baviere d'aujourd'hui.

XIX.

Des Thuringiens.

Les Thuringiens, un des plus anciens peuples de la grande Germanie (*a*), avoient leur Rois longtems avant que *Clovis* les rendit tributaires (*b*); la Thuringe devint dans la suite une partie du Royaume

(*a*) Il y en a qui dérivent leur nom de *Thor* ou *Thara*; le Dieu des Germains, qu'on compare à Jupiter. Mascow, Geschichte der Deutschen, *lib.* 9, *cap.* 30, prétend, que leur origine est un ramas de Gerusques, de Semnonites & autres peuplet ligués ensembles comme les Francs.

(*b*) Vid. *Sagittarii Antiquitates Regni Thuringici.*

Royaume d'Austrasie, comme le prouvent les testaments de *Charlemagne* & de *Louis le Pieux* (*c*), & fut gouvernée successivement par des Comtes, Marggraves & Landgraves (*d*). Le dernier de ses Landgraves étoient *Henri Raspon*, qui, lorsque l'Empereur *Frédéric II* fut excommunié & déposé par le Pape *Innocent IV.* au Concile de *Lyon* en 1246, accepta la Couronne Impériale à la persuasion des Archevêques de Mayence & de Cologne, & de quelques autres Princes, assemblés à la Diete de *Wurtzbourg*; & pour poursuivre ses droits apparens, il entra en Suabe & assiégea les Villes de *Reutlingen* & d'*Ulm*; mais voyant l'infructuosité de ses foibles efforts, il en leva le siege & s'approcha d'*Aix-la-Chapelle*, pour s'y faire couronner. *Conrade*, Roi des Romains, le surprend, le défait &

(*c*) *Apud Pithœum*, pag. 284. & 335.

(*d*) *Struv. Corp. j. publ.* cap. III, §. XX.

le pousse jusqu'en Thuringe, où il mourut peu de tems après.

XX.

Raspon étant mort sans enfans, sa succession fut partagée en vertu d'un traité, fait en 1263 (*a*) entre *Henri* l'*Illustre* (*b*), *Margrave de Misnie, fils de Judith* (*sœur de Raspon*), & *Henri*, *Duc de Brabant* (*c*), qui avoit épousé sa niece, la Princesse *Sophie*, *fille de Louis*, *Landgrave de Thuringe*, son frere ainé. Le Marggrave de Misnie eut la Thuringe & le Palatinat de Saxe. Le Duc de Brabant eut cette partie de la Thuringe, qu'on appelle la *Hesse*, érigée en sa faveur en principauté particuliere sous le titre de Landgraviat. De là l'origine des Landgraves de Hesse. Ainsi l'extinction du Landgraviat de Thuringe occasionna la création de celui de Hesse (*d*).

Origine des Landgraves de Hesse.

(*a*) Vid. *Dilichii Cron. Hassiæ ad ann.* 1263.

(*b*) *Tige des Ducs de Saxe d'aujourd'hui.*

(*c*) *Tige des Landgraves de Hesse.*

(*d*) *Struv. Corp. j. publ.* cap. III, §. XX. & cap. XXXI, §. XLVII.

XXI.

Des Frisiens.

Pline, dans son Histoire Naturelle, en fait le premier mention (*a*), Tacite en parle souvent (*b*); ils habitoient la partie du Nord de la Hollande proprement dite. *Procobe* (*c*), prétend que dans le cinquieme siecle une troupe de Frisiens se joignit aux Saxons pour faire la conquête de la Grande-Bretagne.

XXII.

Plusieurs publicistes pensent, que l'on ne doit point mettre les Frisiens au nombre des anciens Germains. Cet ouvrage ne permet point d'entrer dans une plus

---

(*a*) *Lib.* 4, *cap.* 15.

(*b*) Dans son ouvrage de *Moribus Germanorum*, *cap.* 34, il les divise selon l'usage de ce tems-là, & eu égard à leurs forces. Voici ses paroles : « Majoribus minoribusque Frisiis vocabulum » est ex modo virium : utræque nationes » usque ad Oceanum Rheno prætexuntur, » ambiuntque immensos insuper lacus & » Romanis classibus navigatos.

(*c*) *Lib.* *IV*, *Goth.*

grande discussion à ce sujet. Il paroît indubitable, que la Frise faisoit partie de l'Allemagne dans le neuvieme siecle, puisque lors du partage d'héritage fait entre les enfans de *Louis le Germanique*, *Louis le Jeune* son fils, eût pour sa part la France Orientale, la Thuringe, la Saxe, la Frise & une partie du Royaume de Lothaire (*a*).

XXIII.

Cependant les Frisiens ne furent point admis aux Diétes, jusqu'à ce que l'Ostfrise fut divisée en Comté héréditaire d'Empire par l'Empereur *Frédéric III*, qui en investit solemnellement *Ulric I.* (*a*) en

(*a*) Vid. *Regino*, *ad ann.* 876. L'ancien royaume de Frise avoit ses propres Rois, & comprenoit la Frise, l'Ostfrise & la Westfrise, ou Frise Occidentale, & s'étendoit depuis l'Escaut jusqu'au Wéser, près de la Mer du Nord. Charles-Martel les subjugua en 733, & Charlemagne en fit une partie de l'Allemagne en 802. *Henault*, *nouvel abrégé chronologique de l'Histoire de France*, tom. I, *pag.* 41.

(*a*) Extant litteræ investituræ *in Brenneisen* Ostfries-Historie, tom. I, lib. II, §. XXIX, pag. 75.

1464 dans la Ville d'*Embden*, en présence de tout le peuple du Comté. *Ferdinand III.* l'érigea en Principauté d'Empire en 1654 (*b*) en faveur d'*Ennon Louis*, lequel étant mort sans enfans, l'Empereur *Léopold* conféra la même dignité à *George Christian*, frere du défunt, & la rendit héréditaire en 1660. (*c*).

XXIV.

Des Saxons.

Les *Saxons*, peuple Germain d'origine, habitoient anciennement les terres, que l'on appelle aujourd'hui *Holstein* (*a*), & *Slefwic*, près de l'embouchure de l'Elbe, entre le Wéser & l'Elbe. *Ptolomée*, qui vivoit sous *Antonin le Pieux*, en fit le premier mention. Ils se divi-

(*b*) *Imhoff, Not. Procer.* lib. 5, cap. 8, §. 10.

(*c*) *Litteræ desuper concessæ extant apud* Lunigium, im Reichs-Archiv. *p. spec. II. contin.* pag. 783. *Hübner*, dans sa *Géographie* tom. III, liv. VIII, pag. 524 & 25, en rapporte la suite.

(*a*) *Annalista Saxo, ad ann.* 983. *holsatæ dicti à sylvis quas incolant.*

ſoient en *Oſtphaliens*, *Weſtphaliens* & *Angariens* ou *Angrivariens* (*b*); de-là les noms des *Duchés de Saxe Angarienne & Weſtphalienne*.

XXV.

Vers le milieu du cinquieme ſiecle, les Saxons jeterent les premiers fondemens de leur réputation en tranſplantant une partie de leur nation en Bretagne, ſous leur Roi (*a*).

XXVI.

Une troupe de Saxons ſe joignit vers la fin du ſixieme ſiecle aux Longobards, pour faire la conquête d'Italie. *Sigebert* fit auſſitôt occuper les terres qu'ils avoient abandonnés, par une Colonie de Sueves, pour ſervir de boulevard aux provinces Françoiſes. Mais *Alboin*, *Roi des Lombards*, ayant refuſé de laiſſer les Saxons, ſes alliés, poſſeſſeurs paiſibles & indé-

(*b*) Maſcow Geſchichte der Teutſchen, lib. 6, cap. 2.

(*a*) *Heng* ou *Horſt*. *Abrégé chronologique de l'hiſtoire & du droit public d'Allemagne*, pag. 7.

pendans d'une partie d'Italie, ils regagnerent leur pays ; mais les Sueves ou Suabes ne voulant point leurs rendre les terres, qu'ils avoient quittés, s'y maintinrent par le secours des Francs. *Les Saxons*, se voyant ainsi exclus de leur ancienne patrie, s'obligent par serment d'en tirer vengeance, & *privent par une loi particuliere du droit de succession, les femmes qui épouseroient des Suabes*. De-là cette haine mortelle entre les deux nations (*a*) ; de-là ces guerres funestes aux deux parties.

XXVII.

Dans le huitieme siecle, en 772, *Charlemagne* résolut dans la Diéte de *Worms* une guerre contre eux à l'instigation de *Sturmion*, *Abbé de Fulde* (*a*), & s'empara aussi-tôt

(*a*) *Abrégé chronologique de l'histoire & du droit publ. d'Allem.* pag. 9.

(*a*) Son ressentiment venoit de ce que malgré le traité fait avec Pepin, les Saxons avoient massacré quelques-uns de ses Missionnaires. Les Saxons composoient alors quatre peuples différens : les *Westphaliens*, *Ostphaliens* & les *Angrivariens*, qui demeuroient entre l'*Ems* (riviere d'Ostfrise), & l'*Elbe*; & les *Nordalbingiens* qui oc-

d'*Eresbourg* en Weſtphalie, & renverſa la fameuſe colonne d'*Irmenſæul.*

XXVIII.

Les peuples, dont les Saxons étoient alors compoſés, comme nous venons de le voir dans la note précédente, avoient chacun ſes propres juges & prépoſés, & lorſqu'ils ſe voyoient engagés dans une guerre avec une puiſſance étrangere, les prépoſés de ces peuples tiroient au ſort, ou choiſiſſoient un d'entre eux, nommé Duc (c'eſt-à-dire, *Dux Militum*, conducteur ou Général d'armées); tel étoit le fameux *Wittikind*, du tems de *Charlemagne* (*a*); cette guerre contre les Saxons dura trente ans. *Wittikind* y fut matté, & la *Paix de Salza* réunit les Saxons aux Francs.

---

cupoient l'ancienne patrie des Saxons, c'eſt-à-dire les pays ſitués ſur la rive droite de l'*Elbe* juſqu'à l'*Eider*, & juſqu'aux frontieres des Venedes & des Eſclavons dans le Mecklenbourg.

(*a*) *Beda*, *Hiſtor. eccleſ. gent. lib. V*, *cap. XI.*

Charles leur laissa leurs loix & immunités, à charge cependant qu'ils se feroient baptiser, qu'ils payeroient les dixmes au Clergé, & qu'ils obéiroient aux juges qui leur seroient donnés par l'Empereur (*b*).

XXIX.

Otto, Duc de Saxe devint le premier Empereur électif lors de l'extinction de la race Carlovingienne.

Charles fit gouverner ce pays par des Comtes, Mis (ou Commissaires Royaux) & dans la suite, par des Ducs (*a*). Les Ducs de Saxe devinrent de jour en jour plus puissans & plus indépendans; ensorte que lors de l'extinction de la race Carlovingienne, les États de l'Empire choisirent *Otto Senior*, Duc de Saxe, pour Roi d'Allemagne; mais se sentant trop avancé en âge pour soutenir avec honneur une dignité aussi onéreuse, il s'en excusa & proposa *Conrade*, *Duc de Franconie*, que les États reconnurent unanimement. Après sa

(*b*) *Eginhardus in vita Caroli M. cap. VII.*

(*a*) *Struv. de Allodiis Imperii*, cap. II, §. XI.

mort, les États choisirent *Henri l'Oiseleur*, Duc de Saxe, fils d'Otton, qui gouverna le premier la Saxe avec une entiere indépendance (*b*). *Otton le Grand, son fils*, élu Roi d'Allemagne à *Aix-la-Chapelle* en 936, étant sur le point de marcher en Italie contre *Berenger II*, qui après la mort de *Lothaire II*, *Roi d'Italie*, s'étoit emparé de ce Royaume, donna en 952. le Duché de Saxe, qu'il avoit gouverné jusqu'alors par lui-même, à *Herman Billung*, gentilhomme Saxon, possesseur de la Ville de *Lunébourg* & de ses dépendances (*c*).

XXX.

Les Ducs de la *Maison de Billung* n'étoient, à proprement parler, que les Lieutenans des Empereurs; ils étoient appellés Ducs dans le sens primitif de ce terme, qui n'étoient d'abord que de simples Gouverneurs. Ces Ducs étoient re-

---

(*b*) *Wittikindus*, *Annal.* lib. I, p. 634.

(*c*) *Adamus Bremens.* lib. II, cap. IV, & *Meibomii vindiciæ Billunganæ.*

ſtraints au Duché de Saxe, ou Cercle de Wittemberg, qu'ils gouvernoient au nom de l'Empereur, & à un petit patrimoine du côté de *Lunébourg*. Il ne faut donc point les mettre en parallele avec les Ducs de la Maiſon d'*Otto Senior*, qui ont poſſédé en propre la plus grande partie de la Haute & Baſſe Saxe & de la Weſtphalie. La Maiſon de Billung poſſéda ce Duché juſqu'à la mort de *Magnus* ſans enfans mâles, arrivée en 1106, alors l'Empereur *Henri V*. donna le Duché de Saxe à *Lothaire*, *Comte de Supplinbourg* & de *Querfort* (*a*), de la même Maiſon d'où ſont ſortis les Princes de Manſfeld.

XXXI.

A la mort de *Henri V*, *Lothaire II*. étant devenu Empereur le 30. Août 1125, il inveſtit ſon

(*a*) *Struv. Corp. hiſt. Germ.* per. VI, ſect. IV, §. XII. *Wulfhilde*, fille ainée de *Magnus*, épouſa *Henri Welf*, Duc de Baviere, & lui apporta en dote la Principauté de Lunébourg.

gendre *Henri le Superbe* du Duché de Saxe. *Lothaire* mourut le 4. Décembre 1137, alors *Henri*, *Duc de Saxe*, qui tenoit les ornemens Impériaux, concouroit avec *Conrad III.* de Hohenſtauffen pour la Couronne d'Allemagne. *Conrad* eſt élu & enſuite couronné à *Aix-la-Chapelle*. *Henri* fut ſommé de lui faire hommage, & de lui remettre les ornemens de l'Empire; il le refuſe. On le cite à la Diete de *Wurtzbourg*; n'y ayant point comparu, on lui ôta d'abord le Duché de Saxe, ſous prétexte, qu'il ne convenoit point de poſſéder deux Duchés; enſuite il fut mis au ban de l'Empire & dépouillé de tous ſes fiefs par la ſentence des États aſſemblés à *Goslar*. Le Duché de Saxe fut donné en 1138 à *Albert* l'*Ours*, *d'Anhalt*, *Marquis de Brandebourg*, fils d'Otton de Ballenſtæt & d'Elike, ſeconde fille de Magnus, dont nous avons parlé plus haut.

XXXII.

En 1142, *Henri le Lion* fut reſtitué dans les terres de ſon pere.

& *Albert* l'*Ours*(*a*) en fut dédommagé par la cession de tout le Marggraviat de Brandebourg.

XXXIII.

Enfin, *Henri* devenant coupable de félonie, pour avoir refusé du secours à *Frédéric I.* contre les Italiens rebelles, fut privé de tous ses fiefs, confisqués au profit de l'Empereur (*a*); alors l'Empereur donna le Duché de Saxe avec le Cercle de Wittemberg à *Bernhard* d'*Anhalt*, fils puîné d'*Albert l'Ours*,

(*a*) Cet *Albert* est la *souche de la Maison d'Anhalt* d'aujourd'hui. Souche de la Maison d'Anhalt.

(*a*) Ils furent partagés dans lesdites Dietes de *Gelnhausen* & de *Ratisbonne* en 1182. Les Duchés de Westphalie & d'Angrivarie échurent à l'Archevêque de Cologne; le Comté de Holstein fut déclaré immédiat; les Landgraves de Thuringe se mirent en possession du Comté Palatin de Saxe. L'Archevêque de Mayence eut l'Eichsfeld, ceux de Bremen & de Magdebourg, & les Evêques de Hildesheim, de Munster & de Halberstadt, obtinrent chacun les seigneuries qui étoient le plus à leur bienséance. Les terres allodiales de Brunswick & de Lunébourg, furent délaissés aux Guelfs. Les Duchés de Westphalie & d'Angrivarie tombent à l'Archevêque de Cologne.

Marggrave Princier de Brandebourg.

XXXIV,

La Saxe resta ensuite dans la maison d'Anhalt jusqu'à la mort d'*Albert III*, arrivée en 1423. sans enfans mâles. Alors l'Empereur *Sigismond* manquant d'argent & de troupes pour faire la guerre contre les Hussites, vendit l'Electorat de Saxe & le Duché de Wittemberg à *Frédéric le Belliqueux*, *Margrave de Misnie* & *Landgrave de Thuringe* pour la somme de 100000. florins d'or, & l'en investit deux ans après à *Bude*, du consentement des autres Electeurs (*a*). Ce Frédéric est le fondateur de la très-illustre Maison de Saxe d'aujourd'hui.

Fondateur de l'illustre Maison de Saxe d'aujourd'hui.

XXXV.

Des Esclavons.

Les Esclavons (*a*), peuples de la

(*a*) Vid. *Joh. Georg. Eccardi historia geneologica Principum Saxoniæ superioris.*

(*a*) *Sclava* (mot Sarmatien), signifie *renommée*. Les plus connues des nations Sclaviques, étoient les Moraviens, Bohémiens, Sorabes, Abotrites, Vilzer, &c. Mascow Geschichte der Deutschen, VIII. 16. & P. II, Anmerk. 31.

Nations Sclavoniques.

Sarmatie, ayant vu que les Germains avoient quitté les contrées de l'Orient pour se jeter dans les provinces des Romains, allerent les occuper, & se fixerent en partie sur les côtes de la Mer Baltique : on ne les connoissoit point avant *Procobe*, auteur du sixieme siecle.

XXXVI.

De l'Allemagne, sous Charlemagne.

C'est proprement sous Charlemagne, que nous voyons tous les peuples de l'Allemagne réunis sous un même chef, ne faisant pour ainsi dire qu'une même cité. Son regne peut donc servir d'époque, & être regardé comme la source & l'origine de ce corps, qui enfanta le Droit public Germanique. Considérons un moment la Monarchie des Francs & la forme de leur gouvernement, qui resta à peu de chose près le même, jusqu'au tems de l'Empereur *Arnould*.

XXXVII.

Du Royaume des Francs.

Il n'est point douteux que le Royaume des Francs n'ait été successif & héréditaire ; cependant il ne le fut jamais totalement, vu que les femmes étoient toujours exclues du trône. Leur gouvernement étoit monarchique, les Rois faisoient librement la guerre & la paix, sans s'arrêter aux avis des États; & si l'on proposoit les loix dans l'assemblée du peuple avant de les faire exécuter, c'étoit plutôt pour les publier avec éclat, que pour demander le consentement des sujets (*a*). Les États étoient partagés en deux classes, la premiere comprenoit les Évêques, les Abbés, les Ducs & les Comtes; tous ceux-ci avoient voix délibérative dans toutes les assemblées. La seconde classe renfermoit tous les Magistrats & Officiers inférieus qui n'y comparoissoient que pour recevoir les ordres des autres.

XXXVIII.

Les États s'assembloient deux fois l'an, la premiere au mois de Mars

---

(*a*) Vid. *P. Daniel*, dans sa préface à l'Histoire de France. *Struv. corp. histor. Germ.* per. 3, §. 37. & *M. de Thou*, dans la vie de Louis I, Chap. 21.

Mars (auquel on ſubſtitua depuis le mois de Mai); la ſeconde fois en Automne. La premiere de ces deux aſſemblées étoit la plus remarquable pour les loix que l'on y dreſſoit. Le Roi y propoſoit les matieres par ſon Référendaire; les États de la premiere claſſe en délibéroient; le Roi décidoit, & les articles arrêtés ſe rédigeoient par édits ſous le nom de *Capitulaire*; enſuite on les communiquoit aux États de la ſeconde claſſe, leur enjoignant de les exécuter. Quelquefois les affaires ſe traitoient en ſecret avec les ſeuls États de la premiere claſſe.

XL.

Les Ducs n'étoient autre choſe jusqu'au dixieme ſiecle que des gouverneurs d'un certain diſtrict, au lieu d'appointemens, ils avoient les revenus d'un certain domaine, qui leur étoit aſſigné pour cet effet. Ils étoient en même tems les généraux nés des troupes de leurs Duchés. Les Comtes ſubordonnés aux Ducs, adminiſtroient la juſtice dans un certain département

Ducs.

Comtes.

appellé *Pagus*, Gau. Ils avoient pour aſſeſſeurs ſept ou douze Echevins (*Scabini*) & un certain nombre de Centeniers, qui étoient comme des baillifs; ils jugeoient ſous eux, en premiere inſtance.

XLI.

Pour tenir tous ces Magiſtrats en reſpect & pour diminuer le trop de pouvoir, qu'ils s'étoient arrogé, les Rois établirent vers le ſeptieme ſiecle les Mis, ou Commiſſaires Royaux; on les appelloit *Miſſi Dominici.* Ils étoient chargé de parcourir les Duchés & tenir la main à ce que la juſtice fut par-tout bien adminiſtrée. Les Evêques avoient l'inſpection ſur les uns & les autres. Les appels en dernier reſſort alloient au *Comte Palatin* (Comitem Palatii). Quoique l'empl i des Comtes étoit originairement purement civil, ils commandoient cependant en tems de guerre les troupes levées dans leurs reſſorts; ſouvent on leur confioit en chef la défenſe d'un certain diſtrict ſur les frontieres,

Marggraves.

& alors on les nommoit *Margraves.*

XLII.

Après les Comtes, venoient les Seigneurs & Barons qui possédoient les principales terres du Royaume, soit en fiefs ou en francaleu. Ce sont eux qui portoient le nom de *Vassaux* & de Leut, très-différens des Lidy, qui étoient une espece de serfs attachés à la glebe.

XLIII.

Le dernier ordre étoit la Noblesse ordinaire, qui composoit la force des armées & dont les services militaires étoient payés par la jouissance des petits fiefs qu'on leur accordoit. Le reste de la nation étoit composé d'artisans & d'esclaves. Le Roi disposoit seul de tous les grands fiefs (*a*).

XLIV.

Charlemagne poussa le Royaume des Francs à son plus haut point (*a*).

(*a*) Comme le prouve le *Décret de Carloman*, *publié à Ratisbonne* en 742.

(*a*) Voyez *Eginhard dans la vie de Charlemagne*, chap. XV.

En ſon tems le Royaume ſe partageoit encore entre les enfans du Roi défunt. Son Royaume fut partagé entre les enfans mâles de ſon fils *Louis le Pieux* en 843, par un traité de paix, conclu à Verdun (*b*). *Lothaire*, nommé Empereur, eut l'Italie & l'Empire avec tout ce qui eſt entre le Rhin, le Rhône, la Saone, la Meuſe & l'Eſcaut; *Charles* eut la France Occidentale, & *Louis le Germanique* eut la Germanie ou la France Orientale, avec quelques villes ſur la rive gauche du Rhin, comme Mayence, Spire, Worms avec leurs dépendances (*c*).

(*b*) *Lothaire*, fils aîné de l'Empereur *Louis le Débonnaire*, s'arrogeoit une certaine ſupériorité ſur ſes freres, & vouloit reſtreindre les portions héréditaires à eux échues par le dernier partage que fit leur pere. Pour mieux éluder ſes ruſes, ainſi que pour réſiſter plus efficacement à ſes violences, ils ſe liguerent par un traité conclu en 841. à Strasbourg. Cette ligue produiſit la paix & le partage dont nous avons fait mention.

(*c*) *Propter vini copiam*, diſent les annaliſtes. Vid. *Regino, ad ann.* 842. Delà

Alors l'Allemagne eut pour la premiere fois un Roi propre & à lui : on l'appelloit la *France Orientale* ou *le Royaume Teutonique* (*d*) indifféremment. Il comprend les Allemands, les Bavarois, les Ostfrisiens, les Saxons, les Thuringiens, avec une partie des Francs ; du côté de l'Orient, les Esclavons & les Huns étoient ses tributaires. La race Carlovingienne cessa de regner en Allemagne après la mort de *Louis l'Enfant*, arrivée le 21. Novembre 911 ; après laquelle

Etablissement du Royaume d'Allemagne.

Il devint électif.

---

il est permis de conjecturer, que le vin étoit pour lors très-rare en Allemagne ou dans la grande Germanie.

(*d*) Les *Teutons* étoient d'anciens habitans de Danemarc, ils passerent avec les *Cimbres* en Italie ; ils furent vaincus ensuite par *Cajus Marius*, *Consul à Aix en Provence.* Le nom de *Teuton* dérive du nom de *Teut* (Dieu des Germains) comparé à Mercure, & devint ensuite commun à tous les habitans de la Germanie.

Le nom des *Germains* paroît dériver des deux anciens mots *Guerra*, *Bellum*, & **Mann**, *vir*, homme ; & signifie **Kriegsmann**, *Homme de Guerre.*

Dérivation du nom Teuton & du nom Germain.

le Royaume d'Allemagne devint électif. Les États élirent pour lors *Conrad I.* Comte de Franconie, en 912. le 19 Octobre.

XLV.

Ce changement de famille Royale n'en fit aucun dans l'Etat ni dans les affaires publiques (*a*), *Conrad* voyant approcher sa fin, recommande aux États *Henri, Duc de Saxe* pour son successeur, & ordonne à son frere *Eberhard*, de porter à ce Prince les ornemens royaux (*b*). *Henri I, fils d'Otton, Duc de Saxe*, fut effectivement élu l'an 919. Roi de Germanie. *Charles le Simple, Roi de France*, qui auroit pu prétendre à la Couronne d'Allemagne, déja du tems de la mort de *Louis l'Enfant*, ne fit aucun pas pour cet effet ; il reconnut Henri pour Roi légitime & lui céda la Lorraine par une

(*a*) Comme le prouve *Gundling, dans sa dissertation de Conrad I.*

Ornemens Royaux. (*b*) Qui étoient, la Lance sacrée, le Manteau Royal, le Diadême, & l'Epée des anciens Rois de la race Carlovingienne.

tranſaction ſolemnelle, paſſée entre eux à Bonn (*c*); par là il renonça au moins tacitement à ſes droits, & fit éclipſer les prétentions que la France pouvoit avoir ſur l'Allemagne de ce côté là.

XLVI.

C'eſt dans ce même ſiecle que le Royaume de Germanie fut uni à l'Empire Romain par un décret du Concile de Rome, tenu ſous l'autorité de *Léon VIII.* en 964, approuvé & confirmé par *Otton le Grand*. Cependant la Germanie retint toujours la même forme de gouvernement, & il y eut alors deux inaugurations : la Germanique & la Romaine. *Maximilien I.* joignit le titre de *Roi de Germanie* à celui d'*Empereur des Romains* en 1508, c'eſt-à-dire, au tems qu'il vouloit être appellé *Empereur des Romains élu*, comme la ſuite le fera voir. Ces titres furent toujours joints depuis.

(*c*) *Frodoard dans ſa Chronique dit*, que cette tranſaction ſe fit l'an 921, & *Syrmond* prouve la juſteſſe de cette époque chronologique. V. *Duchêne*, tom. 2. *ſcriptorum rerum Gall.* pag. 587.

CHAPITRE III.

Des Provinces qui furent détachées de la Germanie.

I.

Dans ce Chapitre nous allons voir aussi succintement que faire se pourra, la diminution de l'ancienne Germanie. La Westfrise appartient aujourd'hui aux Hollandois & fait partie des sept Provinces-Unies, la Marche ou le Marggraviat de Slefwic, établi par *Henri l'Oiseleur* & peuplé par une Colonie de Saxe (*a*), fut cédé aux Danois en 1035. par l'Empereur *Conrad II.* (*b*).

Westfrise.

II.

Danemarc.

Le Royaume de Danemarc fut deux fois soumis à l'Empire;

(*a*) *Adamus Bremensis Chronic.* lib. 2, cap. 48.

(*b*) *Unde Helmoldus seculi* 12 *scriptor, Chronici Slavorum* lib. 2, cap. 14. tradit: *Eydera est limes Regni Danorum.*

ſes Rois étoient auſſi vaſſeaux des Empereurs, touchant l'Eſclavonie & le Duché de Mecklenburg, ancien Royaume des Obotrites (*a*), mais il récupéra ſon entiere liberté (*b*).

III.

Hongrie.

Une partie de la Hongrie devint un fief d'Allemagne ſous *Henri II.* en 1010 (*a*). En 1044. les Hongrois ſe révolterent contre *Pierre*, leur Roi; l'Empereur *Henri III.* vint à ſon ſecours, ſes armes ſont victorieuſes, il remet *Pierre* ſur le Trône; *Pierre* en reconnoiſſance, promet d'être ſon

---

(*a*) *Helmoldus*, L. cit. lib. I, cap. 49.

(*b*) *Conring*, *de finibus Imperii*, lib. I, cap. 14.

(*a*) Qui donna à *Etienne*, Roi de Hongrie, ſa ſœur *Giſele*, & pour dot, les villes de *Presbourg* & d'*Oedenbourg*, ancienne dépendance de la Baviere, pour les tenir en fiefs d'Allemagne. Les publiciſtes étendent ce vaſſelage ſur toute la Hongrie.

vaſſal (*b*). La Hongrie regagne ſa liberté ſous l'Empereur *Henri IV*; mais elle ne fut point conſtante, vu que ſon Roi *Bela*, ſe rendit peu après tributaire de trois cent chevaux annuellement à *Frédéric II.* (*c*). Du tems du Grand Turenne, la Hongrie récupéra ſon entiere liberté & la conſerva depuis (*d*).

IV.

Pologne. Les Ducs de Pologne étoient tributaires de l'Empire Germanique depuis *Otton le Grand* juſqu'à *Frédéric II.* (*a*). Les Princes de Siléſie en étoient tributaires de même; ils ſe ſoumirent enſuite aux

---

(*b*) Vid. *Hermannus Contractus ad ann.* 1045, & *Marianus ſcotus ad eundem annum.*

(*c*) *Matthæus Pariſienſis ad ann.* 1244, & *Petrus de Vineis*, lib. I, epiſt. 29. & ſeq.

(*d*) *Maximilian. II*, *in Receſſu Imp. de anno* 1566, dicit : Die Landſchaft Ungarn ſeye dem H. Reich Deutſcher Nation in nichts verwandt oder zugethan.

(*a*) *Conring de finib. Imp.* & *Otto Friſingenſis, in Chronico*, lib. 7, cap. 19.

Rois de Boheme. L'Empereur *Charles IV* unit, avec le consentement des Electeurs, au Royaume de Boheme la Silésie & la Lusace à perpétuité, en 1355. (*b*). La plus grande partie de la Silésie franche & libre fut cédée au Roi de Prusse par la paix de Berlin, conclue le 28. Juillet 1742, qui fut ratifiée & confirmée ensuite.

V.

Pomerellie.

La Pomerellie ou la petite Poméranie Prussienne, située sur la rive gauche de la Vistule, étoit autrefois un fief dépendant de l'Empire; pour cette raison, lorsque *Waldemar*, *Marggrave de Brandebourg*, la vendit à l'Ordre Teutonique en 1310, il falloit le consentement de l'Empereur *Henri VII*. A la fin de la guerre de Prusse entre *Louis d'Erlichshausen*, Grand-Maître de l'Ordre Teutonique, & *Casimir*, Roi de Pologne, par le traité

(*b*) Voyez-en le *Diplôme*, chez *Goldast*, *de regno Bohemiæ in Appendice*, N°. 44.

fait à *Thorn*, le 19 Octobre 1466, le territoire de *Culm*, de *Thorn*, de *Marienbourg*, d'*Elbingen*, de *Dantzig* & toute la Poméranie Prussienne, dite la Pomerellie, furent cédés en souveraineté au Roi & à la République de Pologne; le reste de la Prusse, & nommément la Ville de *Koenigsberg*, la *Semlande* & tout ce qui compose aujourd'hui le Royaume de Prusse, fut laissé à l'Ordre Teutonique, comme un fief mouvant de la Couronne de Pologne (a). Dans la suite *Conrad Duc de Massovie*, ne pouvant plus se défendre contre les Prussiens, appella à son secours l'Ordre Teutonique, qui s'étoit fixé à Marbourg

Prusse.

(a) *Abrégé chron. de l'Hist. & du Droit publ. d'Allem.* pag. 556.

Dans les Récès de l'Empire de *Cologne* & de *Treves* de 1512, §. 26, on lit ces paroles : Daß wir nicht wissen ob der Hofmeister aus Preußen sich als ein Glied zum Reich thun wolle oder nicht. Aussi l'Allemagne ayant été la même année divisée en Cercles, la Prusse n'en fut d'aucun.

en Hesse; & en vertu du traité fait avec le Grand-Maître, *Hermann de Salza*, il céda aux Chevaliers le district de Culm, pour s'y établir & le posséder en toute souveraineté, de même que tout ce qu'il pourroit conquérir sur les Prussiens. La donation est datée du mois de Juin 1230, les Chevaliers accepterent la proposition, entrerent en Prusse & s'unirent en 1238 avec l'Ordre des Chevaliers *Porte-Glaives* de Livonie, du consentement du Pape *Grégoire IX*. Leurs succès furent si heureux, qu'ils se soumirent en peu de tems toute la Prusse, qui avoit appartenue aux *Porte-Glaives*. Alors le Grand-Maître transféra en 1339 leur résidence de Marbourg à Marienbourg en Prusse.

VI.

Grand-Maitre de l'Ordre Teutonique placé à la Diete de Nuremberg

Albert de Brandebourg, Grand-Maître de l'Ordre Teutonique, après une guerre sanglante de deux ans avec *Sigismond*, Roi de Pologne, conclut une treve en 1521. pour quatre ans. Pendant cet intervalle il vint à la Diete de Nuremberg, & fut placé entre les

en 1523. entre les Princes d'Empire.

Princes d'Empire. Son dessein étoit de demander du secours contre le Roi de Pologne; mais se voyant frustré de ses espérances, & la treve expirée, il conclut la paix avec *Sigismond*, & convint de lui abandonner ce qu'il prétendoit de la Prusse, pourvu qu'il le reconnût Duc & Seigneur propriétaire du reste. Ensuite il se fit Luthérien, & s'étant marié avec Dorothée, fille du Roi de Danemarc, il introduisit le Luthéranisme dans ses deux États; sur quoi l'Ordre Teutonique l'abandonna & élut *Walder de Cromberg* pour Grand-Maître, qui porta ses plaintes à la Diete contre *Albert*. Il fut mis au ban de l'Empire par la chambre Impériale en 1531, mais inutilement; il resta Duc de Prusse, sous la protection du Roi de Pologne, son Seigneur direct. *Albert Frédéric, son fils*, lui succéda en 1568, celui-ci décéda en 1618, ne laissant que des filles, desquelles *Anne*, l'ainée, fut mariée à *Sigismond*, *Electeur de Brandebourg*. Depuis ce tems-là la Prusse resta unie avec l'Électorat de Brandebourg.

VII.

Origine des Chevaliers porte-glaives.

Albert, *Evêque de Riga*, voulant convertir à la foi Chrétienne le reste des Payens qui se trouvoient dans la Livonie, se servit de plusieurs nobles Chevaliers réunis sous un même chef, & institua leur Ordre, qui fut confirmé par *Innocent III.* en 1240. Ce Pape leur prescrivit la regle de Cisteaux, & leur donna un habit blanc sur lequel étoient deux épées de gueule nud en sautoire : le premier Grand-Maître fut *Wyno de Rohrbach.* Ils se réunirent avec l'Ordre Teutonique; mais *Albert de Brandebourg*, *premier Duç de Prusse*, vendit en 1530. à *Gautier de Plettenberg*, Grand-Prieur de Livonie, l'exemtion entiere de toute dépendance de l'Ordre Teutonique. Depuis ce tems-là leur Grand-Prieur siégeoit dans les Dietes parmi les Princes d'Empire; par conséquent la Livonie étoit censée en faire partie. Après la mort de *Kettler* & de ses enfans devenus

Livonie. Ducs de Livonie, les Russes s'en emparerent. Dans la paix d'Olives, conclue en 1660, les Polonois céderent aux Suédois cette partie de Livonie, qui est au-delà de la Dune. Mais les Suédois furent obligés de l'abandonner aux Russes par le traité de paix de *Neystad* en 1721.

CHAPITRE IV.

De l'accession de la Lorraine à l'Empire, & de la connexion de ses Provinces avec le même.

I.

Du tems des Rois Mérovingiens, immédiatement après la mort de *Clovis*, en 511, le territoire des Francs étoit partagé en quatre Royaumes, savoir, celui de Neustrie, dont la Capitale étoit *Palus*; celui d'Austrasie, dont la Capitale étoit *Metz*; celui du Midi ou de Bourgogne, dont la Capitale étoit *Arles*; & celui de *Soissons*, ainsi nommé

nommé de ſa capitale (a). Après la mort de Louis le Débonnaire, cette partie du Royaume d'Auſtraſie (appellée depuis *Lorraine* (b), entra dans la part de ſon fils *Lothaire I.* Empereur (c).

II.

Après la mort de *Lothaire II*, *Louis le Germanique* & *Charles le Chauve*, partagerent entr'eux la Lorraine dans une entrevue, qu'ils eurent au pays de *Liege*, près de *Maſtricht*, ſur les rives de la *Meuſe*,

(a) Voyez l'*Abbé Vely*, *Hiſtoire de France*, tom. I.

(b) Elle comprenoit du tems de *Lothaire II.* tous les pays ſitués entre le *Rhône*, la *Saône*, la *Meuſe*, l'*Eſcaut* & le *Rhin*; pays que l'on appelloit le Royaume de *Lothaire*, *Lotharii Regnum*, en François par abrégé, *Lorraine*.

(c) Les Auteurs ſe trouvent partagés en ſentimens, lorſqu'il s'agit de décider, de quel *Lothaire* le nom *Lotharingia* dérive. Les uns, du ſentiment de *Reginon*, à l'an 842, le dérivent de *Lothaire I.*, les autres de ſon fils *Lothaire II.* *Mabillon*, *de Re Diplom.* lib. 2, cap. 3, § 3, le rapporte à tous les deux; cela s'appelle être ami de tout le monde.

en 870 (*a*). Le Roi *Charles* eut pour sa part les districts de *Vienne* en Dauphiné, de *Lyon*, de *Besançon*, & tout ce qui est situé à la gauche du *Mont-Jura*, de celui des *Vôges*, de la *Moselle* & de l'*Ourte* (petite riviere du Luxembourg, qui se jette dans la *Meuse*, près de *Liege*). Tout ce qui est à la droite de ces limites a été échu à *Louis le Germanique*, & nommément les Villes de *Metz*, de *Treves*, de *Cologne* & les Pays-Bas. L'Empereur *Louis II*, frere de *Lothaire*, se récria contre cette usurpation; & sa femme *Engelberg* alla négocier la restitution de la Lorraine, en France & en Allemagne. On la lui promit des deux côtés; mais on alla plus loin.

III.

Louis le Begue, fils de *Charles le Chauve*, garda la partie de la Lorraine à lui échue par héritage. Après sa mort, *Louis III*, son fils,

---

(*a*) Voyez les *Annales de Metz*, *à l'an* 870.

Roi de France, attaqua *Louis & Carloman*, freres, qu'il prétendoit n'être point issus d'un mariage légitime de *Louis le Germanique*. Ces deux freres acheterent la paix en 879 par la cession de leur part au Royaume de la Lorraine Orientale (*a*), qui fut alors réunie à celui d'Allemagne.

Réunion de la Lorraine avec l'Allemagne.

IV.

En 895 l'Empereur *Arnoul* créa son fils naturel *Zwentebold*, *Roi de Lorraine*, à la Diete de Worms, du consentement des États (*a*); mais les Lorrains se jetterent peu après du côté de *Louis*, fils légitime & successeur d'*Arnoul*. L'an 922 on vit de grands troubles en France, causés par les entreprises de *Robert*, *Comte de Paris* & de *Raoul*, contre *Charles le Simple*, Roi de France. *Giselbert*, pour lors *Duc de Lorraine*, se joint aux rébelles. Enfin la Lorraine déchirée par ces guer-

(*a*) *Reginon*, & les *Annales de Fulde à ladite année* 879.

(*a*) Vid. *Hermannus Contractus*, *ad annum* 895.

res civiles, se soumet à *Henri I*, (surnommé l'Oiseleur) Empereur, qui rendit ce Duché à *Giselbert* & lui fit épouser sa fille *Gerberg* (*b*); à sa mort *Otton le Grand* donna la Lorraine à son frere *Bruno*, Archevêque de Cologne en 957, & peu après à *Charles*, frere de Lothaire, Roi de France. Tout cela nous prouve, que pour lors la Lorraine étoit dans la libre disposition des Empereurs.

V.

Lorraine, divisée en Haute & Basse; cette derniere fut nommée dans la suite le Duché de Brabant.

Pendant ces troubles, qui commencerent immédiatement après la mort de *Lothaire II.* sans enfans, la Lorraine fut gouvernée par des Ducs ou Gouverneurs, jusqu'en 959. Du tems de *Bruno*, la Lorraine fut divisée en *Haute Lorraine*, dite la *Mosellane*, que *Bruno* fit donner à gouverner à *Frédéric*, frere d'*Alberon*, *Evêque de Metz* (*a*);

(*b*) *Wittikind. Annal.* lib. I, pag. 637.

(*a*) Ses successeurs possédérent cette Couronne toujours dépendemment de l'Empire, durant plus de cinquante ans; alors elle passa à différens Ducs.

Regnier au long Col, étoit le Lieutenant de *Bruno* dans la *Basse Lorraine*; ainsi la Lorraine comprit alors deux Duchés, savoir, le Duché *Mosellanique* ou la Haute Lorraine (*b*), qui conserva le nom de Lorraine, & le Duché de la Basse Lorraine, nommé dans la suite le Duché de Brabant.

VI.

Ces deux Duchés se trouverent réunis pendant quelque tems dans une même personne; *Gothelon*, *derrnier Duc des deux Loraines*, mourut en 1044: alors *Henri III.* les partagea entre les deux fils du défunt. *Gothelon II.* devint Duc de la Haute, & *Godefroi II*, Duc

(*b*) Le Duché de la Haute Lorraine comprenoit les Dioceses de *Metz*, *Toul*, *Verdun*, *Treves*, *Strasbourg* & *Luxembourg*, en un mot, toutes les terres situées entre le *Rhin*, la *Moselle* & la *Meuse*. Le Duché de la Basse Lorraine s'étendoit depuis *Coblentz* (où le *Rhin* & la *Moselle* se joignent) jusqu'à la mer du Nord, & comprenoit les Provinces des Pays-Bas, renfermant les Dioceses de *Cologne*, d'*Utrecht*, de *Liege* & de *Cambray*.

de la Basse Lorraine. *Gothelon* en fut dépouillé par le même Empereur, pour raison de félonie en 1046; l'Empereur en investit *Albert, Landgrave d'Alsace, de la Maison d'Egisheim. Godefroi*, jaloux de cette concession, tua *Albert*. L'Empereur la donne à *Gérard d'Alsace, neveu d'Albert & souche de la Maison de Lorraine d'aujourd'hui*, en 1048. Ce Duché resta depuis dans sa famille jusqu'en 1738.

Souche de la Maison de Lorraine d'aujourd'hui.

VII.

Ducs de Lorraine.

Les Ducs de la Haute Lorraine étoient autrefois vassaux de l'Empire; *Leibnitz* (*a*) rapporte des lettres par lesquelles *Alphonse*, élu Roi des Romains, investit à *Toul* le 14 Mars 1258. *Frédéric*, du Duché de Lorraine & du Comté de Remiremont, avec les droits Régaliens y attachés. *Conring* (*b*) rapporte une transaction faite à la

(*a*) *Conring, de finibus Imperii*, lib. 2, cap. 47, pag. 712.

(*b*) *Loco citato.*

Diete de *Nuremberg* entre *Ferdinand I*, Roi des Romains, & *Antoine*, *Duc de Lorraine*, en 1542; par laquelle le Duché de Lorraine eſt déclaré libre ſous la protection de l'Empire, mais à charge de payer le tiers des taxes & impoſitions d'un Electeur. Le même *Conring* fait mention d'un diplôme, par lequel *Ferdinand II.* inveſtit en 1627. *Charles*, Duc de Lorraine & de Bar, dans le Marquiſat de *Pont-à-Mouſſon*, dans le *Comté de Blamont*, dans le *Marquiſat de Hatton-Châtel* & autres fiefs d'Empire; le *Marquiſat de Nomeni* & le *Comté de Blamont donnerent aux Ducs de Lorraine le titre & les droits de Prince d'Empire*; ces droits furent *depuis attachés au Comté de Falckenſtein.* Dans le ſiecle paſſé, *Louis XIV.* ſe ſaiſit de *Nomeni*, comme dépendant de l'Évêché de *Metz*; mais il fut reſtitué au Duc de Lorraine en 1718. par le traité de Raſtadt.

Marquiſat de Nomeni.

VIII.

Henri II, *Roi de France*, faiſant alliance avec *Maurice*, *Ele-*

La Haute Lorraine

reconnoît la domination de la France.

ćteur de Saxe, s'empara en 1552. des trois Évêchés de *Metz*, *Toul* & *Verdun*, avec toutes leur dépendances. La France les retint par droit de conquête, jusqu'à ce qu'ils lui furent cédés formellement par le *traité de Münster en* 1648, *art.* II, l'on ne réserva que les droits du Métropolitain à l'Archevêque de Treves. Par le même article l'Empereur, conjointement avec l'Empire, céda pour lui & pour la Maison d'Autriche à la France, tous les droits de propriété, de jurisdiction & autres quelconques sur la Ville de *Brisac*, le *Landgraviat de la Haute & Basse Alsace*, le *Sundgau*, la préfecture provinciale des dix Villes Impériales, avec une pleine & entiere souveraineté. Et quoique dans l'*art.* 12. *du même traité* il soit dit, que la France ne doit pas avoir plus de pouvoir sur les États immédiats d'Alsace, qu'avoit ci-devant la Maison d'Autriche ; on ajouta à cette déclaration ces paroles : *Ita tamen ut hac declaratione nihil detractum intelligatur de illo omni supremo Domini jure*, quod supra concessum est (a). *Louis XIV.* s'empara des dix Villes Impériales en 1673. par le *Vicomte de Turenne*; elles ne furent point rendues lors du traité de *Nimégue*. Par l'*art.* 17. *du traité de Ryswick*, l'Empereur & l'Empire céderent à la couronne de France la Ville de Strasbourg avec toutes ses appartenances; & pour affermir la validité & la solidité de cette cession, ils dérogerent à toutes les constitutions & coutumes, & nommément à la capitulation de l'Empereur, en tant qu'elle défend

(a) Le Pere *Bougeant*, *Histoire du Traité de Westphalie*, tom. 6, pag. 132, dit: „ Pourquoi les Impériaux d'une part „ ajouterent-ils cette clause? & pour- „ quoi de l'autre, les François y consen- „ tirent-ils? La raison en est toute sim- „ ple: les Impériaux, pour appaiser les „ murmures des Etats intéressés & de „ quelques autres Députés, qui les ap- „ puyerent, voulurent leur donner par „ cette clause quelqu'ombre de satisfa- „ ction, & les François y consentirent, „ parceque la clause portoit évidemment „ avec elle sa nullité ".

l'aliénation des terres & droits de l'Empire ; & ordonnerent aux mêmes fins, que l'on rayât la Ville de Strasbourg de la Matricule de l'Empire. A l'*art. IV.* du même traité, toutes les réunions des terres d'Alsace avec la Couronne de France ont été confirmées.

IX.

Duché de Bar.

Les Rois de France sont en quasi-possession du domaine direct du Duché de Bar, depuis *Philippe le Bel*, qui en 1291. contraignit le Comte de Bar, qui avoit pris les armes contre lui, à reconnoître les Rois de France pour Seigneurs directs de ce Comté. Le Roi de France fut confirmé dans son domaine par l'*art.* 73. *& suiv. du traité des Pyrénées.* Le Duché de la Haute Lorraine, conjointement avec celui de Bar, fut accordé au Roi Stanislas par l'*art. IV. du traité de Vienne en* 1738, à condition, qu'après sa mort, la pleine propriété en appartiendroit au Roi de France. L'*art.* 13. *de la convention, faite entre* l'Empereur *Charles VI.* & *Louis XV.* *le* 28. *Août*

1736, qui fut inséré dans le traité de Vienne, porte, que ledit Duché doit retenir son nom, & faire un gouvernement séparé des autres Provinces.

X.

De la Basse Lorraine.

Du nom de la Basse Lorraine (Lotharingia inferior) vient celui des *Pays-Bas*, **Niederlande**, qui dénotent les 17 Provinces-Unies.

XI.

Les Ducs de la Basse Lorraine étoient également vassaux de l'Empire. L'Empereur *Henri V.* dépouilla *Henri, Comte de Limbourg*, du Duché de la Basse Lorraine, pour avoir prêté du secours à *Henri IV.* son frere; & le conféra à *Godefroi le Barbu, Comte de Louvain*, descendant du fameux *Reinier*, qui avoit été Duc de Lorraine sous l'Empereur *Arnoul.* *Godefroi* changea le nom de son Duché & lui donna celui de Brabant (*a*). *Jean*, Duc de

Elle change de nom & prend celui du Duché de Brabant.

(*a*) De ce Prince descend en ligne directe la Maison des Landgraves de Hesse.

Brabant, acheta le Duché de Limbourg, d'*Adolphe*, *Comte de Limbourg*, en 1282. avec l'agrément de l'Empire. *Jeanne*, fille unique de *Jean III*, *dernier Duc de Brabant & de Brandebourg*, donna ses Duchés par testament (*b*) à *Antoine*, *Duc de Bourgogne*, qui étoit le neveu de sa sœur *Marguérite*, en 1406.

XII.

Les Ducs de Bourgogne succédans dans le Duché de Brabant, reconnurent à cet égard la Seigneurie directe de l'Empire & prêterent conséquemment foi & hommage à l'Empereur au moins en tant que ce Duché pouvoit être regardé comme fief d'Empire (*a*).

(*b*) En vertu d'un privilége que l'Empereur *Philippe* accorda en 1204 à *Henri*, *Duc de Lorraine*, par lequel les femmes succéderoient dans ses fiefs au défaut de mâles.

(*a*) Lorsque le Duché de Brabant accéda au Duché de Bourgogne, il s'éleva une dispute, pour savoir, si tout le Duché de Brabant, ou seulement une partie d'icelui, étoit fief d'Empire. L'Empereur,

Les Comtés de Haynaut & de Namur, enclavés dans ce Duché, étoient également des fiefs d'Empire (*b*).

Comté de Haynaut & de Namur.

XIII.

La Ville de *Cambray*, également fief d'Empire, avec tout son ressort (*a*), fut cédée à la France par le traité de *Nimégue* en 1678, sans faire mention du vasselage auquel l'Empire a tacitement renoncé. Le Comté de Luxembourg fut érigé en Duché & fief d'Empire par *Charles IV*, en faveur de

Cambray cédé à la France.

---

pour couper court à ce différent, dit dans les lettres d'investiture „ Concedere „ se... quidquid in Ducatibus Lotharici, „ Brabantiæ, Limburgi, &c. S. R. I. „ in feudum movetur". Vid. *Mascovii dissertatio de Nexu Regni Lotharingiæ*, §. XXIII. & seq.

(*b*) *Guillaume I*, *Comte de Namur*, qui négligea pendant quelque tems de prendre l'Investiture, en fut investi ensuite par *Charles IV*. Ce Guillaume étoit un descendant de *Baudouin*, *Comte de Flandres*, qui devint Empereur de Constantinople en 1214.

(*a*) *Cit. dissert.* §. XXXI.

ſon frere *Wenceslas de Boheme*, en 1354 (*b*). *Eliſabeth*, héritiere de ce Duché, le vendit à *Philippe le Bon*, *Duc de Bourgogne*. De même le Comté de Gueldre parvint à la Maiſon de Bourgogne comme un fief d'Empire, & fut érigé en Duché à la Diete de *Francfort* en 1339, ſous *Louis le Bavarois* (*c*).

Le Comté de Gueldre.

XIV.

Le Comté de Hollande.

Le Comté de Hollande étoit un fief d'Empire comme le prouve *Jean de Bulla* (*a*) contre *Grotius* (*b*), de même l'Évêché d'Utrecht,

(*b*) Charles y ajouta le droit de conduire le cheval de main de l'Empereur, toutes les fois que ſa Majeſté ſe montreroit au public ſous les armes.

(*c*) Vid. *Leibnitzii Codex Diplom.* pag. 1, N°. 78.

(*a*) Qui dans ſa *Chronique d'Utrecht*, pag. 605, atteſte, que *Guilliaume*, *Comte de Hollande*, après le décès de ſa niece *Ada*, prit le Comté de Hollande de la main de *Frédéric II.* dans le 13me. ſiecle.

(*b*) *De Antiquitate Reipublicæ Batavæ*, cap. 5, *aſſerit* comitem Hollandiæ nemini obnoxium fuiſſe in ſuo comitatu.

comme l'atteſtent pluſieurs priviléges accordés par les Empereurs à ſes Evêques. *Henri, Evêque d'Utrecht*, ne ſachant comment ſe délivrer des hoſtilités du Prince de Gueldre, donna tout ſon Evêché à l'Empereur *Charles V.* en 1528, comme Duc de Brabant & Comte de Hollande; ne ſe réſervant pour lui & ſes ſucceſſeurs, que la ſeule juriſdiction eccléſiaſtique (*c*).

XV.

Les terres de la Baſſe Lorraine entrerent (comme nous venons de le dire) ſous différens titres dans le domaine des Ducs de Bourgogne de la Maiſon d'Autriche. Pour cette raiſon *Maximilien I*, en diviſant l'Empire en Cercles, y comprit auſſi le Cercle de Bourgogne en 1512. (*a*). Le Duc

---

(c) Vid. *Tabulas in Antiq. Miræi donationibus Belgicis*, lib. II, cap. 135. & *Maſcov. Principia J. publ.* lib. II, cap. 3, §. XXVIII.

(*a*) En 1548. ce Cercle fut quaſi de nouveau établi, & on y ajouta la Flan-

de Bourgogne avoit ſa place à la Diete immédiatement après l'Archiduc d'Autriche, & il payoit la taxe de deux Electeurs, même de trois, lorſque l'Empire étoit en guerre avec le Turc (*b*).

XVI.

Cercle de Bourgogne.

Ce Cercle fut terriblement déchiré dans le 17e. ſiecle, car 1°. ſept Provinces en furent démembrées & déclarées libres par le traité de Munſter en 1648 (*a*), ſavoir, Hollande, Seelande, Zutphen, une partie de Gueldre (*b*), Utrecht, Friſe

---

dre & l'Artois. On y convint que toutes ces Provinces ſeroient ſous la garde & la protection de l'Empire.

(*b*) *Conring*, *de finibus Imperii*, lib. II, cap. 28.

(*a*) *Pax inter Philippum IV. & Fœderatos Belgas die* 30. *Januarii anno* 1648, extat in *Londorpii Actis publ.* tom. 6, pag. 331. Pour vous éclaircir davantage dans cette matiere, voyez la page 343. du même tome & la page 166. du 7me. tome.

(*b*) L'autre partie du Duché de Gueldre fut cédée au Roi de Pruſſe par le

Frise & Grœningen. II°. Une grande partie des Pays-Bas Espagnols tomba au Roi de France, le reste de la Bourgogne ou plutôt de l'ancien Duché de Brabant paroît encore lié avec l'Empire, quoiqu'on n'y ait plus d'égard (*c*).

CHAPITRE V.

De la Connexion du Royaume de Bourgogne avec le Royaume de la Germanie.

I.

Les *Bourguignons*, ancien peuple de la Germanie, avoient du tems de la République Romaine leur siege dans la *Poméranie*, sur la rive gauche de la *Vistule*; déja

Origine des Bourguignons.

traité d'Utrecht en récompense de la Principauté d'Orange qu'il fut obligé d'abandonner à la France.

(*c*) Voyez le *Traité de la Barriere*, *conclu le* 15 *Novembre* 1715. à *Anvers* avec l'Empereur & les Hollandois.

vers la fin du quatrieme siecle (de la naissance de Jesus-Christ) ils quitterent leur pays & s'établirent dans les contrées joignant le *Necker*, le *Mein* & le *Danube*. Au commencement du cinquieme siecle, vers l'an 412, invités par *Stilicon*, ennemi juré d'*Aetius*, pour lors Gouverneur général des Gaules, ils passent le Rhin sous *Gaudesil*, *leur Roi*, & se fixent dans la Haute Alsace, la Franche-Comté & la Suisse. *Gundicaire*, son fils & son successeur, y joignit le Dauphiné, la Savoie & une partie de la Provence, dans laquelle il fut défait en 434. par le *Patrice Aetius*. Mais depuis le même Aetius s'allia avec lui, & lui céda la Provence jusqu'à la *Durance*. *Gundicaire II.* son fils, étant mort en 473, laissa quatre fils, savoir, *Gombaud*, *Chilperic*, *Godomar* & *Godégésile*. Ils se firent une guerre cruelle. *Gombaud* s'en rendit maître & les fit mourir; enfin victime lui-même de la loi générale, il laissa en mourant en 509. deux fils, *Sigismond* & *Godomar*, qui partagerent en..

tre eux la Bourgogne. *Clodomir*, Roi d'Orléans les défit, & fit jetter *Sigismond* dans un puits avec avec sa femme; *Godomar* son frere, fut anéanti par *Clotaire I*, *Childebert I*, & *Théodebert*, freres de *Clodomir*, qui partagerent ses Etats entr'eux en 534. Ainsi le Royaume de Bourgogne fut réuni au Royaume de France près de cent vingt ans après sa fondation (*a*).

Bourgogne réunie à la France.

II.

Charles le Chauve, pour mieux assurer l'Italie, menacée par les armes de *Carloman*, y établit trois nouveaux Ducs. *Boson*, fils de *Buvon*, Comte d'*Artemir*, fut créé Duc d'Italie en 876. *Carloman*, Roi de Baviere, force le passage des Alpes & chasse *Boson*, Duc de Milan. Pour l'en dédommager & en faveur de son épouse *Hermengarde*, fille de l'Empereur *Louis II*,

(*a*) Henault, *Histoire de France*, tom. I, pag. 11, & *Arbre Chronologique de l'Histoire univers.* ou *Tableau des principaux Etats souv. du monde*, pag. 287.

Charles le Chauve, Roi de France, le fit Gouverneur de Bourgogne la même année 876. & Duc d'Aquitaine. L'année suivante il le couronna Roi de Provence (*a*), à condition qu'il en feroit hommage à la France, & en reconnoîtroit la souveraineté. Après la mort de *Charles*, *Boson* obtint la pleine & entiere souveraineté de son Royaume sous *Louis le Begue* (*b*).

Origine du Royaume de Bourgogne cis-jurane.

(*a*) Vid. *Regino, ad ann.* 877, & *Sigebert. Gemblacens. ad ann.* 878. Ce Royaume d'Arles, ou de Provence, ou de Bourgogne cis-jurane, comprenoit les terres situées entre la *Saone*, le *Rhône*, les *Alpes* & la *Mer*.

(*b*) *Ludwig, singularia J. publ.* Cap. IV, pag 51, & seq.

Observ. Il y avoit donc vers la fin du neuvieme siecle deux nouveaux Royaumes de Bourgogne; celui de la Bourgogne trans-jurane, comprenoit les pays qui sont depuis le Rhin entre le Mont Jura & les Alpes. Ce qui fait aujourd'hui les Dioceses de *Besançon*, de *Tarentaise*, *Bâle*, *Geneve*, *Bellay*, *Lausanne*, *Sion*, *Maurienne*, *Aousf* & les cantons de *Berne*, de *Soleure* & de *Fribourg*. *Hugues*, *Comte de Provence*, tuteur de *Charles Constan-*

L'an 888, après la mort de *Charles le Gros*, *Rodolphe Guelf dit de Straetlingue*, fils de *Conrad*, Comte de *Paris* & arriere-petit-neveu de l'Impératrice *Judith*, se forma un État particulier de la Savoie, du Valois & de la partie de la Suisse, renfermée entre les *Alpes*, le *Mont Jura* & la riviere de *Reuss*. Il s'en fit couronner Roi à St. Maurice en Chablais, & prit le titre de Roi de la *Bourgogne trans-jurane*, pour la distinguer du Royaume de Provence, appellé le *Royaume de la Bourgogne cis-jurane*.

Origine du Royame de Bourgogne trans-jurane.

III.

Raoul III, dernier Roi des deux Bourgognes, passa en 1016 une transaction avec l'Empereur *Henri II.* à Strasbourg, par laquelle il lui donna ses Royaumes par

tin, fils de *Louis Boson*, & administrateur de la Bourgogne cis-jurane pendant sa minorité, céda ce Royaume par trahison à *Rodolphe II*, Roi de la Bourgogne trans-jurane, en 905, à condition que *Rodolphe* lui abandonnât le Royaume d'Italie; ainsi ces deux Royaumes furent réunis sous un même chef.

Réunion des deux Bourgognes.

donation, à cause de mort. Le même *Raoul* envoya l'an 1032. le diadême du Royaume avec la *Lance de St. Maurice* (*symbole du Royaume de Bourgogne*), à *Conrad II*, Empereur (*a*), qui s'étoit marié avec *Gisele*, fille de *Gerbert*, sœur de *Raoul III*. Il fut couronné ensuite à *Bayonne* en 1038, conséquemment à une élection faite par les États de Bourgogne (*b*).

IV.

Du Duché de Bourgogne.

Fief de la France.

Il y avoit en outre le Duché de Bourgogne, qui fut détaché des deux Royaumes de Bourgogne & devint fief mouvant de la France déja au commencement du onzieme siecle (*a*) en 1001. À la mort de *Henri*, Duc de Bourgogne (frere de *Hugues Capet* & oncle de *Robert*, Roi de France) sans

(*a*) *Wippo, in vita Conradi II. Salici*, p. 470, & *Hugo Flaviniacensis*, *Chronic.* Nº. XXIX, pag. 180.

(*b*) *Abrégé de l'Histoire & du Droit publ. d'Allemagne*, pag 123.

(*a*) Voyez le *Discours du R. P. Planchet*, sur l'étendue du second Royaume de Provence, dit le Royaume de *Boson*, formé des débris de l'ancien Royaume de Bourgogne.

laiſſer d'enfans légitimes, *Robert* réunit ce Duché à la Couronne & en inveſtit *Henri*, ſon ſecond fils en 1002, qui depuis étant devenu Roi, le céda à *Robert* ſon cadet. Ce *Robert* eſt le chef de la premiere branche Ducale de Bourgogne, qui dura près de trois cents ſoixante ans, juſqu'à ce qu'en l'année 1361. *Jean*, Roi de France, réunit ce Duché à la Couronne par droit de ſang, comme le plus proche parent de *Philippe de Rouvre*, dernier Duc de Bourgogne de la premiere maiſon (*b*). *Jean*, au lieu de le garder comme un ſoutien de ſa Couronne, le donna à *Philippe le Hardi*, ſon quatrieme

Chef de la branche Ducale de Bourgogne.

(*b*) Comme ces paroles (hærede ſuccedente), qui ſe trouvent dans les Lettres-patentes, le prouvent.

Obſerv. Une telle interprétation eſt conforme à une loi que fit *Philippe le Bel* par ſon codicille en forme d'ordonnance de l'année 1314, en vertu de laquelle les appanages des enfans de France ſont réverſibles à la Couronne, au défaut des deſcendans de l'appanagé. Voyez *Domat*, *Droit publ.* lib. I, tit. IV, ſect. I, §. XIV. & *Henault Hiſtoire de France*, tom. I, pag. 259. & ſuiv.

fils, le 6. Septembre 1363, à titre d'appanage réversible à la Couronne, faute d'hoirs mâles.

V.

Duché de Bourgogne réuni pour toujours à la France.

Charles le Hardi, quatrieme Duc de la seconde branche, étant mort; *Louis XI.* réunit en 1477. ce Duché à la Couronne (*a*). Depuis ce tems-là il n'en fut plus détaché.

VI.

L'on me pardonnera facilement cette aberration, vu que je ne l'ai faite que pour faire naître à mon lecteur une idée distinctive des Royaumes & Duchés de Bourgogne, ainsi que pour faire voir que le Duché de Bourgogne ne dépendoit jamais de l'Empire. Reprenant mon fil, je dis que le Royaume des deux Bourgognes étoit un fief d'Empire (*a*). Entre

---

Etablissement des Postes en France.

(*a*) C'est lui qui établit l'usage des Postes jusqu'alors inconnues en France, par un *Edit de* 1464.

(*a*) *Radevicus*, *de Gestis Frederici I.* Lib. I, cap. II, le prouve clairement. *Trithemius*, *in Annalibus Hirsaugiensibus ad annum* 1289, rapporte, que l'Empe-

les Empereurs qui furent couronnés *Rois d'Arles*, nous comptons, *Conrade I, le Salique, Henri III, Frédéric I, Philippe I, Frédéric II.* & *Charles IV*, qui fut le dernier couronné *Roi de Bourgogne* à *Arles* en 1356 (*b*).

VII.

Les terres des deux Bourgognes se détachent de l'Empire.

Les terres des deux Bourgognes partagées entre plusieurs Seigneurs, commencerent à se détacher de l'Empire vers le commencement du quatorzieme siecle, sous le regne de l'Empereur *Frédéric III.* & de *Louis XI*, Roi de France. La Maison de Bourgogne s'éleve, l'Empire

reur Rodolphe contraignit par la voie d'armes le Comte de Bourgogne & les Bourguignons rebelles, de lui faire foi & hommage. Dans la même guerre il prit les Comtes de Savoie & de Montbelliard avec plusieurs Seigneurs qui avoient prêté du secours aux Bourguignons, & les obligea à lui faire foi & hommage. Vid. *Alberti Argentinensis Chronicon*, pag. 104.

(*b*) V. *Jacq. Bovis*, dans son ouvrage intitulé *La Royale Couronne des Rois d'Arles à Avignon*, en 1640, in-4°. & *Abrégé de l'Histoire & du Droit publ. d'Allem.* pag. 298.

Archevêché de Lyon.

en devient jaloux : le Lyonnois ou l'Archevêque de Lyon, avec tout son ressort, se mit l'an 1307. sous la garde & protection de *Philippe le Bel a)*; mais peu après, il fut

(*a*) Dans le diplôme fait a ce sujet, rapporté par *Leibnitz*, *in Cod. Jur. Dipl.* part. I, N°. 29, pag. 49, nous trouvons ces paroles très-remarquables : „ Dominus rex habebit in tota villa & civitate Lugdunensi & in terra & in Baronia Ecclesiæ Lugdunensis ressortum seu appellationes a definitivis sententiis. Dominus Rex gardabit, custodiet, defendet& juvabit, prout bonus & legitimus gardiator facere potest & debet, Archiepiscopum & Capitulum Lugdunense ac homines subditos suos & bona ipsorum, ubicumque sint contra omnes & ponet & constituet gardiatorem, qui nullam jurisdictionem habebit in dictos Archiepiscopum & Capitulum vel homines & subditos suos nisi tantummodo gardiani. Pro garda istâ Laïci de civitate Lugdunensi fora habentes ibidem, debent dare & dabunt à duodecim denariis usque ad 20. solidos. In civitate, terra & Baroniâ Ecclesiæ Lugdunensis fiet una moderata subventio, cujus medietas erit Domini Regis & alia medietas erit Archiepiscopi & Capituli ".

plainement soumis aux Rois de France.

N. B. A l'occasion de cette Capitulation nous observons avec le Pere *Menétrier*, dans son histoire de la Ville de Lyon, que la plupart des églises de France, avoient autrefois leurs avoués & leurs gardiateurs, qui prenoient les armes pour leur défense. Celle de Lyon se gardoit elle-même, l'Archevêque avoit ses officiers pour la justice & pour la guerre. Ce droit de garde fut la cause de tant de querelles entre les Archevêques & les Rois, particuliérement du tems de *Philippe le Bel.* Les avoués étoient obligés en tems de guerre d'aller dans les Châteaux & terres des Eglises, d'y mettre garnison, de lever des troupes pour les défendre. On leur donnoit des fiefs ou des mansions de l'Eglise appellées *Casamenta*, dont ils rendoient hommage aux Evêques, Eglises, Monasteres ou aux Abbés. Ces avoués sont nommés dans les anciens titres, *Advocati*, c'est-à-dire, (*appellés au secours de ses Eglises*), *Casadi*, *Gastaldi*, *Gardiatores* ou de *Casamento.* Ils avoient pour leur droit de garde, non-seulement des fiefs, mais encore des droits de gîte, de past &c, que l'on nommoit *Procurations*, & même des dîmes inféodées. Je ne puis m'étendre davantage pour donner l'explica-

VIII.

Cession du Dauphiné au Roi de France.

Le Dauphin *Humbert II*, dernier Prince de la Maison de la Tour-du-Pin, qui ait possédé le Dauphiné, fit cession & transport de ses Etats à Philippe de Valois, Roi France, par un premier traité passé en 1343, confirmé en 1344, & consommé en 1349; mais dans le premier traité on mit expressément cette clause: „ Salvo Imperii ju- „ re (*a*) " qui n'a point été changée lors de la confirmation du même traité.

---

tion de tous ces mots. On la trouve dans les Glossaires de *Wachter*, de *Schilter*, de *Du Cange* & autres.

(*a*) *Leibnitz*, dans son Corps Diplomatique, rapporte le diplôme de cette translation, dans lequel nous lisons: „ n'est pas l'entendre de nous Roi de „ France, ni Dauphin, ni d'aucun de „ nous pour choses que dessus soit fait „ ou dit, ni qu'il s'en suive, qu'aucun „ préjudice soit fait aux droits de l'Em- „ pire ". *Lunig*, dans son *Code Diplomatique d'Allemagne*, tom. I, pag. 377, rapporte une transaction faite entre *Jean le Bon*, Roi de France, & *Charles IV*, Empereur en 1355, qui porte, que *Charles Dauphin* doit recevoir le Dauphiné conjointement avec le Comté de Vienne

IX.

Pendant le regne de *Rodolphe I.* mourut *Raimond Bérenger*, dernier *Comte de Provence* vers 1280. Ses deux gendres, *Louis IX*, Roi de France, & son frere *Charles*, Duc d'Anjou (qui devint Roi de Sicile), se saisirent de ce Comté, & en reconnurent le domaine

Réunion de la Province d'Anjou à la France.

---

de l'Empire en fief. Vid. *Schurtzfleisch*, *vindiciæ Imperii in Delphinatum & Provinciam, veras Regni Arelatensis partes.*

(*N. I.*) *Henault*, dans son Histoire de France, tom. I, pag. 316. dit: „ On „ a cru mal à propos qu'une des condi- „ tions du traité avoit été, que le titre „ de Dauphin seroit porté par les fils „ ainés de nos Rois. Il arriva au contraire „ que le premier Dauphin nommé par „ *Humbert* au premier traité de 1343, „ fut le second fils de *Philippe de Valois*; „ mais il est vrai, que cela n'eut pas „ lieu & que ce titre a toujours été porté „ depuis par le fils ainé du Roi " Ce ton d'assurance me fait croire que *Henault* vit le diplôme en original.

Titre de Dauphin de France.

(*N. II.*) Dans le moment où j'écris, la Reine de France accoucha heureusement d'un Dauphin le 22. Octobre 1781, au même tems pour ainsi dire, que Louis XVI. son glorieux époux remporta une grande victoire sur les Anglois en Amérique; quelle joye pour ses sujets?

direct de l'Empire (*a*). *Louis XI.* en devint héritier par le testament de *Charles d'Anjou*, Comte du Maine, à qui *Réné d'Anjou*, son oncle, avoit donné la Provence. La réunion en fut faite à Compiegne en 1486. La *Bresse* & le *Bugey* furent cédés à la France pour le Marquisat de Salme par le traité de Lyon, conclu en 1605. (*b*) par le Duc de Savoie, sans opposition ni prétentions quelconques de la part de l'Empire. Or il paroît être certain & prouvé par des titres authentiques, que tous ces Comtés étoient autrefois des fiefs d'Empire ; mais depuis leur constante réunion à la Couronne de France, ils n'ont plus été regardés comme tels, & ne le

Bresse & Bugey cédés à la France.

(*a*) Vid. *Conring*, *de finibus imperii* lib. 2. cap. 24. & *Petrus de Masca de Marca hispanica*, pag. 1331.

(*b*) *Histoire de la conquête des pays de Bresse* &c. par M. *de la Capeliniere*, & *Henault* l. cit. tom. II. pag. 612.

ſont certainement plus aujourd'hui (*c*).

(c) L'auteur du D. publ. du St. Empire dit : „ Quant aux provinces poſſédées „ par la Couronne de France, il n'eſt „ point néceſſaire d'examiner les titres „ ni celui de preſcription; les divers „ traités de paix qui ſont intervenus, „ en donnent une déciſion entiere. Depuis „ le tems de *Maximilien I.* & de *Char-* „ *les-quint*, les Rois de France en ſont „ toujours reſtés paiſibles poſſeſſeurs, ſi bien „ que *Conring, de finib. Imperii*, lib. 2. „ cap. 24. l'auteur le plus zélé pour les „ droits d'Empire, avoue lui-même, que le „ ſeul titre de preſcription ſeroit ſuffiſant „ de donner une déciſion à cet égard.„

NB. Maſcov princip. jur. publ. Imp. lib. II, cap. 4. §. XX. prétend, que la France ne peut point ſe repoſer ſur la preſcription, vu que les Empereurs promettent dans la Capitulation de faire enſorte, que les anciens droits & biens de l'Empire, occupés par des mains étrangeres ſoient reſtitués. On peut lui repliquer, I°. que pour empêcher la France de ſe ſervir de la preſcription, l'Empire auroit dû former contre elle un acte légitime de demande de tous les biens & droits appartenans à l'Empire, dont elle ſe trouve en poſſeſſion. C'eſt ce

X.

Jeanne, Reine de Naples &
Avignon. Comtesse de Provence, vendit au Pape *Clément VI.* (*Pierre Rogier*, qui avoit été Chancelier de France) le Comté d'Avignon pour la somme de quatre-vingt mille florins & à charge de la secourir pour le recouvrement de ses autres États (*a*).

Charles

---

qu'il n'a jamais fait, & certes la Capitulation ne peut point être envisagée comme un tel acte, puisqu'elle n'est jamais adressée ni notifiée aux Puissances étrangeres, & conséquemment il leur est très-permis de l'ignorer. II°. L'Empereur & les Etats d'Empire ayant depuis abandonné à la France la Province d'Alsace, ainsi que la Lorraine par les traités les plus solemnels, sans faire la moindre mention de leurs droits & prétentions sur d'autres Provinces possédées long-tems auparavant par la France, doivent être considérés comme y avoir au moins tacitement renoncé. Tout homme juste & sensé connoît la force de ces repliques.

(*a*) *Brovius* ad ann. 1348, N°. 10. *recitat instrumentum super hoc constructum, à tabellione publico confectum & ex Archivo Vaticano depromptum.*

Charles IV, en qualité de Roi d'Arles, doit avoir confirmé cette vente & cédé tout ses droits au Pape (*b*); au reste, s'il ne l'a point fait expressément, il l'a certainement fait tacitement, ne les ayant point réclamé depuis. Les Papes possédoient déja le Comté Venaissin par le don que leur en avoit fait *Philippe le Hardi*, dans son entrevue à *Lyon* avec *Grégoire X.* en 1274. (*c*).

Le Comté Venaissin.

XI.

La Franche-Comté, ou Comté de Bourgogne, faisant partie du Cercle de Bourgogne, reconnoissoit autrefois sa dépendance de l'Empire. A la mort de *Charles le Hardi*, *Marie*, sa fille unique, se mariant avec *Maximilien d'Autriche*, lui apporta ce Comté & les Pays-Bas. La Maison d'Autriche sur le trône d'Espagne a possédé

La Franche-Comté

(*b*) *Bzovius*, l. cit. No. 11, & l'*Abrégé de l'Histoire du Droit publ. d'Allemagne*, pag. 298.

(*c*) *Henault*, *Histoire de France*, tom. I, pag. 315.

cédée à la France.

la Comté jusqu'en 1674, que *Louis XIV.* la prit ; ensuite *Charles II*, Roi d'Espagne, la céda à *Louis* par le traité de paix de Nimégue (*a*), avec une entiere indépendance.

XII.

Archevêché de Besançon.

L'Archevêché de Besançon faisoit autrefois partie du Cercle du haut Rhin. C'est delà que les Archevêques ont encore le titre de Prince d'Empire, & la Ville de *Besançon* étoit une Ville libre Impériale, jusqu'à ce qu'après la conclusion du traité de paix de Westphalie, l'Empereur & l'Empire la céderent à la Diete de Ratisbonne avec tous les droits à eux compétans sur ladite Ville à *Philippe IV*, Roi d'Espagne, pour l'engager par ce moyen à restituer à l'Electeur Palatin la Ville de *Franckenthal*, où il y avoit alors garnison Espagnole.

Ville de Besançon cédée à Philippe IV, Roi d'Espagne.

XIII.

Principauté d'Orange.

Du tems de *Rodolphe de Habsbourg*, la Principauté d'Orange

(*a*) Vid. *Art. XI. & XII, pacis Noviomag.*

étoit un fief d'Empire (*a*); cette Principauté fut cédée à *Louis XIV.* par le traité de paix d'Utrecht (*b*), en compensation d'une partie du Duché de Gueldre, abandonné au Roi de Prusse le 11. Avril 1713.

XIV.

L'Empereur *Sigismond* exempta les Bâlois de la jurisdiction des tribunaux d'Empire en 1413. (*a*), qu'elle reconnoissoit ci-devant comme dépendante de l'Empire. Les Bâlois s'étant entiérement séparés de l'Empire en 1501, se liguerent avec les Suisses, ainsi que la plus grande partie des Cantons de *Berne*, *Soleure*, & le Comté de *Valais*. La Ville de *Geneve*

De la Suisse.

Bâle, Berne, Soleure, &c.

(*a*) *Conring, de finib. Imperii*, lib. II, cap. 25.

(*b*) *Art. VII pacis Ultraject.*

(*a*) Vid. *Londorp. tom. 6. actorum* pag. 138. La Ville de *Bâle*, située sur les confins de la Bourgogne transjurane, de l'Allemagne & de la France, appartenoit à la Bourgogne, comme l'atteste *Guntherus*, *Ligurin.* lib. V. versu 261. & *Wippo*, *in Vita Conradi Salici*, pag. 470.

étoit encore une Ville Impériale au siecle passé ; mais elle se dégagea de l'Empire & se ligua avec la Suisse.

XV.

Neuchâtel & Vallangin.

Après la mort de *Marie de Nemours*, née Duchesse de *Longueville* en 1707, la Principauté de Neuchatel & le Comté de Vallangin furent adjugés au Roi de Prusse le 3 Novembre par une sentence du Conseil Provincial (*a*). Par le traité d'Osnabruck, toutes les Principautés, Comtés, Villes, (en un mot toute la Suisse) furent déclarées libres, souveraines, indépendantes & exemptes de la jurisdiction des Tribunaux d'Empire (*b*). Ainsi de tout le Royaume

(*a*) Vid. *Petri* von Hohen Hardt, *sive* Ludwigs Preusisches Steuerbuch, & Gundlings Nachrichten von der Herrschaft *Neuchatel* und *Vallangin*.

(*b*) *Art. VI. du traité d'Osnabruck*, & *Art. V. du traité de Münster de* 1648. & *acta* betreffend gemeiner Eydgenossenschaft Exemption &c. de anno 1651. fol. *Moser* scripsit: gerettete völlige Souverainität der löblichen schweizerischen Eydgenossenschaft, *anno* 1731. in-4°.

de la Bourgogne, rien ne conserva sa connexion avec l'Empire que la Savoie & le Chablais.

XVI.

De la Savoie.

L'Empereur *Henri V.* passa en 1110. en Italie pour y soutenir le droit des investitures Ecclésiastiques. Entre les Princes qui accompagnerent l'Empereur dans ce voyage de Rome, on trouve *Amé III.* de Savoie (*a*); ce Seigneur

---

Premier Comte de Savoie.

(*a*) Quant à l'origine des Comtes de Savoie vid. *Commentar. de rebus Imp. V.* 8. un Certain *Berold ou Berthold*, attaché à la Cour d'Arles, fut fait l'année 1000 en récompense de ses service, Comte de Savoie & de Maurienne, par Rudolphe Roi d'Arles. *Guichenon, histoire Généalogique de Savoye*, lib. II, cap. VII. confirme tout cela par ces paroles: l'Empereur *Henri IV. du nom ou V*, s'étant mis en chemin pour s'aller faire couronnes à Rome par le Pape *Pascal II*, *Amé III* l'accompagna en ce voyage, qui est d'autant plus remarquable, que l'Empereur se sentant obligé de favoriser ce Prince non tant par la considération de leur proximité (ils étoient cousins-germains), que par les mérites *d'Amé*, le créa Comte d'Empire & non pas Comte

Comte de Savoie créé Prince d'Empire avec suffrage à la Diete.

sçut tellement s'insinuer dans les bonnes graces de *Henri*, que de Comte Provincial du Royaume d'Arles, il fut créé Comte de l'Empire d'Allemagne. Telle est l'origine du droit de suffrage, que les Ducs de Savoie ont dans les Dietes de l'Empire.

XVII.

Création du Duc de Savoie.

L'Empereur *Sigismond*, partant du Concile de *Constance*, entre en Italie & crée *Amédée VIII. Duc de Savoie* en 1416. L'acte de l'érection de ce Duché est du 19. Février (*a*). Sigismond érigea

---

de Savoie, comme tous nos historiens l'ont cru. Car Berold ou Berthold étoit déja Comte de Savoie & de Maurienne, & ainsi cela ne pouvoit être en tout cas, qu'une confirmation de la dignité & non pas la premiere concession, quelques-uns ont rapporté cela à l'an 1107, d'autres à l'an 1137.

(*a*) Il y a eu des auteurs, qui ont prétendu, que la Savoie avoit été érigée en Duché par *Fréderic III.* D'autres ont dit, que cette érection se fit dans le Concile de Constance. *Guichenon* les réfute suffisamment lib. II, cap. XXV, & en

toutes les terres de la Savoie en Duché & fief d'Empire, & en investit lui-même *Amédée*. Les Ducs de Savoie se servent rarement de leur droit de suffrage à la Diete & n'y entretiennent point d'Envoyé. Dans le *Récès de l'Empire de* 1544, le Duc de Savoie est appellé : **unser Fürst und Glied des Heiligen Römischen Reichs.** C'est pour cette raison que les Ducs de Savoie ont été accusés du crime de félonie, ayant souvent pris les armes contre l'Empereur & l'Empire (*b*).

XVIII.

Principauté de Montbelliard

Entre les restes du Royaume d'*Arles*, ou mieux de la Bourgogne trans-jurane, nous voyons aussi la *Principauté de Montbelliard*. C'étoit anciennement un Comté, qui après la mort de *Théodoric*

rapporte le Diplôme & les lettres d'investiture, tom. sixieme, pag. 252. où il fixe la vraie année de l'établissement de ce Duché.

(*b*) Vid. *Fabri* Staatskanzley tom. 6. pag. 631.

ſans enfans mâles, parvint à *Reginault*, Comte de Bourgogne, par droit de mariage, lequel en ayant fait hommage au Roi de France, ne ſe ſouvenant point que c'eſt un fief d'Empire, fut contraint par les armes de l'Empereur *Rodolphe de Habsbourg* de l'accepter de ſes mains, de lui en prêter foi & hommage, & d'en reconnoître le Domaine direct de l'Empire (*a*). Il entra enſuite dans la *Maiſon de Falckenſtein*, laquelle *s'éteignit* en 1395; alors ce Comté parvint à la Maiſon de Würtemberg en 1409. par le mariage d'*Eberhard V*, dit le jeune, Comte de Würtemberg, avec *Henriette*, fille aînée de *Henri*, *Comte de Montbelliard* & de *Montfaucon*, dernier de la Maiſon de Falckenſtein. *Eberhard VI*, ſon neveu, étant devenu Duc de Würtemberg, donna cette Principauté à *Henri*, ſon cadet. *Frédéric*, petit-

entre dans la Maiſon de Würtemberg.

(*a*) *Gerhardus a Rov. Annal. Auſtr.* lib. I, p. 38. 39. *Cruſius*, *Annal. Suev.* p. 111. lib. II, cap. XV.

fils de *Henri* (*b*), partageant ses terres entre ses fils, donna cette Principauté à *Louis Frédéric*, son troisieme. La branche de ce *Frédéric* s'est éteint par la mort de *Léopold Eberhard*, le 25 Mars 1723. (*c*), & après que Frédéric & Christian Ulric, Duc de Würtemberg-Oels, ont renoncés à cette succession & transférés leurs droits à ce sujet dans la personne d'*Eberhard Louis*, Duc pour lors regnant de Würtemberg, il en fut investi le 1. Février 1725.

XIX.

Quoique la Principauté de Montbelliard ne fût jamais comprise

(*b*) Qui devint la Souche de la Maison de Würtemberg d'aujourd'hui.

(c) *Waltz*, würtembergischer Stamm- und Namensursprung, lib. III, cap. VIII. Ce Léopold Eberhard, laissa des enfans mâles, issus de mariage inégal, savoir, *le Comte de Sponeck & les Messieurs d'Esperance*, qui firent tous leurs efforts pour parvenir à la succession de cette Principauté; mais les loix de l'Empire étoient contre eux, & ils furent condamnés à s'en passer par un Arrêt du Conseil Aulique. Comte de Sponeck & les Messieurs d'Espérance.

dans aucun Cercle d'Empire, ayant toujours été envisagée comme faisant partie du Royaume d'*Arles* (*a*), elle donne cependant au Duc de Würtemberg voix & séance à la Diete dans le College des Princes. Les Seigneuries attachées à cette Principauté, situées dans la Bourgogne, sont *Châtel au Blâmont*, *Hericourt*, *Clermont*; & en Alsace, Reichenweyer, Horburg, touchant lesquelles les Ducs de Würtemberg reconnoissent la souveraineté du Roi de France, conformément aux traités de paix de Münster & de Nimégue.

(*a*) Vid. *Hertleder de C. B. G.* tom. I, lib. III, cap. I, n. 6.

CHAPITRE VI.

De la Connexion de l'Italie avec l'Empire.

I.

L'Italie eſt le berceau des Romains, leur Royaume ſe changea en République & de République en Empire. Cet Empire devint la terreur de l'univers. Trop étendu pour être conduit d'un ſeul chef, on le diviſa. Cette diviſion fait naître la jalouſie des deux Empereurs (d'Orient & d'Occident); ce vice les dévore, & au moment que chacun cherchoit à s'agrandir, les barbares vinrent les engloutir tous les deux. L'Empire d'Occident (le ſeul but de cet ouvrage) enterré pendant quelques ſiecles, renaît enfin au même lieu qu'il avoit pris naiſſance. *Charlemagne* le tire du ſein de l'oubli & en devint Empereur l'année 800. L'étendue de l'Empire Occidental d'aujourd'hui ne doit point être comparée avec celle qu'elle avoit du tems des premiers Empereurs, & les droits des Empereurs ont diminué à proportion de la restriction de leurs Domaines ; ainsi que la forme de l'ancien gouvernement de l'Empire Romain ne ressemble plus du tout à celle du gouvernement moderne de l'Empire Romain d'Allemagne. L'Empire Romain une fois divisé, déchiré, détruit, ne pouvoit gueres plus être réintégré, & il ne dépendoit certainement pas du Pape *Léon V*, de donner des droits temporels sur les terres de l'ancien Empire Romain à *Charlemagne*, qu'il créa *Empereur d'Occident*. L'Empire Romain, vers l'Occident, étoit du tems de *Constantin le Grand* (époque de sa plus grande élevation), d'une étendue immense; nous allons en donner une légere esquisse en faisant seulement connoître le Prétoire des Gaules de ce tems-là.

II.

L'an 330, Constantin, maître

de l'Empire Romain, en fit une eſpece de tétrarchie, le diviſant en quatre grands Gouvernemens, qu'il nomma *Prétoires.* Il commit à chacun un Gouverneur-général ſous le nom de Préfet du Prétoire. Chaque Prétoire fut diviſé en Dioceſes, & les Dioceſes en Provinces. Les Dioceſes furent gouvernés par des Vicaires, ainſi nommés, parcequ'ils étoient les Lieutenants des Préfets. Les Provinces furent gouvernées par des Conſulaires, des Corecteurs & des Préſidens. Chaque Province avoit une Ville capitale de laquelle, comme Métropole, dépendoient les autres de la même Province. Le Préfet du Prétoire avoit l'intendance générale ſur les Dioceſes, les Provinces, les Magiſtrats & les Villes, tant pour ce qui concernoit le militaire, que pour ce qui regardoit les finances, ouvrages publics, les poſtes, voitures, grands chemins, ſpectacles, tributs, impoſitions, étapes des armées, appellation de juſtice, punition des crimes, &c. Vid. *Caſſiodor. in præfat. variar.*

Le Prétoire des Gaules étoit composé de trois Dioceses, savoir, de celui d'Espagne, de celui des Isles Britanniques & du Diocese des Gaules.

Le Diocese d'Espagne étoit composé de sept Provinces.

Ire. La Belgique ou Andalousie . . Métropole, *Meride* la grande.
II. La Lusitanie ou Portugal . . . Métropole, *Lisbonne.*
III. La Galice. . Métrop. *Brague.*
IV. La Mauritanie Tingitane. . . Métrop. *Tanger.*
V. La Province Tarragonaise . . Métrop. *Saragosse.*
VI. La Carthaginoise . . . Métrop. *Carthage.*
VII. Les Isles Baléares de Majorque & de Minorque. M. *Majorque* ou *Palma.*

Le Diocese des Isles Britanniques étoit composé de cinq Provinces.

Ire. Maxima Cæsariensis . . Métropole, *Yorck.*

II. Valentia . . Métrop. *Edimbourg.*
III. Britannia prima . . Métrop. *Cantorbery.*
IV. Britannia ſecunda . . Métrop. *Cairlan*, ruinée.
V. Flavia Cæſarienſis. M. *St. Alban.*

Le Dioceſe des Gaules étoit diviſé en dix-ſept Provinces.

I re. La premiere Germanie . . Métropole, *Mayence.*
II. La ſeconde Germanie . . Métropole, *Cologne.*
III. La premiere Belgique . . Métropole, *Treves* *.
IV. La ſeconde Belgique . . Métropole, *Rheims.*
V. La Province Viennoiſe . . Métrop. *Vienne* **.
VI. La premiere Lyonnoiſe . . Métrop. *Lyon* ***.
VII. La ſeconde Lyonnoiſe . . . Métrop. *Rouen.*
VIII. La troiſieme Lyonnoiſe . . Métrop. *Tours.*

---

* Réſidence ordinaire du Préfet du Prétoire.

** Siege du Vicaire.

*** Vid. L. I, C. *Theod. de Cenſu & Reliquis.*

IX. La quatrieme Lyonnoiſe . . . Métrop.	*Sens.*
X. Maxima Sequanorum. Aujourd'hui Franche-Comté . . Métropole,	*Beſançon.*
XI. La premiere Aquitaine . . . Métrop.	*Bourges.*
XII. La ſeconde Aquitaine . . Métrop.	*Bourdeaux.*
XIII. La Novempopulanie . . Métrop.	*Auch.*
XIV. La premiere Narbonnoiſe . . Mét.	*Narbonne.*
XV. La ſeconde Narbonnoiſe . . Métrop.	*Aix en Provence.*
XVI. Les Alpes Maritimes . . Métrop.	*Ambrun.*
XVII. Les Alpes Graïes & peninnier. M.	*Avanche*, & depuis *Tarentaiſe.*

Touchant les autres Gouvernemens, voyez l'ouvrage du P. *Gilles la Carri*, imprimé à Clermont en 1672, ſous le titre : *Hiſtoria Galliarum ſub Præfectis Prætorii Galliarum.*

J'ai apporté cette diviſion de l'Empire Romain pour trois raiſons :

ſons : la premiere, pour donner une idée de ſon ancienne étendue du côté de l'Occident ; la ſeconde, pour nous convaincre de l'antiquité de pluſieurs Villes qui brillent encore de nos jours ; & la troiſieme, parce qu'elle paroît avoir une certaine influence dans cet ouvrage.

III.

Charlemagne devint donc (comme nous l'avons vu) Empereur & Roi des Romains, & en même tems *Patrice de Rome* (*a*). Ces

Droits des Patrices de Rome.

(*a*) *Charlemagne*, en qualité de Patrice de Rome, y exerçoit le même pouvoir & jouiſſoit à peu près des mêmes droits que les *Exarques* avoient eus. Vid. *Struv. Corp. Hiſt. Germ.* periodo 3. §. 34. Le nom *Patrice* ſignifioit en ce tems-là, *protecteur de l'Egliſe*, & *Chef du peuple de Rome*. Les droits du *Patrice* conſiſtoient dans le pouvoir d'exercer la juriſdiction ſur les Romains, d'en exiger la preſtation du ſerment de fidélité, de battre monnoie à ſon coin & autres droits de ſouveraineté, que *Charlemagne* exerçoit à Rome & en Italie, tant en qualité de *Patrice* qu'en qualité de Roi de Lom-

titres avec la ſouveraineté de Rome furent tranſmis par le même *Charles* aux Francs ou François (*b*). *Otton le Grand*, fit tomber l'Empire à la Nation Germanique; delà eſt venu le titre: *Empereur Romain de la Nation Germanique* (*c*).

---

bardie. Les droits que l'Empereur exerce encore aujourd'hui ſur quelques parties de l'Italie, en ſont encore des débris. Rome n'a plus de *Patrice*, la Lombardie a d'autres Souverains, reconnus par l'Empereur même; ainſi ces deux titres n'ont plus rien de réel.

(*b*) Vid. *Theganus, in Vita Ludovici Pii*, cap. 16. & *Annal. Gottfred*, Monachi Colonienſis ad annum 1167.

(*c*) Il y a pluſieurs Publiciſtes qui prétendent, qu'en vertu de ce titre les Empereurs avoient le droit de ſe choiſir un ſucceſſeur, & de nommer le Pape conjointement avec le Clergé & le peuple Romain. Voyez la tranſaction faite entre *Léon VIII*, & *Otton I.* dit *le Grand.* Le *Décret du Concile de Latran* & les *prem. lignes du Droit publ. eccleſ. par M. Ditterich*, *Epoque I.* pag. 2. & ſeq. qui s'efforce de prouver la fauſſeté de ces actes.

IV.

Charlemagne, & déja avant lui Pepin son pere, firent donation au Saint Siege de la Ville de Rome, de l'Exarchat, & du Duché de Spolette, appellés aujourd'hui conjointement avec d'autres terres, *Etats Ecclésiastiques* (*a*). L'Empereur *Frédéric II*, céda au siege Papal par un Diplôme qui est hors d'atteinte (*b*) en 1320, les terres, que *Mathilde, Comtesse de Toscane*, avoit délaissé par donation à cause de mort à la Cour de Rome (*c*).

Donation de Charlemagne faite au Pape.

(*a*) Le Diplôme authentique par lequel Otton I. la confirma, nous rassure de son existence, comme le prouve *Grandidier*, dans son *histoire de l'Eglise des Evêques-Princes de Strasbourg*, tom. II.

(*b*) *Lunig*, dans son *Code Diplomatique d'Italie*, tom. 2. pag. 718, de même que la Donation que lui en fit l'Empereur *Rodolph de Habsbourg*, vid. *Bzovius ad ann.* 1274, n. 13.

(*c*) Elles se nomment: *Terra Mathildis ou patrimonium D. Petri*, & comprennent aujourd'hui un certain district sur la rive d'Ouest du *Tibre*, où se trouvent

V.

Il y a une fameuſe diſpute entre les ſavans, pour ſavoir ſi les Empereurs ont cédés à la Cour de Rome les Etats Eccléſiaſtiques en pleine propriété, ou s'ils s'en ſont réſervés le Domaine direct; mais cette diſpute paroît vaine (*a*). *Charlema-*

les deux fameuſes villes, *Civita-Vecchia* & *Montefiaſcone*. *Paſcal II.* s'en eſt mis en poſſeſſion à la mort de *Mathilde* en 1115. Il eſt vrai que *Welfus*, *dernier Epoux de Mathilde*, en reprit une bonne partie. Les Empereurs s'oppoſerent à cette donation, puiſqu'elle comprenoit pluſieurs fiefs d'Empire, dont *Mathilde* ne pouvoit diſpoſer ſans leur agrément. *Leibnitz*, apporte le teſtament de *Mathilde*, tom. I. *ſcriptorum Rerum Brunswicenſ.* pag. 687.

(*a*) *L'Auteur du Droit publ. du St. Empire*, liv. 2, chap. 2. dit: " Si l'on „ regarde les choſes ſans paſſion, on „ trouvera que le Pape eſt en poſſeſſion „ de beaucoup de Droits, qui appro- „ chent très-fort à la Souveraineté. Cette „ poſſeſſion établie depuis un tems im- „ mémorial, a reſtée presque toujours pai- „ ſible juſqu'aujourd'hui, & a été recon-

gne joignit à l'Empire Romain le Royaume des Lombards après une victoire complette ſur *Didier*, dernier Roi des *Lombards*. Ils conſerverent cependant l'ancienne forme de leur gouvernement, ainſi que leurs loix & coutumes.

VI.

La plus grande partie de l'Italie reconnoiſſoit autrefois la majeſté des Empereurs juſqu'au tems de *Frédéric II* & de *Conrad III* (*a*); alors commencerent les différentes factions des *Guelphes* & des *Gibelins*. Du tems de *Henri VII* (*b*)

„ nue telle par les Empereurs mêmes & „ l'Empire, auſſi bien que par les autres „ Souverains de l'Europe.

(*a*) *Moſer, in Compendio J. publ. Italici*, §. 13. *hodie ſaltem numerat* 13. *feuda Imperialia in Lombardia*, 19 *in Liguria*, 20 *in tractatu Bononienſi*, 10 *in Tuſcia* & 11. *in Hetruria. Lunig, in Codice Italiæ Diplomatico*, tom. I, pag. 239. apporte la formule du ferment de fidélité, que les Vaſſaux d'Italie font obligés de prêter à l'Empereur.

(*b*) *Henault, Abrégé de l'hiſt. Chronolog. de France ad ann.* 1141, 1255, 1285, 1354.

les *Gibelins*, à la tête desquels étoient les *Pisans*, peuple d'Italie, reçurent *Henri VII.* avec de grandes démonstrations de joie. Les *Guelphes* au contraire, entre lesquels se distinguoient les *Florentins*, les *Lucquois* & les *Siennois*, appellerent *Robert*, *Roi de Naples*, pour se maintenir dans leur prétendue liberté. *Henri* prend *Milan* en 1312, & il y est couronné d'un *Diadême d'acier*, qu'il avoit ordonné de faire à la place de la couronne des anciens Rois des Lombards, que les Milanois avoient enlevée. Après son inauguration il créa un grand nombre de Chevaliers (*c*). Ces factions séparerent plusieurs terres d'Italie de l'Empire Romain. La suite nous fera voir celles qui se sont détachées de l'Empire.

VII.

Terres d'Italie.

Le 25. Novembre 1724, l'Em-

Création de Chevaliers.

(*c*) Voici le premier exemple que nous trouvons de cet usage, lequel est encore observé aujourd'hui au couronnement des Empereurs. V. *Abrégé Chronol. de l'histoire & du Droit publ. d'Allemagne*, pag. 274.

pereur *Charles VI.* céda au Pape, par un traité conclu à Rome, la Ville de *Comachio* avec les mêmes droits, avec lesquels les Papes la possédoient autrefois (*a*).

Comachio cédé au Pape.

VIII.

Le Grand-Duché de Toscane (*a*), à ce que prétend *Tritheme*, racheta en 1286. sa liberté & son indépendance de l'Empire, de *Rodolphe de Habsbourg*. *Charles-quint* la réduisit sous sa puissance & établit *Alexandre de Médicis* en 1530, chef & Gouverneur de Florence. Après sa mort, *Côme de Médicis* reçut le titre de Grand-Duc par le Pape *Pie V*, & le pas immédiatement après le Duc de Savoie. L'Empereur *Maximilien II.* protesta contre cette innovation (*b*).

Toscane. Titre du Grand-Duc de Toscane.

(*a*) *Hoffmann, Bibliotheque du Droit publ.* n. 2225.

(*a*) Il s'appelloit anciennement *Hetrurie* ou *Tuscie*, il comprend le *Florentin*, le *Pisan* & le *Siennois*. *Berger* scripsit *vindicationem juris Imperii in magnum Tusciæ Ducatum.*

(*b*) *Thuanus*, *historiarum* lib. 54 & 60.

en 1575. *Jean-Baptiste Coucini*, Envoyé de France, obtint enfin de l'Empereur la confirmation du titre de Grand-Duc, après que son maître eut épousé la sœur de *Maximilien II.* & payé une grosse somme d'argent (*c*). Depuis ce tems la Toscane resta toujours dans la dépendance féodale de l'Empire (*d*).

Toscane cédée à François I, Empereur.

(*c*) Les lettres patentes sont du 26 Janvier 1576. Abrégé *Chronolog. de l'hist. & du Droit public d'Allemagne*, p. 452.

(*d*) Pour cette raison il est dit dans l'art. V. *de la quadruple alliance, faite à Londres en* 1718, *entre l'Empereur, la Hollande, les Rois de France & d'Angleterre*, que les Duchés de Toscane, Parme & Plaisance seront toujours regardés comme fiefs d'Empire, & qu'en cas d'ouverture de ces fiefs, le fils de *Philippe V.* Roi d'Espagne, en seroit investis. On répéta la même chose dans le traité de paix, conclu entre le Roi d'Espagne & l'Empereur en 1725; mais le tems changea tout, & le Grand-Duché de Toscane fut cédé à *François I*, Duc de Lorraine (depuis Empereur) pere du glorieux Joseph II, Empereur regnant, en récompense de la perte de son Duché. Il commença à le posséder en 1737 après la mort de *Jean Gaston*, *dernier rejetton de la race des Médicis.*

IX.

Lucques.

La Ville de *Lucques* étoit autrefois la résidence des Ducs de *Toscane*, ensuite elle entra dans une espece de liberté de vivre selon ses propres loix (*a*), *Charles IV.* nomma les sénateurs de *Lucques*, *Vicaires d'Empire* dans cette Ville, & leur accorda le droit de battre

(*a*) C'étoit anciennement une Colonie Romaine, *César*, *Pompée* & *Crassus* y fabriquerent leur *Triumvirat*. Elle devint successivement la proie des *Lombards*, des *Francs* & des Empereurs Allemands. *Trithemius*, dans sa *Chronique de Hirsau à l'année* 1286, & *Sigonius*, *du Royaume d'Italie*, liv. 20, prétendent, qu'elle acheta sa liberté de *Rodolphe de Habsbourg* pour une certaine somme d'argent montante à 12000 Ducats. Mais supposons que cela soit vrai: Certes cette liberté n'étoit pas une entiere indépendance, puisque *Blondus*, lib. 8. *Decadis II.* dit, que le Vicaire d'Empire, que l'Empereur *Rodolphe* avoit envoyé en Italie en 1280, " avoit trouvé les Lucquois rébelles " & au même endroit il dit, que " l'Empereur *Rodolphe* avoit déclaré Vassaux d'Empire tous ceux, qui pour une certaine somme d'argent avoient rachetés leur liberté. "

monnoie, d'établir des Académies & d'autres priviléges (*b*), & y établit la forme de Gouvernement que cette République a conservée jusqu'à nos jours. *Charles-quint*, dans son voyage à Rome en 1529, fut mal reçu des Florentins ainsi que des Lucquois ; mais ils furent contraints par la voie d'armes de le reconnoître & de lui prêter foi & hommage (*c*). Cette Ville étoit pour lors une Ville Impériale, & puisque l'on ne connoît aucun Diplôme de son entiere indépendance d'avec l'Empire, plusieurs publicistes prétendent qu'elle l'est encore.

X.

Milan. Le Duché de Milan fut établi

(*b*) L'Empereur *Maximilien I.* confirma ces privileges en 1509. Le Diplôme de cette confirmation se trouve dans le *Code Diplomatique d'Italie par Lunig*, p. 11. p. 223, qui rapporte au même endroit le Diplôme de *Charles IV.* & la formule de l'hommage, par lequel les Lucquois engagerent leur foi & fidélité à *Charles* ainsi qu'à ses successeurs, vid. *Mascov. princip. J. publ.* lib. II, c. V. §. XXX. nota 3.

par *Wenceslas*, Roi des Romains, qui créa *Jean Galéace Viscomti*, *Gouverneur du Milanez*, *Duc de Milan & Comte de Pavie*, moyennant 100000 florins d'or (*a*). Cette Maison de Viscomti s'eteignit à la mort de *Philippe Maurice Galéace* son dernier rejetton en 1447. Le Duc d'Orléans prétendit alors au Duché de Milan du chef de sa mere Valentine, fille de Jean Galéace, premier acquéreur de ce fief; mais il ne put prouver que c'étoit un fief héréditaire & féminin. Il s'en présenterent plusieurs, qui n'y avoient pas plus de droit (*b*); après quelques années de dispute *François Sforce*, bâtard de *Jean Sforce* & soldat de fortune, s'em-

(*a*) Le Milanez comprenoit alors *Parme & Plaisance*, c'est ainsi que l'Allemagne perdit le dernier domaine de ses Empereurs en Italie. L'aliénation qu'en fit *Wenceslas*, fut une des premieres raisons de sa déposition.

(*b*) Il est vrai que la succession dans ce Duché lui avoit été promise par son contrat de mariage; mais l'agrément de l'Empereur n'y avoit point accédé.

para du Milanez, sous prétexte qu'il avoit épousé la fille naturelle du dernier Duc, nommée *Blanche Marie* (c). Il ne révoqua cependant pas en doute le Domaine direct de l'Empire, quoique ni lui, ni son fils *Galéace Marie*, ni son petit-fils *Jean Galéace de Sforce* n'aient prêté foi & hommage aux Empereurs. Ce dernier mourut en 1494, ne laissant qu'un fils de quatre ans, auquel on donna pour tuteur & Gouverneur du Milanez *Louis Marie Morius de Sforce*, frere du défunt, qui pour mieux s'affermir dans la possession de ce Duché, en prit l'investiture de *Maximilien I* à *Anvers* en 1495 (d). Cela n'empêcha pas *Louis XII*, Roi de France, petit-fils de Louis, Duc d'Orléans, & de Valentine,

(c) Les Milanois avoient déclarés *Blanche* héritiere légitime, & *Philippe* avoit adopté *François de Sforce* pour son fils ; mais tout cela ne pouvoit pas lui donner des droits sur ce Duché. vid. *Desing*, *Auxilia histor.* part. I. p. 630.

(d) *Desing*, l. cit. pag. 631.

fille de *Jean Galéace*, premier Duc de Milan, d'en faire la conquête sur *Morus* en 1500. (*e*), & de s'en faire investir à *Haguenau* par procureur en la personne de *George Ambroise*, Cardinal & Evêque de *Rougemont*, par l'Empereur *Maximilien I.* en 1505. La France malheureuse en Italie, conserva néanmoins ce Duché jusqu'en 1521, que *Charles-quint* s'en empara. *François I.* renonça par le traité de *Cambrai* en 1529, pour lui & pour ses successeurs à tous ses droits sur le Milanez (*f*).

(*e*) *Henault*, *Abrégé Chron. de l'hist. de France*, tom. I. pag. 432, dit: „ Louis de la Trimouille, d'intelligence „ avec les Suisses, fait ce Duc prisonnier. On le conduisit en France au „ Château de Loches, où il mourut en „ 1510. Il fut surnommé *Morus*, par „ allusion au mot italien *moro*, qui „ signifie un *mûrier* & qu'il avoit pris „ pour sa devise, regardant cet arbre „ comme le symbole de la prudence". *Mém. de l'Acad. des B. L.* tom. XVI.

(*f*) *Henault*, l. cit. pag. 467, & *Desing*, l. cit. La paix de *Cambrai* s'appelle

XI.

Alors *Charles V.* en investit *François Sforce*, dernier de cette Maison, qui mourut sans héritiers en 1535. Cette mort fit retourner le Duché de *Milan* à l'Empire. L'Empereur *Charles* le donna à son fils *Philippe II*, *Roi d'Espagne* (a), avec cette clause, que la succession dans ce Duché seroit linéale, & qu'au défaut de mâles, les femmes ainsi que leurs descendans mâles y succéderoient. En vertu de cette prérogative, *Charles VI* étant mort en 1740, *Marie-Thérese*, sa fille ainée y succéda ; elle en céda ensuite une partie au Roi de Sardaigne, qui comme Duc de Savoie

---

Traité des Dames. communément le *Traité des Dames*, parce qu'elle fut conclue entre *Marguerite de Savoie*, tante de *Charles-quint*, & Régente des Pays-Bas, & *Louise de Savoie*, mere de *François I*, lequel on fit promettre d'épouser la Reine Douairiere de Pologne, sœur de *Charles V*.

(a) Les Rois d'Espagne l'ont toujours possédée comme fief d'Empire, & en ont reconnus le Domaine direct.

y avoit d'anciennes prétentions (*b*).

XII.

Parme & Plaisance faisant partie du Duché de Milan, participerent au même sort jusqu'en 1525, que *Maximilien Sforce*, fils de *Louis le More*, fut rétabli dans le Milanez; alors le Pape *Jules II.* occupa les Villes & territoires de *Parme* & de *Plaisance*. Maximilien fit d'abord quelques efforts pour l'en dessaisir, mais l'occasion n'étant point favorable, il les lui abandonna, sauf les droits de l'Empire, jusqu'alors incontestables (*a*). Le Pape *Paul III.* s'avisa ensuite de les donner en fiefs à *Aloïse Farnaise* en 1545, à charge d'une redevance annuelle de 9000. écus d'or. *Charles V.* s'y opposa & Parme & Plaisance.

(*b*) Cette cession se fit par une transaction, faite à Vienne en 1743, qui fut confirmée par l'art. XII. du traité d'Aix-la-Chapelle, conclu en 1748. Marie-Thérèse étant morte le 30. Novembre 1780, il tomba à son ainé, Joseph II, Empereur d'aujourd'hui.

(*a*) Vid. *Cavitellius in Annalib. Cremonens*. pag. 1499.

donna en 1556, *Plaisance* à *Octave* son gendre, sauf les droits d'Empire & de la Cour de Rome, touchant *Parme* (*b*). La qualité de ces deux fiefs fut de nouveau disputée en 1707, lorsque l'Empereur *Joseph I.* les fit mettre en contribution par ses Commissaires de guerre, & par le traité de paix fait entre le Pape *Clément XI.* & *Joseph* en 1709, il fut dit, que les affaires touchant *Parme* & *Plaisance* resteroient dans le même état où elles étoient pour lors. La Maison de Farnaise resta toujours en possession de ces fiefs; lors de la quadruple alliance le Duché de *Parme*

(*b*) Vid. *Struv. jura Imperii in Ducatum Parmensem & Placentinum*, Jenæ 1720. in-4°. Gundlings Nachrichten von den Herzogthümern Parma und Placensa, und derselben Dependenz vom deutschen Reiche, *anno* 1723. in-4°. *Historia summi Imperii Apostolicæ sedis in Ducatum Parmæ ac Placentiæ*, Rom. 1721. *ex Italico versa*, & la *dissertation historique sur les Duchés de Parme* & de *Plaisance*, *traduite de l'italien* 1722.

Parme & de *Plaiſance* fut reconnu fief d'Empire & promis à *Don Carlos*, *Infant d'Eſpagne*, fils ainé d'*Eliſabeth*, Reine d'Eſpagne & Princeſſe de *Parme*, en cas d'ouverture de ces fiefs. La Cour de Rome proteſta contre, mais on n'y eût point d'égard ; & lors du traité de paix de Vienne, conclu le 30. Avril 1725, cette expectative fut ratifiée & confirmée. Le 20. Janvier 1731. mourut *Antoine-François*, dernier rejetton de la Maiſon de Farnaiſe. Alors l'Empereur *Charles VI*, tuteur du jeune *Don Carlos*, ſe ſaiſit du Duché de *Parme* & de *Plaiſance* au nom de ſon pupille, qui demanda à être émancipé ; l'Empereur trouva des raiſons du refus, & confia l'adminiſtration de ces fiefs à la Ducheſſe *Dorothée*, ayeule du jeune Prince. En 1733. ſe fait l'élection du Roi de Pologne ; les démarches de l'Empereur dans cette affaire déplaiſent au Roi de France, qui l'attaque auſſi-tôt en Allemagne & en Italie. La Reine d'Eſpagne profite de l'occaſion, prend *Parme*, *Naples* &

fait couronner son fils *Don Carlos Roi des Deux-Siciles* à *Messine* en 1735. Enfin l'on négocie de la paix (*c*), dont les préliminaires arrêtés le 3 d'Octobre, portent (touchant la matiere présente), que *Don Carlos* garderoit le Royaume des Deux-Siciles, & que l'Empereur rentreroit dans le Duché de *Milan* & dans les États de *Parme* & de *Plaisance*. Ce traité fut entiérement rempli en 1737; enfin par le dernier traité conclu à *Aix-la-Chapelle* en 1748. entre *Marie-Thérese, Reine de Hongrie*, & l'Espagne, les Duchés de *Parme* & de *Guastalle* furent cédés à *Philippe, Infant d'Espagne*, pere du Duc d'aujourd'hui, à charge de retour à *Marie-Thérese*, & le Duché de *Plaisance*, à charge de retour au Roi de *Sardaigne*, au cas que le Roi des Deux-Siciles deviendroit Roi d'Espagne, ou que

(*c*) Le *Comte de Neuwied* & son Ministre M. de *Nierodt*, en firent les premieres ouvertures, M. de la *Baune* y mit la derniere main à Vienne.

Don Philippe mourroit sans descendans mâles.

XIII.

De Gênes.

Après les Romains, les côtes (de ce qu'on appelle aujourd'hui la *République de Gênes*) furent envahies & possédées successivement par les *Goths*, les *Lombards* & les *Francs*, qui y mirent des Ducs pour les garantir des Sarrasins. Les Empereurs d'Allemagne qui succéderent aux *Francs*, les tinrent de même sous leur pouvoir. Du tems de l'Empereur *Frédéric I*, les *Gênois*, compris dans le Duché de *Milan*, refuserent les contributions aux Commissaires Impériaux. *Frédéric* fait une expédition en Italie, les rend à la raison & les oblige à lui prêter foi & hommage en 1158. Ils lui payerent un tribut de 1200 marcs d'argent, le suppliant de n'exiger d'eux que la prestation de fidélité & la défense des côtes maritimes contre les Barbares, comme les Empereurs ses prédécesseurs l'avoient exigé. *Frédéric* accorda leur demande, & leur donna en outre pleine liberté de se choisir leurs *Doges* ou *Bourguemaîtres*, & de juger sans appel en toutes matieres civiles ou criminelles (*a*). *Louis XII*, *Roi de France* la subjugua en 1499, & la garda pendant 23. ans; ensuite elle devint le jouet de *Charles-quint* & de *François I*, jusqu'à ce qu'elle regagna son ancienne liberté par le secours d'*André Doria*, *Général Gênois* (*b*), laquelle elle conserva jusqu'à nos jours.

XIV.

Du Duché de Modene & de Reggio.

Les terres de *Modene* & de *Reggio* faisoient anciennement par-

(*a*) Vid. *Desing*, *Auxil. histor.* pars I, pag. 744. & seq.

(*b*) *Struv*, *Corp. J. publ.* cap. II, §. XIV, prétend, que la République de Gênes doit reconnoître la suzeraineté de l'Empire. Je puis lui accorder cette prétention, si c'est par rapport au *Marquisat de Final*, que la République acquit par un contrat de vente, passé avec l'Empereur *Charles VI.* en 1713, dans lequel il fut stipulé, que ce Marquisat resteroit toujours un fief d'Empire. *Marie-Thérese*, héritiere de *Charles VI*, voulut le ra-

tie du Royaume des Lombards; les Empereurs les faisoient administrer dans la suite par des Gouverneurs, parmi lesquels l'on trouve déja dans l'onzieme siecle des Seigneurs de l'illustre Maison d'*Est* (*a*). L'Empereur *Rodolphe de Habsbourg* accorda ces terres à *Opizon d'Est*, à titre de fief, le créa *Marggrave de Modene* & de *Reggio* (*b*). *Frédéric III*, lors de son voyage en Italie pour se faire couronner Empereur, érigea ces terres en Duché en 1452, en faveur de *Borsius d'Est*, fils naturel de *Nicolas III*, à charge de payer annuellement, le jour de l'Ascension, à l'Empire

---

cheter malgré la République, pour le transférer au Roi de Sardaigne, selon sa promesse faite par le traité de Worms en 1743; mais les *Gênois* surent se maintenir dans leur possession par le *Traité d'Aix-la-Chapelle*, conclu en 1748, par le secours du Roi de France.

(*a*) Vid. *Muratorii antiquitates Estenses*, & *Sigonius de Regno Italiæ*, *sub finem*.

(*b*) Voyez *les mêmes*, & *Desing*, *Auxil. hist.* pars I. pag. 651.

une redevance ou cens annuel de 4000. florins d'or (*c*), & l'en investit en même tems. Depuis cette époque, ces Duchés resterent toujours fiefs d'Empire, de même que le Duché de *Ferrare* & la Principauté de *Correggio*, qui furent réunis dans la Maison d'*Est* (*d*).

XV.

La famille d'*Est* reçut son nom de la Ville d'*Est* (*a*), qui appar-

---

(c) *Æneas Sylvius, histor. Friderici III.* p. 61. 82. 94. *Ipsum investituræ actum describit Franciscus Modius, Pandectis triumphalibus*, tom. I, lib. IV, p. 160. Les mêmes lettres d'investiture se trouvent dans le *Code diplomatique d'Italie, par Lunig*, tom. I. pag. 1639.

Ce *Borsius*, qui pour lors étoit *Vicaire d'Empire* devint en même tems *Duc de Ferrare* & *Comte de Corregio*. Le Duché de *Ferrare* comme prétendu fief du St. Siege, retourna au Pape lorsqu'*Alphonse II.* mourut sans enfans, & *César d'Este*, *Duc de Modene*, renonça en 1598. en faveur du Pape *Clément VIII* à toutes ces prétentions sur ce Duché.

(*d*) Voyez *la Capitulation de l'Empereur Léopold*, art. XXXIX.

(*a*) C'est dans les Cantons *d'Est* que

tient aujourd'hui à la République de *Venise*. *Azon d'Est* avoit épousé en 1030. *Cunigonde*, unique héritiere de *Baviere* & de *Suabe* (elle étoit la derniere de la Maison des *Guelphes*). Son premier fils *Guelph*, est la souche de *Henri le Superbe* & de son fils *Henri le Lion*, Duc de Baviere & de Saxe, dont les des-

---

croît le fameux vin de ce nom; voici ce qu'en rapporte l'histoire : un certain Seigneur voyageant par ce pays, dit à son domestique : prenez les avances & marquez les portes des cabarets, où il y a du bon vin, par ce mot *Est*. Le domestique lui en indiqua tant, qu'il fut obligé de s'arrêter à tout moment pour satisfaire son envie de boire. Il en but tant, qu'il en mourut; alors son domestique lui fit faire cette Epitaphe :

Propter nimium *Est Est Est*
Meus dominus mortuus *est*.

* * *

A cause du trop *d'Est*
Mon maître mort *Est*.

Notre province nous fournit, cette année 1781, un vin d'Est: évitons-en l'abus, pour ne point mériter une pareille épitaphe. Pardonnez cet égarement, je ne puis pas toujours tenir mon sérieux.

cendans sont les Ducs de *Lunébourg* & de *Brunswic-Hannovre* ; son cadet ou *Guelphe le jeune*, est la souche des Ducs de *Modene* & de *Reggio*.

XVI.

Mirandole. Mirandole, ou le Duché de ce nom, est situé entre le Mantouan & le Modenois. Il avoit ci-devant ses Ducs particuliers de la maison de *Pic* ou *Pisco*. *Conring* (*a*) prouve qu'ils tenoient cette principauté de l'Empire à titre de fief. Les *Pics* posséderent ce Duché pendant près de six cents ans. *François-Marie*, *Duc de Mirandole*, ayant embrassé le parti de la France durant la guerre d'Espagne, s'attira la disgrace de l'Empereur *Léopold*, & fut déclaré déchu de son Duché pour félonie, par une sentence du Conseil Aulique en 1709. Il se retira en Espagne ; & l'année suivante, le 15. Juillet 1710, l'Empereur *Joseph I.* vendit le Duché de Mirandole au Duc de

(*a*) *De finib. Imperii*, cap. XXIII, pag. 537.

Modene pour la ſomme de 175000. doublons (*b*). Il en fut inveſti le 10. Septembre.

XVII.

Les Terres du Duché de *Mantoue* (ainſi que celles de *Mirandole* dont nous venons de parler), faiſoient partie de la *Lombardie*, & eurent le même ſort. Les Ducs de Mantoue de la Maiſon de *Gonzague*, poſſéderent ce Duché depuis 1328. juſqu'à 1708. ſous différens titres. *Louis*, *Seigneur de Gonzague*, après avoir fait mourir *Paſſerino Bonacoſſa*, tyran du pays, obtint ſa Seigneurie ſous le Mantoue.

(*b*) L'inſtrument du contrat de vente ſe trouve chez le même *Conring*, au lieu cité, pag 1331, 1332. Par l'art. XXXI. du *Traité de Baden*, on promit au Duc dépouillé une prompte & bonne juſtice, mais il eſt mort avant de l'avoir obtenue. La maiſon de *Pic*, ayant fait inutilement tous les efforts tant à la Cour Impériale qu'auprès des Etats de l'Empire, pour recouvrer ce Duché, vendit en 1744. à l'Eſpagne toutes les prétentions qu'elle pouvoit avoir ſur la Mirandole.

titre de *Vicaire d'Empire* en 1327(*a*), & fut fait Capitaine de *Mantoue* par *Charles IV.* en 1340. Trois de ses successeurs porterent le même titre. *Jean - François*, Capitaine de Mantoue, fut créé par l'Empereur Sigismond, *Marggrave, Prince & Vicaire du St. Empire* en 1433. (*b*) L'Empereur *Charles V.* l'érigea en Duché & en investit *Frédéric*, *Marggrave de Mantoue*, le 8. Avril 1530. (*c*). *Rodolphe II.* créa les Seigneurs de *Gonzague*, *Marggraves & Princes d'Empire* en 1593 (*d*) Ce Marggraviat & ce Duché resterent toujours fiefs d'Empire; pour cette raison *Charles IV*, dernier Duc de *Mantoue*, ayant refusé les services féo-

(*a*) Vid. *Sleidanus*, lib. VII, p. 182.

(*b*) Idem, *eodem loco. Diploma extat apud Lunig*, *Cod. Diplom. Ital.* pag. 1371. vid. *Bzovius ad ann.* 1433.

(c) *Sleidanus*, loco cit.

(*d*) Le Diplôme fait à ce sujet à Prague le premier Mai 1593. se trouve dans le *Code diplom. d'Italie, par Lunig*, pag. 31.

daux à l'Empire pendant la guerre de la succession d'Espagne, fut mis au ban de l'Empire & dépouillé de ces fiefs en 1708; il mourut à *Venise* la même année. Depuis ce tems-là le Duché de *Mantoue* resta à l'Empereur malgré tous les mouvemens que se donna le Duc de *Guastalle*, comme le plus proche agnat du banni pour l'obtenir (*e*).

(*e*) L'Empereur *Joseph* lui donna cependant les principautés de *Sabioneda* & de *Bozzuola*, vacantes pour la même raison; vid. *Desing*, *Aux. hist.* pars I. p. 647. Dans *l'art.* 31. *du traité de Bade*, il est dit: " *Audiatur Dux* Guastalla ab „ Imperatore, finiaturque causa mature „ ut jus & ratio exigit, ne tamen ideo „ inquietetur Italia, aut turbetur pax " Cette clause n'eut aucune suite, *Charles VI.* ainsi que *Marie Thérése* l'ont gardé jusqu'à l'extinction de la Maison de *Guastalle*; alors il fut cédé conjointement avec *Parme* & *Plaisance* à l'Infant *Don Philippe*, en vertu du 7. *art. du traité d'Aix-la-Chapelle* 1748. pour satisfaire l'Espagne touchant ses droits & prétentions sur la *Mirandole*.

XVIII.

Du Montferrat.

Le *Montferrat*, entre le *Milanez* & le *Piémont*, avoit anciennement ses propres Marggraves dont le dernier *Jean-George Palæologue*, mourut sans enfans en 1533. Alors *Charles-quint* le donna à *Frédéric Gonzague Marggrave de Mantoue*, qui avoit épousé *Marguerite*, niece & unique héritiere de *Jean-George* (*a*). Le *Montferrat* fut réuni par ce mariage au Duché de Mantoue, nonobstant les prétentions de la Maison de Savoie (*b*);

(*a*) *Thuanus*, lib. I, pag. 33.

(*b*) *Schweder, in Theatro prætensionum*, lib. 2, sect. 8, cap. I. explique les droits compétans à la Savoie sur ce Duché, & dans le même ouvrage, lib. 4, sect. 2, cap. 8. il rapporte les droits de la Lorraine sur le même; & enfin, lib. 4, sect. 35, cap. I. il affirme que les droits & prétentions des Princes de Salm sur le même Duché paroissent les mieux fondés. Vid. *Struv. Corp. jur. publ.* cap. II. §. IX. & un ouvrage intitulé: *Mémoire touchant les intérêts de son Altesse Royale Monseigneur le Duc de Lorraine & de Bar à la paix future*, que l'on trouve *in. Electis jur. publ.* tom. IV, pag. 1062.

Maximilien II y attacha le titre de Duché en faveur de *Guillaume de Gonzague*, *Duc de Mantoue* en 1573. (*c*). Lors de la mort de *Vincent II*, *Duc de Mantoue*, sans enfans en 1627, le Duc de Savoie forma & poussa derechef ses prétentions sur ce Duché. Pour lui donner quelque satisfaction, il fut conclu par la paix de Ratisbonne en 1630, que le Duc de Mantoue céderoit au Duc de Savoie *Turin*, avec un district de terres qui rapporteroient annuellement au Duc 15000. écus d'or (*d*). Enfin *Ferdinand*, *Charles de Gonzague*, ayant été proscrit en 1708, ce Duché tomba tout entier au Duc de Savoie, qui en fut investi la même année à Vienne (*e*), & le posséde encore aujourd'hui.

(*c*) *Abrégé Chron. de l'histoire & du Droit publ. d'Allemagne*, pag. 450.

(*d*) In *Pactis Ratisbonensibus*, art. VI, & *in pace Clarascensi*, art. XIII.

(*e*) Vid. *Lunig*, *Thesaur. juris feud.* pag. 963.

XIX.

Du Piémont.

Le *Piémont* faisoit autrefois partie de la *Gaule sub-Alpine* (c'est-à-dire, de la *Gaule sous* ou *au pieds des Alpes*); pour cette raison on donnoit à ce district de terre le nom de *Pedemontium*, comme qui diroit terres situées au pied des montagnes (appellées *Alpes*), qui séparent l'*Italie* de la *France*. Dans les Vallées du *Piémont* se trouvoient anciennement les fameux *Vaudois*. Cette contrée, à ce que prétend *Paul Diacre* (*a*), avoit ses Ducs déja dans le septieme siecle. Elle fut dans la suite soumise aux Empereurs, qui y envoyerent des Vicaires ou Gouverneurs (*b*), lesquels devinrent successivement Comtes & Marggraves (*c*). Ce Marggraviat devint une Principauté

(*a*) *De Gestis Longobard.* Lib. IV, cap. LIII.

(*b*) Vid *Albertinus Massatus, in vita Heinerici VII.* lib. I. p. 3 & 9. & lib. IV, pag. 22.

(*c*) Les Empereurs leur donnerent le titre de *Marggraves* du nom *Marca*, *Lon-*

& fut regardé comme un allodial, enſorte que *Humbert II*, Comte de *Savoie*, unique héritier de ſon ayeule *Adelaïde*, la joignit par droit de ſucceſſion à la Maiſon de Savoie vers la fin de l'onzieme ſiecle (*d*). L'Empereur *Sigiſmond* nomma en 1412. *Louis* Comte de *Savoie*, Vicaire d'Empire dans les terres du *Piémont*, ce qui fut enſuite étendu à toutes les terres de *Savoie* (*e*); la Principauté allodiale de *Piémont* devint dans la

---

fins, parce qu'étant ſitués ſur les confins de l'Italie, ils leur en confierent la défenſe.

(*d*) Vid. *Guichenon, hiſtoire générale de Savoie*, tom. VI, pag. 34.

(*e*) Vid. *Leibnitz*, *Cod. diplom.* parte I. n. 124. Cela fut enſuite confirmé, par l'art. 4. *de la Capitulation de Joſeph I.* & par l'art 26. *des Capitulations de Charles VI*, *François I*, & en dernier lieu par l'art. XXVI, §. 2. de la *Capitulation de l'Empereur Joſeph II.* Ce Vicariat ne regarde que les terres nommées dans le Diplôme. Dans les autres terres de l'Italie le Vicariat s'exerce par les autres Vicaires d'Empire.

suite un fief d'Empire comme le prouvent les lettres d'investiture que l'Empereur *Sigismond* accorda en 1416. à *Amédée VIII.* lorsqu'il le créa Duc de Savoie (*f*).

XX.

Venise. Quant à la République de *Venise*, il paroît être démontré qu'elle ne fut jamais soumise à l'Empire en qualité de fief (*a*), quoiqu'il soit également constant, que l'Empereur

---

(*f*) Elles se trouvent dans *Guichenon*, l. cit. tom. VI, pag. 255. La même chose se prouve par les lettres d'investiture données en 1632 par l'Empereur *Ferdinand II.* à *Victor Amédée I*, dans lesquelles cette principauté est spécialement nommée. Ainsi *Sprenger*, *in Lucerna Imperii*, cap. II, & V, & *Rousset*, *intérêts des Princes*, tom. I, chap. III, se trompent, en disant que les Ducs de *Savoie* possèdent la Savoie comme vassaux & le *Piémont* comme Souverains absolus.

(*a*) Vid. *Conring*, *de finib. Imperii*, lib. II, cap. 23, & l'ouvrage de *Théodore de Graswinckel de Louvain*, intitulé : *de Libertate Veneta*.

reur *Sigiſmond* auroit pu ſe les rendre tributaires de 50 livres d'or annuellement, & à lui & à ſes ſucceſſeurs à perpétuité, avec charge de reſtituer à l'Empire & à la Maiſon d'Autriche tout ce qu'elle avoit uſurpée ſur eux (*b*) ; mais il refuſa ſes offres & n'en eut rien du tout.

XXI.

De Naples.

Les Provinces du Royaume de Naples ayant été ſucceſſivement poſſédées par les *Grecs*, les *Romains*, les *Sarraſins*, les *Goths*, les *Lombards* & les Empereurs d'Orient & d'Occident, devinrent enfin la proie des *Normands* vers l'année

---

(*b*) Cette République ne fut jamais plus malheureuſe que vers le commencement du ſixieme ſiecle ; la France l'avoit dépouillée de preſque toutes les terres qu'elle poſſédoit en terre ferme. Elle vouloit ſe jetter dans les bras de *Maximilien*, qui les retira. Tout le monde l'abandonna à ſon ſort. Tout d'un coup la fortune lui rit, & elle recouvra preſque tout ce qu'elle avoit perdue. Voyez *Guichardin*, *Hiſtoire d'Italie*, livre VIII.

vingt-ſept du onzieme ſiecle, avec le ſecours de l'Empereur *Henri II.* *Conrad le Salique* établit des Ducs parmi eux, qui tyranniſoient infiniment le peuple & cherchoient à ſubjuguer toute l'Italie (*a*). Vers l'an 1054. *Robert Guiſcard*, frere de *Hunsfrid*, Comte des *Normands*, conquit pluſieurs terres dans la Calabre, & voulant empiéter ſur le Duché de Bénévent, *St. Léon Pape* lui déclara la guerre. *Albert* le défit & le rendit priſonnier. Il le relâcha enſuite, & lui promit de tenir en fief mouvant de Rome les conquêtes qu'il venoit de faire en *Calabre.* Ce titre fut confirmé en 1059.

(*a*) Les Normands arriverent par troupes dans la Pouille (Province du Royaume de *Naples*) en 1017, pour morigener les *Grecs*; mais ſe ſentant trop foibles, ils appellerent l'Empereur *Henri II.* à leur ſecours. Il y vint en perſonne, dompta les *Grecs* & y laiſſa les *Normands* pour les tenir en reſpect. Les *Normands* y bâtirent une ville après l'autre & s'emparerent en peu de tems de toute la Pouille & la diviſerent en douze Comtés ſous l'autorité de l'Empereur.

par le Pape *Nicolas III.* Voici l'origine de la suzeraineté des Papes sur le Royaume de *Naples* (*b*). Pendant les troubles causés par le schisme entre *Innocent II.* & *Anaclet*, *Roger II*, Prince Normand, fonde le Royaume des Deux-Siciles, & en prit l'investiture de l'Antipape *Anaclet*. Cette investiture lui fut donnée par *Innocent II*, reconnu pour Pape légitime dans le *Concile d'Etampes*, où l'on s'en rapporta à *St. Bernard* (*c*). Vers la fin du douzieme siecle, *Henri* (depuis Empereur sous le nom de *Henri VI*), Duc de Suabe & fils ainé

Origine de la Suzeraineté des Papes sur le Royaume de Naples.

(*b*) Le Pape Nicolas II. releva *Robert* de son excommunication, & lui accorda le titre de *Duc de la Pouille*, à charge d'être Vassal du St. Siége, & de payer un tribut annuel de douze deniers (Groschen) de chaque couple de bœufs. Cela se fit en 1059. Ce Robert n'avoit pas encore la Sicile, qui ne fut entiérement conquise par les Normands que sous *Roger II.* V. *Desing*, *Aux. hist.* pars VII, pag. 445.

(*c*) Voyez-en la Bulle dans la *continuation du Bullaire Romain*, part. III.

de l'Empereur *Frédéric I*, dit le *Barberouſſe*, ſe maria en 1186. avec *Conſtance*, fille poſthume & Princeſſe héritiere, de *Roger*, dernier Duc des *Normands Napolitains*, & transféra *Naples* & ſes dépendances aux Ducs de Suabe, dont le dernier, *Conradin* fut décapité à Naples par ordre de *Charles*, Comte d'*Anjou*, qui fut inveſti des Deux Siciles par le Pape *Urbain I.* en 1265. (*d*). Après l'extinction

---

Conditions ſous leſquelles le Comte d'Anjou fut inveſti des Deux-Siciles.

(*d*) Les conditions étoient I°. que le Roi des Deux-Siciles payeroit annuellement au St. Seige le jour de St. Pierre 8000 onces d'or & tous les trois ans une belle haquenée blanche, ſous peine de perdre ſon fief. II°. d'envoyer au Pape autant de fois que le cas de beſoin ſe préſenteroit, un ſecours de trois cens cavaliers, accompagnés chacun de 3 ou 4 valets bien montés, III°. que le Roi des Deux-Siciles n'acceptera jamais la Couronne Impériale, ni ſe fera Roi des Allemans, ni Seigneur de la Lombardie ou de la Toſcane, ſous peine d'être déchu de la Couronne. Par ces conditions le Pape pourvoyoit à ſa ſûreté. *Charles* les jura, & elles furent aſſez religieuſement obſervées dans la ſuite, au moins la

de la Maison de Suabe, les Rois de *Naples* se sont toujours reconnus vassaux du St. Siege. *Alphonse*, Roi d'*Arragon* & de *Sicile*, enleva ce Royaume à *Réné d'Anjou* en 1450. Depuis ce tems les deux Royaumes de *Naples* & de *Sicile* resterent réunis, & les Rois d'Espagne en ont joui jusqu'en 1701, que *Philippe V*, petit fils de *Louis XIV*, succéda aux Couronnes d'*Espagne*, de *Naples* & de *Sicile*; en vertu du testament de *Charles II*; mais par la paix d'*Utrecht* en 1713, *Naples* est demeuré à l'Empereur *Charles VI*, qui en reconnut la suzeraineté du St. Siege, & la *Sicile* au Duc de Savoie. En 1735, la Maison de Bourbon, de la branche d'Espagne, en rentra en possession, & continua jusqu'au-

Naples & Sicile réunis.

---

derniere. Pour cette raison il fallut une dispense du Pape, lorsque *Charles-Quint*, Roi d'Espagne & de Sicile fut élu Empereur en 1519. Ces conditions se trouvent dans la *Bulle de Clément IV*, successeur *d'Urbain IV*, qui confirma l'investiture à Charles; voyez *le même Bullaire Romain*, part. III.

jourd'hui d'en rendre foi & hommage au Souverain Pontife, en lui envoyant tous les ans une *haquenée blanche* & une bourse de six mille ducats, le jour de St. Pierre. La Sicile ne fut jamais soumise (*e*).

XXII.

Sardaigne, son premier Roi.

La *Sardaigne* dépendoit certainement autrefois des Empereurs d'Allemagne & fut gouvernée par de grands Juges. Tel étoit *Barisona d'Arborea* ou d'*Oristagno*, qui acheta de *Frédéric I.* le titre de Roi de cette Isle en 1164, & fut sacré par l'Evêque de Liege, ayant préalablement fait foi & hommage à l'Empereur à ce sujet (*a*), il avoit emprunté de la République de *Gênes* l'argent dont il paya sa nouvelle dignité, & comme il fut hors d'état de le rendre au terme fixé, les *Gênois* l'arrêterent prison-

---

(*e*) *Conring, de finibus Imperii*, lib. I, cap. II.

(*a*) Vid. *Sigonius*, *de regno Italiæ*, lib. XIII. ad ann. 1164. & lib. XIV. ad ann. 1166. Itèm, *Acerbus Morena* & *Albericus*, ad ann. 1164.

nier. Il vendit alors à la République de *Pise*, ses droits sur la Sardaigne; & les *Gênois* voulant la retenir à la place de l'argent qu'ils avoient avancés au premier acquéreur, il s'éleva un procès qui ne fut décidé qu'en 1175. par une sentence de l'Empereur, qui adjugea la moitié de la *Sardaigne* aux *Gênois* & l'autre moitié aux *Pisans*. Cela nous prouve assez le souverain pouvoir de l'Empereur sur cette Isle dans ce tems là. Les Rois des Deux-Siciles la possédérent dans la suite, & par-là elle parvint aux Rois d'Espagne, & dans notre siecle au Duc de Savoie, comme nous le faisons voir ailleurs.

XXIII.

Nous pourrions encore toucher plusieurs autres fiefs d'Empire situés en Italie, mais leur peu d'importance, ainsi que les bornes prescrites, m'empêchent d'entrer dans un plus grand détail à cet

(*a*) Celui qui seroit curieux d'en connoître un plus grand nombre, peut lire

égard (*a*) ; d'ailleurs il faut favoir qu'une grande partie des terres d'Italie autrefois reconnues fiefs d'Empire, s'eft pour ainfi dire rendue indépendente, & que fes poffeffeurs ont ceffé de rendre leurs devoirs féodaux ; pour cette raifon l'Empereur promet dans fa Capitulation, de délibérer (immédiatement après qu'il aura pris les rênes du gouvernement) avec les Electeurs & autres États d'Empire fur les moyens de la récupération & réincorporation de ces fiefs à l'Empire (*b*) ; mais cette promeffe répétée dans toutes les Capitulations depuis l'Empereur Matthias, a toujours été fans effet : la difficulté de parvenir à cette réintégration a fans doute détourné le Corps Germanique de l'effectuation de ce projet.

Struv. Corp. jur. publ. c. II & particuliérement *Andlerus, in Conftitut. Imperial.* tom. II, pag. 1020. où il fait un dénombrement fort étendu des fiefs d'Italie.

(*b*) Vid. *Capitul. Jofephi II.* art. X. 6.

XXIV.

Le Royaume d'Italie a toujours été séparé de celui de l'Allemagne. Il avoit sa propre couronne, son inauguration, son gouvernement, ses loix (*a*), tout à part. Cependant les États d'Italie étoient obligés de reconnoître pour leur Roi celui qui avoit été élu Roi d'Allemagne. La souveraineté des Empereurs sur ce Royaume a beaucoup changée, & ne paroît presque plus subsister que dans la concession des fiefs avec les droits y annexés, & dans l'exercice de la jurisdiction féodale sur leurs vassaux (*b*); ce qui certainement

Royaume d'Italie. Sa couronne, ses loix.

(*a*) Les loix d'Italie se faisoient anciennement à la Diéte des *plaines de Roncale* (dans le Milanez), où se rendoit l'armée Impériale, qui accompagnoit l'Empereur lorsqu'il alloit se faire couronner Roi d'Italie. Ce couronnement se faisoit d'ordinaire à *Montza*, petite ville du Milanez, avec une *Couronne d'or, garnie d'un cercle de fer* (*appellée* pour cela *couronne de fer*) que l'on gardoit dans le trésor de l'Eglise de St. Jean-Baptiste.

(*b*) Le pouvoir royal, souverain &

n'eſt que l'ombre du pouvoir des anciens Rois, & ne dénote point une ſouveraineté abſolue.

XXV.

Les États d'Italie & vaſſaux d'Empire ne doivent pas entrer en parallele avec les États d'Allemagne; ils en différent eſſentiellement: I°. par leur origine, II°. par leurs droits & priviléges. Les Etats d'Allemagne étant citoyens de l'Empire, ils jouiſſent de tous ſes droits & priviléges, ce que l'on ne peut dire des États d'Italie; III°. par la preſtation des impoſitions & de la matricule, vu que les États d'Allemagne ne doivent que ce dont ils ſont convenus à la Diete: les États d'Italie au contraire ſontſujets aux contributions & à tout ce que le devoir féodale exige (*a*); IV°. en ce que

---

abſolu s'y exerce aujourd'hui, par les Ducs de *Parme* & de *Plaiſance*, de *Modéne*, de *Florence*, de *Savoie*, & autres au vu & ſçu des Empereurs.

(*a*) Vid. *Struv. Corp. jur. publ.* cap. X. §. XI.

les États d'Italie prêtent foi & hommage à genoux, & les États d'Allemagne debout (*b*).

CHAPITRE

Des différentes divisions d'Allemagne, tant anciennes que modernes.

I.

Jules-César ayant défait *Ariovifte*, *Roi des Allemands*, dans le voisinage de *Montbelliard*, entre *Cernay* & *Thann*, en Haute-Alsace (*a*), non content d'avoir re-

(*b*) Ce qui fait une des plus grandes différences, & fait voir que l'Empereur dans ce moment les traite encore comme leur Roi; tandis qu'il traite les Etats d'Allemagne comme membres de l'Etat dont il est le Chef, & qu'il gouverne selon les loix par eux prescrites.

(*a*) S'il m'est permis de conjecturer, je placerai cette défaite à deux lieues de Cernay, sur la plaine, que l'on nomme encore de nos jours (Mordfeld) *plaine*

poussé les Allemands dans leur ancienne patrie, passa lui-même le Rhin & se soumit tout le pays qui s'étend le long du Rhin depuis le Brisgau jusqu'au dessous de *Coblenz*, l'an du monde 3910. Alors il partagea la Germanie en deux parties fort inégales, savoir : la *grande* & la *petite Germanie* (*b*), la petite Germanie fut ensuite subdivisée en deux Gouvernemens : celui de la partie supérieure s'appelloit *Germania prima*, sa capitale étoit *Mayence* ; l'autre se nommoit *Germania secunda* (*c*), dont *Co-*

Division d'Allemagne, en grande & petite Germanie.

du massacre). Ce nom m'affermit dans mon opinion, & je ne connois point de bataille postérieure, qui ait pu attacher ce nom à la dite plaine.

(*b*) *La grande* (en latin *Germania trans-rhenana*) contenoit toutes les provinces situées au-delà du Rhin, à l'égard de la Gaule. *La petite* (appellée *Germania Cisrhenana* (comprenoit les terres, que les *Allemands* avoient ci-devant conquises sur les *Gaulois*.

(*c*) La *Germania prima*, que l'on peut appeller *la haute Germanie*, s'étendoit depuis *Bâle* jusqu'au dessous de *Mayence*.

logne fut la Métropole. Dans le dixieme & onzieme fiecles, l'Allemagne fe divifoit en *haute* & *baffe Germanie* (*d*), & pour lors la Germanie fe fubdivifoit encore en terres ou Provinces immédiates & médiates (*e*).

En Haute & Baffe Germanie

La *Germania fecunda*, que nous pouvons appeller la *baffe Germanie*, commençoit à *Coblenz*, ou au confluent de la Mofelle & du Rhin, & finiffoit dans la *Gaule Belgique* aux embouchures du *Rhin* dans l'*Océan Germanique*. Voyez *l'Abrégé de l'hiftoire d'Allemagne*, p. 3.

(*d*) Cette divifion fe fit fous les Empereurs Allemands & elle ne comprend plus le pays fitué en deçà du Rhin du côté des *Gaules*. La haute Germanie comprenoit les provinces de la *Suabe*, de la *Baviere* & de la *Franconie*. Chacune de ces provinces avoit un *Roi de Tournois*. La baffe Germanie contenoit tout le pays Saxon.

(*e*) Les terres immédiates étoient celles que les Empereurs avoient réfervées au fifc ou tréfor de l'Empire. Elles étoient adminiftrées par des *Comtes Palatins*, Commiffaires Impériaux, ou par des Envoyés de la Chambre ou Receveurs des Finances. Les terres médiates au con-

II.

Division de l'Allemagne en cantons où quatre Cercles.

En 1387, *Wenceslas*, pour mieux résister à quelques ligues qui s'élevoient dans l'Empire, en établit une lui-même, & divisa l'Allemagne en quatre Cantons, dont le premier étoit formé de la *haute* & de la

---

traire appartenoient aux Ducs & étoient régies en leur nom & profit. Telles étoient p. e. la *Saxe*, la *Baviere*. Vid. *Cocceji nova Sententia de Origine terrar. mediat. & immediat.*

Autre division de l'Allemagne.

Coccejus, in jur. publ. prudentia, lib. 2. §. 24. & seq. rapporte, que l'Allemagne avoit été divisée anciennement en sept Provinces, savoir, la *Vandalie*; la *Moravie*, contenant aussi la *Boheme*; la *Saxe*, comprenant la *Thuringe*; la *France* ou la *Franconie*; la *Suabe*, la *Baviere* & la *Germanie Trans-rhenane*; ajoutant que cette division peut être regardée comme la source du Droit public. Vid. *idem in Antonomia Juris Gentium*, cap. 18. & seq. *Kemmerich, in introductione ad jus publ.* lib. I, c. 19. §. 3. fait voir la fausseté de ce systême; & *Struv, Corp. Jur. publ.* cap. III. §. II. démontre que Coccejus s'est trompé en mettant les *Vandales* & les *Slaves*, ainsi que les *Moraviens* & *Bohémiens* parmi les Nations Allemandes.

basse Saxe; le second du *haut* & du *bas Rhin*; le troisieme, de l'*Autriche*, de la *Baviere* & de la *Suabe*; & le quatrieme, de la *Franconie* & de la *Thuringe* (*a*). Les publicistes en grande partie regardent cette ligue comme l'origine des Cercles.

III.

Après la paix publique faite à Constance, l'Empereur *Maximilien I.* divisa l'Allemagne en 1600. en six Cercles, qui comprenoient toute l'Allemagne, excepté la *Boheme* & l'*Autriche*. Le premier revenoit au Cercle de Franconie d'aujourd'hui; le second, au ci-devant de *Baviere*; le troisieme, à celui de *Suabe*; le quatrieme, à celui du *Haut-Rhin*, auquel on joignit pour lors les Electorats de *Mayence* & du *Palatinat*; le cinquieme comprenoit les Electorats de *Treves* & de *Cologne*, avec les États qui composent aujourd'hui le Cercle de *Westphalie*; le sixieme, les Ele- En six Cercles.

(*a*) *Abrégé de l'histoire & du Droit publ. d'Allemagne*, pag. 306.

ctorats de *Saxe* & de *Brandebourg* avec les Etats renfermés aujourd'hui dans les Cercles de Haute & Basse *Saxe*. Cette division déplut aux États, qui se plaignirent de ce que les Ducs de *Bourgogne* & d'*Autriche* n'étoient compris dans aucun Cercle, & conséquemment exempts de contributions. Pour cette raison on y joignit pour septieme, à la Diete de *Cologne*, le Cercle d'*Autriche* en 1512 (*a*), & les États de *Bourgogne* voulant également entrer dans ce plan, on en fit le huitieme. On divisa ensuite le Cercle de *Westphalie* en deux, savoir, le Cercle Electoral, qui comprend les terres & Etats des trois Electeurs ecclésiastiques, & le Cercle de Westphalie. De même le sixieme Cercle fut partagé en deux, savoir, celui de la *haute* & celui de la *basse Saxe* (*b*); on voulut

En huit.

Et enfin en dix.

(*a*) Vid. *Recessus Imperii Coloniæ de anno* 1512. §. 11. 12.

(*b*) Voici l'ordre des Cercles tel qu'on le trouve dans le *Récès d'Empire de*

lut y joindre la Bohème & la Prusse, mais ces deux États n'y voulurent jamais consentir (c).

IV.

Le premier & le principal motif de l'établissement des Cercles étoit, afin que les États commettans des assesseurs au Conseil Aulique & à la Chambre Impériale, réunissent leurs forces pour maintenir la paix publique, & fassent exécuter les sentences des tribunaux de l'Empire (a). Leur pouvoir s'est ensuite étendu aux réglemens de

Principal motif de leur établissement

Nuremberg de 1522. (Erklärung des Landfriedens,) ... celui *d'Autriche*, de *Bourgogne*, du *Bas-Rhin* (c-à-d. le Cercle Electoral) de la *Haute-Saxe*, de *Suabe*, de *Franconie*, de *Baviere*, du *Haut-Rhin* (c'est-à-d. du *Palatinat*) de *Westphalie*, de la *Basse-Saxe*. Cet ordre ne fut pas toujours suivi. P. E. dans la Diete *d'Erfurt* de 1567. on mit le Cercle du *Bas-Rhin* le premier.

Ordre des dix Cercles.

(c) *Limnæus, jur. publ.* lib. I. cap. 17. n. 37. les Bohemiens payent cependant aujourd'hui leur quote-part.

(a) Erklärung des Landfriedens, *de anno* 1522. tit. I.

la matricule, à l'examen & perquisition des péages, que l'on feroit payer injustement dans les limites du Cercle, au soin de la monnoie & autres matieres concernant l'ordre, la tranquillité & le bien-être de chaque Cercle.

V.

Motifs de la continuation des Cercles.

La continuation de cet établissement a encore aujourd'hui les mêmes fins que dans son origine, dont les principales sont : I°. pour parvenir plus promptement à l'exécution d'une sentence portée par un Tribunal Souverain contre un État d'Empire ; II°. pour pouvoir mieux régler l'exécution de la paix publique, la répartition des collectes, la levée des soldats & les munitions de guerre ; III°. pour avoir l'œil sur ce qu'il se pratique à l'égard des monnoies & des péages ; IV°. pour délibérer préliminairement sur les affaires qui doivent être proposées à la Diete générale de l'Empire ; V°. pour se prêter des secours mutuels en cas que l'un & l'autre soit lésé, soit par des étrangers, soit les uns par les autres, & VI°. afin d'être mieux en état de soutenir l'Empire, soit par la réunion de leurs avis & conseils, soit par la voie d'armes. Or, pour parvenir à toutes ces fins, il fallut accorder aux Cercles de certains droits qui consistent : I°. en certaines charges & dignités, avec le pouvoir qui en dépend ; II°. dans la permission de faire des loix & des réglemens circulaires ; III°. dans l'emploi des moyens convenables pour exécuter la paix publique & les Arrêts des Cours souveraines de l'Empire ; & IV°. dans la convocation & tenue des assemblées circulaires.

Leurs droits.

VI.

Les charges & dignités principales des Cercles, sont celle de *Directeur du Cercle* (*a*), & celle de *Colonel*, (*Général*, ou conducteur

Charges & dignités des Cercles.

(*a*) Le Directeur préside aux assemblées, y propose les matieres à traiter, recueille les suffrages, dresse les Résultats ou Récès Circulaires & fait en général toutes les fonctions de Président d'un College.

Fonction du directeur.

des troupes du Cercle) (*b*). Chaque Cercle a ſon directeur; quelques-uns, & ſur-tout ceux ou ſe

---

Du Colonel. (*b*) Le Colonel, (Kreißobriſter, Kreiß-General-Feldmarſchall, eſt commis pour commander les troupes circulaires & prêter main forte pour exécuter dans ſon reſſort les Arrêts des Cours Souveraines de l'Empire. La plupart des publiciſtes prétendent, que pour pouvoir devenir Colonel, il faut étre né allemand, ou au moins avoir un fief dans le Cercle. Pour moi, je croirois qu'il ſuffit d'être laïque, d'une famille relevée & avoir en même tems les qualités requiſes; cela paroît conforme au *Récès de Nuremberg de* 1522. Art. 3. où il eſt dit: „Soll ein jeder Kreiß alsbald einen „Hauptmann, der ein Fürſt, Freyherr „oder ſonſt in trefflichem und weltlichem „Stande auch geſchickt und fertig ſey, „erwählen. Les Etats nomment le plus ſouvent pour Colonel leur Directeur ſéculier. Les Colonels des Cercles ont déja été établis aux Dietes de *Treves* & de *Cologne* en 1512. Leurs devoirs ſe trouvent en partie dans les *Récès d'Empire de* 1555. §. 60. *de* 1582 §. 40. *& de* 1554, ainſi que dans la *Conſtitution de la Chambre Impériale*, P. III. tit. 48. vid. *Kemmerich, Jur. publ.* lib. 6. c. II. §. 12.

trouvent plusieurs États ecclésiasti-ques, en ont deux, un ecclésiastique & un séculier (*c*) ; de même chaque Cercle a son Prince convoquant (Kreis-ausschreibender Fürst). La même personne peut réunir & joint fort souvent ces deux charges & dignités (*d*). Le Colonel a d'ordinaire quelques *Adjoints* (Zugeordnete), dont le nombre varie à proportion des besoins (*e*).

(*c*) Voyez le *Réglement monétaire de* 1559. §. 158.

(*d*) Voyez le *Traité d'Osnabruck*, art. 16. §. 2. Le Convoquant convoque l'assemblée, les affaires s'expédient en son nom, les Rescripts de l'Empereur, Mémoires & autres pieces lui sont adressées &c.

(*e*) Entre ces adjoints, il y en a un qui émine sur tous les autres & qui est proprement le Vicaire du Colonel, faisant ses fonctions en son absence ; il s'appelle en allemand Nachgeordneter. Les devoirs des adjoints sont : d'assister & soulever le Colonel, par leurs avis & conseils, de faire ses fonctions en cas qu'il les néglige ou qu'il est empêché d'y vaquer. Dans les Cercles où il y a des Etats des deux religions (appellés Cercles mixtes), on choisit des adjoints des deux religions en nombre égal.

Devoirs des Adjoints

Il y a en outre dans chaque Cercle un *Secrétaire*, des *Monétaires* (Münzwardein), des *Receveurs*, des *Caissiers* (*f*) & autres Officiers subalternes pour soigner les affaires de chaque classe.

VII.

Les Directeurs des Cercles ne changent point. Cette dignité reste toujours dans la même famille, & à l'égard du Cercle du Bas-Rhin elle réside constamment dans la premiere personne du Chapitre de Mayence. Je pense que la liste que j'en donne sera plaisir au Lecteur.

(*f*) Le Secretaire suit le Directoire & prête la main au Directeur ; les Receveurs du Cercles président au trésor & s'en font rendre compte ; les Caissiers perçoivent les deniers destinés à l'entretien de la Chambre Impériale & en font les envois, les Monétaires examinent les monnoies pour voir si elles sont de bon aloi, conformément aux loix monétaires. Touchant les Receveurs des Cercles, voyez le *Récès de Spire de* 1542. §. 88.

Directeurs des Cercles.

Directeur du Cercle du Haut-Rhin.	L'Evêque de Worms & l'Électeur Palatin ; dont le dernier réunit les deux Cercles du Haut-Rhin & de la Baviere, depuis la mort de l'Electeur de Baviere, Maximilien-Joſeph, dernier rejetton de l'illuſtre ligne de Wittelsbach, enterré à Munich le 3. Janvier 1778.
Du Bas-Rhin.	L'Électeur de Mayence & les Ducs de Magdebourg & de Bremen; qui alternent de trois ans en trois ans. Vid. *Londorpii acta publ.* tom. 6, lib. 4, cap. 188, & tom. 9, lib. 10, cap. 27.
& d'Autriche.	L'Archevêque d'Autriche.

De Westphalie. L'Evêque de Münster & les Electeurs de Brandebourg & du Palatinat ; qui alternent en vertu d'une *transaction de* 1655. Lunig Reichsarchiv, *part. spec.* unter Chur-Brandenburg, pag. 203.

De la Haute-Saxe. L'Électeur de Saxe.

De la Basse-Saxe. Les Ducs de Magdebourg & de Bremen ; qui alternent de trois ans en trois ans.

De la Baviere. L'Électeur, & l'Archevêque de Saltzbourg.

De la Suabe. L'Évêque de Constance, & le Duc de Würtemberg.

De Franconie. L'Évêque de Bamberg & les Marggraves de Brandebourg-Bayreuth & Onolzbach; qui alternent de trois ans en trois ans, en vertu d'une transaction faite entr'eux en 1731. à la Diete.

VIII.

Assemblées ou Dietes des Cercles.

Les Cercles, pour dresser leurs réglemens & délibérer sur les affaires qui les concernent, tiennent des assemblées qui se divisent en générales & particulieres (*a*). Les

(*a*) Les Assemblées Générales sont celles auxquelles assistent des Députés de tous les Cercles, ou la majeure partie des Etats d'iceux. Les particulieres sont celles où s'assemblent seulement quelques Cercles, ou les Etats d'un seul. Les Etats d'un Cercle peu-

aſſemblées générales des Cercles différent de la Diete générale de l'Empire en ce que tous les États de l'Empire comparoiſſent à celle-ci, aulieu que les États qui ne ſont point compris dans quelque Cercle (p. e. les Princes de Montbelliard) n'ont point de ſéance dans les aſſemblées circulaires générales. La ſeconde différence eſt, que parmi les États circulaires il n'y a que ceux qui ſont en même tems États d'Empire, qui puiſſent aſſiſter à la Diete de l'Empire (*b*).

---

vent s'aſſembler ou en général ou par députation. Dans les Aſſemblées circulaires, il y a des bancs aſſignés à chaque claſſe d'Etats, p. e. dans celles de Suabe il y a cinq bancs; le premier, pour les Princes eccléſiaſtiques; le ſecond, pour les Princes ſéculiers; le troiſieme, pour les Prélats; le quatrieme, pour les Comtes; le cinquieme, pour les Villes Impériales. Dans d'autres Cercles le nombre des bancs varie.

(*b*) Pour être Etat circulaire, il ſuffit de poſſéder des terres attachées à quelque cercle; mais pour être Etat d'Empire, il faut avoir voix & ſéance à la Diéte.

IX.

Les États circulaires peuvent s'assembler autant de fois qu'ils le jugent à propos, sans en demander l'agrément de l'Empereur, même malgré lui (*a*); & il leur est loisible d'y délibérer sur toutes sortes de matieres concernant leur bien-être, pourvu qu'elles ne regardent un objet dont la décision soit réservée à la Diete générale (*b*).

X.

Il est cependant loisible à l'Empereur d'envoyer des Commissaires, & aux Princes étrangers d'envoyer des Ministres accrédités ou résidans à une Diete circulaire. Dans ces

---

(*a*) Cela est assez clairement exprimé par l'art. XIII. §. 10. *de la Capitulation de Joseph II.*

(*b*) Par exemple : il n'est point permis de traiter aux assemblées circulaires des collectes ; cette affaire ayant été mise spécialemeut parmi les objets de la Diete générale, art, VIII. *du Traité d'Osnabruck.*

aſſemblées la pluralité des voix fait loi. Les loix ou Récès circulaires ſe dépoſent dans les archives & ſont ſubordonnées aux Récès de l'Empire. Les Dietes Circulaires de *Suabe* ſe tiennent à *Ulm*, celles de *Franconie* à *Nuremberg*, celles de la Haute-Saxe à *Leipſig*, celles de *Weſtphalie* à *Cologne*, celles du *Haut-Rhin* à *Francfort*.

XI.

Il y a un Récès d'Empire (*a*) qui ordonne, que les Cercles voiſins correſpondent ou s'aſſemblent tous les trois ans, pour examiner la monnoie & pour en empêcher l'altération. Pour cet effet les Cercles furent diviſés en trois claſſes (appellées claſſes des Cercles correſpondans). La premiere comprend les Cercles du Haut- & du Bas-*Rhin* & le Cercle de *Weſtphalie*; la ſeconde les deux Cercles de *Saxe*; la troiſieme les

(*a*) *Récès l'Empire de l'année* 1571. §. 28.

Cercles de *Franconie*, de *Baviere*, de *Suabe* & d'*Autriche*.

XII.

Les Cercles ont souffert beaucoup de changemens, tant pour raison de leur nombre (*a*), que par rapport à leur étendue (*b*), & même quant au nombre de leurs Etats (*c*). Pour ne point s'y tromper, il faut lire les Auteurs les plus récens (*d*); de même pour bien

(*a*) Ainsi le Cercle de Bourgogne ne subsiste plus; à moins que l'on n'entende par-là les Pays-Bas d'*Autriche*, dont *Bruxelles* est la Capitale.

(*b*) Par exemple les bornes du Cercle du Haut-Rhin ont été beaucoup rétrécies par le démembrement des Evêchés de *Metz*, *Toul* & *Verdun*, de même que par l'accession de la Province d'Alsace à la France.

(*c*) Vid. *Leiteri Tractatus* von den Zehn des H. Römischen Deutschen Reichskreisen.

(*d*) Vid. *Limnæi addit.* ad lib. I, cap. 7. n. 26, & n. 30.

connoître la taxe sur le pied de laquelle chaque État circulaire fournit son contingent & les contributions ordinaires & extraordinaires à l'Empire, il faut avoir recours aux dernieres listes imprimées à ce sujet; puisque les États sont toujours à même d'obtenir une modération de leur contingent, s'ils alléguent de vraies & solides raisons pour cet effet à la Diete.

XIII.

Depuis la Diete générale de l'Empire, convoquée à Ratisbonne par l'Empereur *Léopold* en 1662, composée des Députés, Ambassadeurs, ou pour mieux dire Commissaires des Etats d'Empire (*a*),

(*a*) Celui de l'Empereur se nomme *Commissaire Principal.*

NB. Si cette Diéte venoit à se terminer ou à se dissoudre, l'Empereur promet à l'art. XIII. §. I. *de sa Capitulation*, d'en convoquer une autre avec l'agrément des Electurs, au moins tous les dix ans, dans un endroit situé dans l'Empire de la Nation Allemande.

qui ont séance & voix délibérative & décisive, & qui dure encore, les États circulaires n'ont plus tenus des assemblées générales & n'en tiendront probablement point si-tôt; vu que les Cercles sont en dispute sur le rang dû à un chacun. Dans ces sortes d'assemblées l'ordre où ils sont nommés dans la matricule, ne décide rien à ce sujet.

XIV.

Si tous les États d'Empire étoient soumis à quelque Cercle, & si leurs Récès étoient mieux observés, leur établissement pourroit faire une heureuse influence dans le gouvernement de l'Empire. Il est vrai que l'Empereur d'aujourd'hui promet dans sa Capitulation (*a*) (de même que l'ont fait ses prédécesseurs) de veiller conformément au traité d'Osnabrug (*b*), au rétablissement des Cercles & au

(*a*) Art. 12. §. 3.

(*b*) Art. 8. §. 3. & art. 17. §. 8.

maintien de ce qui a été arrêté par le réglement qu'on appelle *Ordonnance d'exécution*, & par la correction d'icelle (*c*); mais il sera difficile de satisfaire à cette promesse, & il paroît que les États n'en poussent point l'exécution.

(c) Vid. Entwurf einer neuen Executionsordnung von 1673, in Hrn. von Sprangers Reichsschluß des jetzigen R. Tags, 1. Theil. S. 649.

LIVRE III.

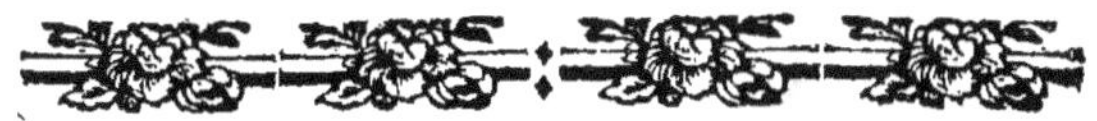

LIVRE III.

CHAPITRE I.

De la forme du Gouvernement de l'Empire.

I.

Les plus ſavans Publiciſtes ſe ſont diſputés ſur la forme de la nature du gouvernement de l'Empire d'Allemagne (*a*). Il ne m'eſt point permis de faire perdre le tems à mon lecteur en le régalant d'une farce de ſyſtêmes ſur cette matiere, tous également baroques & nullement ſatisfaiſants. *Linck* prétend qu'il eſt Monarchique (*b*), d'autres, ſuivans le ſyſtême d'*Hippolite à Lapide* , ſoutiennent qu'il eſt Ariſtocratique ; mais la plupart

(*a*) Vid. *Bœcler* , *notitia Imperii* ; lib. 22. cap. 2.

(*b*) In *ſtaminibus jur. publ.* tab. 55.

prétendent prouver qu'il eſt Mixte (c). Certes je ne me ferai point arracher les cheveux pour m'être rangé du côté des uns plutôt que du côté des autres. Ce qu'il y a de ſûr, c'eſt que dans ſon inſtitution ſous *Charlemagne*, il a été Monarchique, & les Empereurs ſuivans ont été abſolus juſqu'à l'extinction de ſes deſcendans. Alors le gouvernement de l'Empire parut pancher vers l'Ariſtocratie. La plupart des Gouverneurs des Provinces connus ſous le nom de

---

(c) Vid. *Limnæus*, *jur. publ.* lib. I, cap. X. *Maſcov*, *princip. jur. publ.* lib. III, cap. I. §. III, & *Struv*, *Corp. jur. publ.* cap. VI. §. 7. prétendent, que ce gouvernement a une forme propre & particuliere ; que l'on n'a jamais vu autre part. Le même Struv examine (au §. 82. *du chapitre allégué*) les raiſons, qui ont fait naître cette variété de ſyſtemes & de ſentimens au ſujet du gouvernement d'Allemagne. *Monzambano*, *de ſtatu Imperii* cap. 4. §. 3. dit: "les Publiciſtes „ Allemands eux-mêmes ne conviennent „ point dans leurs ſentimens touchant „ la forme du gouvernement de leur „ Etat"; Cela prouve bien ſon irrégularité.

Ducs, *Marggraves*, *Pfalzgraves*, *Bourggraves* &c. ayant profité des conjonctures pour se rendre maîtres & s'approprier les Provinces ou Districts dont les Empereurs les avoient établis Gouverneurs, Préfets, Juges, &c. se liguerent ensuite pour s'aider mutuellement à se maintenir dans leur usurpation, & formerent une espece de République, dont l'Empereur, qu'ils élevoient sur le trône par leurs suffrages, resta le chef. Ceci est une vérité démontrée par l'histoire des tems qui ont suivis la mort de l'Empereur *Louis III*, dit l'*Enfant* (*a*). Ces nouveaux Seigneurs Confédérés formerent une caisse militaire pour fournir aux besoins, & se taxerent chacun à une certaine contribution. Telle est l'origine de la République Germanique & du recouvrement de son ancienne liberté.

II.

Il me semble que l'on pourroit regarder l'Empire d'Allemagne comme un État approchant de

(*a*) V. *Heiss*, *hist. d'Emp.* tom. I, p. 31.

l'Ariſtocratie, compoſé de pluſieurs membres, dont l'Empereur eſt le premier & en même tems le chef, portant le Diadême Impérial, qui lors de ſon élection eſt revêtu de la majeſté du corps de tout l'Empire qu'il repréſente. C'eſt pourquoi tous les actes ſont dreſſés au nom de l'Empire & de l'Empereur; mais l'Empereur ne peut faire aucune loi de ſa pleine autorité & puiſſance, il fait exécuter tout au nom de l'Empire (*a*).

(*a*) Ainſi ſi l'on trouve à la tête des conſtitutions Impériales, p. ex. de la Bulle d'or ... *de notre certaine ſcience, pleine puiſſance & autorité Impériale*, il faut entendre ces expreſſions relativement à l'Empire, de qui la perſonne de l'Empereur tient cette pleine puiſſance & autorité Impériale de publier & de faire exécuter telle conſtitution. Cela eſt ſi vrai, qu'immédiatement après, on trouve ces expreſſions modifiées par celles-ci: „ De l'avis des *Electeurs*, *Princes &* „ *Etats d'Empire*, ou par ces autres .. *après mûre délibération avec leſdits Princes, Electeurs, & de leurs avis.* Cette vérité paroît bien mieux dans les Capitulations des Empereurs, voyez *l'art. IV. de celle de l'Empereur Joſeph II.*

III.

Il y a cependant des certains droits que l'Empereur exerce exclusivement à tous autres États d'Empire, que l'on a coutume de nommer Réservats de l'Empereur, desquels nous traitons au Chapitre II. du Livre V. Ceux qui veulent voir les inconvéniens du gouvernement d'Allemagne, peuvent lire *Aeneas Sylvius in Germania*, cap. 43, & *Monzambano de Statu Imperii*, cap. 7. & 8.

CHAPITRE II.

De l'Election de l'Empereur.

I.

Jules-César fonda l'Empire Romain sur l'oppression de la liberté de sa patrie. La dignité Impériale devint héréditaire dans ses successeurs jusqu'à *Galba*, sixieme Empereur, qui fut élu par les armées l'an 68. de l'*Ere Chrétienne*. Depuis cette époque le trône

Impérial resta à la disposition des armées & devint tantôt la récompense de la valeur, tantôt le but de l'ambition ou des intrigues des Généraux, jusqu'à la division de l'Empire, arrivée immédiatement après la mort de *Théodose le Grand*, l'an 395, sous ses deux fils, *Honorius* & *Arcadius*, dont le premier devint le fondateur de l'Empire d'Occident (dont nous traitons dans cet ouvrage); & le dernier de celui d'Orient.

Division de l'Empire Romain.

II.

L'Empire d'Occident s'évanouissoit insensiblement sous les successeurs d'*Honorius* (*a*), dont le dernier fut *Romulus Momyllus*, *Augustulus* (tous des noms qui marquent la petitesse ou plutôt la foiblesse de son Empire), dépouillé

Empire d'Occident.

(*a*) Il resta *électif* & confirmatif par le Sénat. Il est vrai que les gouverneurs des Provinces avoient plus de pouvoir (ou au moins en faisoient-ils voir davantage) que les Empereurs eux-mêmes. V. *Desing*, *Aux. hist.* part. VII. p. 304. & seqq.

de son Diadême par *Odoacre*, *Roi des Hérules* en 476. (*b*). Sous le regne de ce *Romulus*, les *Hérules*, les *Ostrogoths* & les *Visigoths*, investirent l'Italie, & y établirent une nouvelle forme de Gouvernement ; ainsi la dignité Impériale fut abolie en Occident & n'y reparut que lorsque *Charlemagne*, *Roi de France*, après avoir porté la guerre en Italie, y détruisit le Royaume des *Lombards* en 774, & réunit à ses autres États ce pays, autrefois le siege de l'Empire. Cependant ce ne fut que vingt-six ans après cette conquête que ce Monarque absolu entra dans Rome, où le jour de Noël de l'an 800, il fut proclamé par le peuple & couronné Empereur des Romains par le Pape *Léon III*. sous le nom de *Charles Auguste le Grand & le Pacifique* (*c*). Ainsi

(*b*) *Desing*, l. cit. pag. 327.

(*c*) *Desing*, l. cit. pag. 189. rapporte les principaux motifs, qui ont engagés le Pape à rétablir cette dignité. Les Empereurs d'Orient ne voulurent point le

Reſſuscité & rendu héréditaire depuis Charlemagne juſqu'à Louis le Fainéant.

l'Empire Romain reſſuſcita deux cents ans après ſa chûte ; mais Charlemagne en transféra le ſiege en Allemagne, & ſes ſucceſſeurs

---

reconnoître. L'an 870, le Pape *Adrien* envoya à *Baſile*, Empereur d'Orient, une Bulle, dans laquelle *Louis II.* étoit intitulé *Empereur. Baſile* en fut indigné, & reprocha à *Louis* ſon audace de porter le titre de *Baſileus* ou Empereur. La réponſe de l'Empereur eſt fort inſtructive. Elle ſe trouve dans les *annales de Baronius à l'année* 871. n. 51. en voici le commencement . . . " in nomine Domini „ Noſtri Jeſu Chriſti Dei æterni, Ludovi„ cus Divinâ ordinante providentia *Im*„ *perator Auguſtus Romanorum*, dilectiſ„ ſimo ſpiritualique fratri noſtro *Baſilio*, „ glorioſiſſimo ac piiſſimo æque *Impe*„ *ratori Novæ Romæ*.

NB. Dans cette réponſe *Louis* donne pour unique *cauſe de ſon titre . . ſon couronnement & ſon ſacre* fait *par le Pape* ; delà on pourroit conclure, que tous ceux qui ne ſont point couronnés & ſacrés Empereurs Romains par le Pape, ne puiſſent point porter ce titre légitimement. Il paroît même qu'autrefois l'Allemagne étoit dans ce ſentiment, vu que ſes Rois depuis *Arnould* juſqu'à l'Empereur *Maximilien I.* ne ſe donnerent le titre d'Empereur Romain, qu'a-

héritèrent de lui la couronne Impériale, ainsi que celles de la France & de la Germanie.

---

près avoir été couronnés par le Pape. Cela eſt atteſté par les archives d'Italie, d'Allemagne & de France. *Maximilien* fut le premier, qui s'arrogea le titre d'Empereur avant d'avoir été couronné à *Rome*; mais ſentant qu'il manquoit quelque choſe d'eſſentiel à ce titre, il ne ſe qualifia que du nom *d'Empereur élu*, *Imperator electus* : pour faire voir que quoiqu'il ne ſoit point formellement Empereur, il a cependant été choiſi & élu pour le devenir. Depuis *Ferdinand I.* aucun Empereur ne s'eſt fait couronner à Rome, & pour cette raiſon, ils ne ſe ſont point nommés pas même dans leurs plus importants Diplômes, *Imperator* tout court, mais ſeulement *Imperator electus*, ou *Rex Romanorum electus*. Il me paroît de plus, que les Electeurs eux-mêmes & par eux tous les Etats de l'Empire reconnoiſſent le couronnement de l'Empereur fait à Rome, ou par le Pape, comme une choſe eſſentielle, puiſqu'ils font promettre à tous les Empereurs (comme *Joſeph II.* le promit en dernier lieu dans ſa *Capitulation art. III.* §. 8.) de recevoir, au plutôt poſſible la couronne Impériale de *Rome*. Il faut cependant convenir que le défaut de ce couronnement ne diminue en aucune ma-

III.

Louis le Débonnaire ſuccéda à ſon pere *Charlemagne* dans l'Empire en 814, & mourût en 840. Après ſa mort ces vaſtes Etats furent partagés entre ſes fils. *Lothaire*, l'aîné, hérita la couronne Impériale, l'Italie, la Ville de *Rome*, le Royaume de Bourgogne en partie & l'Auſtraſie, qui s'étendoit entre la *Meuſe*, l'*Eſcaut* & le *Rhin*: voilà ce qui compoſa pour lors l'Empire d'Occident. Les fils de *Lothaire* ſubdiviſerent encore entr'eux ces mêmes Etats. *Louis II*, fils aîné de *Lothaire*, hérita la couronne Impériale avec l'Italie. Après ſa mort, ſans enfans mâles, *Charles le Chauve* ſon oncle, fils de *Louis le Débonnaire*, petit-fils de *Charlemagne*, & Roi de France depuis 840, s'empara de la couronne Impériale par droit d'hérédité; mais il ne la porta qu'environs trois

---

niere leur pouvoir temporel en Allemagne, qui n'a d'autre ſource que l'élection faite par les Electeurs au nom des Etats d'Allemagne.

ans. Après ſon décès il y eut une eſpece d'interregne de deux ans, pendant lequel *Louis le Bégue* ſon fils, & *Carloman*, Roi de Baviere ſon neveu, fils de *Louis le Germanique*, ſe diſputerent la couronne Impériale & l'Italie. *Charles le Gros*, frere de *Carloman*, l'emporta après la mort de ces deux Princes en 880 ; mais la foibleſſe de ſon eſprit fut cauſe qu'*Arnould* ſon neveu, Roi de Baviere & Vicaire d'Empire, fut reconnu Empereur. Il n'en porta pour ainſi dire que le titre, non plus que ſon fils *Louis III. le Fainéant*, mort en 911. C'eſt avec lui que s'éteignit la race de *Charlemagne* ſur le trône Impérial, ainſi que le droit héréditaire (*a*), & l'Empire devint électif.

(*a*) Vid. *Ludwig, in præfat. ad ſingularia jur. publ.* pag. 95. Il eſt vrai que déja *Charles le Gros* & ſon fils furent élus Empereurs par les Etats, comme le diſent *Regino, ad ann.* 887. 888. 890. 911. *Sigebertus Gemblacenſis, ad ann.* 890. & *Struv. Corp. hiſt. Germ. perio-*

IV.

Otton, Duc de Saxe, premier Empereur élu.

Alors les États d'Allemagne offrirent à *Otton, Duc de Saxe*, surnommé le *Grand*, par voie d'élection le titre de Roi de Germanie avec la couronne Impériale. *Otton* le refusa en recommandant *Conrad*, Comte de Franconie, qui fut élu & devint le premier Empereur Allemand en 912. (*a*). Il eut pour successeur *Henri l'Oiseleur*, Duc de Saxe, fils d'Otton le Grand en 919. Ses descendans sachant gagner les Etats, se maintinrent sur le trône de pere en fils jusqu'à *Otton III*, auquel succéda *Henri le Boiteux*, son cousin, de la même Maison de Saxe, mort en 1024. Après sa mort la couronne Impé-

---

do IV. sect. VIII. §. *XXVI.* & *Albericus, Chron. ad ann.* 912. cap. 1. f. IX. §. XXXIV. mais le Droit d'élection n'étant pas encore établi, je croirois plutôt, qu'ils ont seulement été approuvés & confirmés par les Etats, qui se jetterent du côté du plus fort.

(*a*) *Regino, ad ann.* 911. & *Otto, Frisingensis*, lib. VI. cap. XV. & XVI.

riale retomba par élection dans la Maison des Ducs de Franconie en la personne de *Conrad II*, surnommé le *Salique*, & y resta jusqu'à la mort de *Henri V.* sous quatre Empereurs de suite (*b*).

V.

Les dissentions survenues & fomentées entre les Papes & les Empereurs furent cause que l'élection

---

(*b*) Dans ce tems-là le Droit d'élire l'Empereur compétoit aux Evêques, aux Nobles & même au peuple, comme le prouvent *Bertholde de Constance à l'année* 1081, de façon pourtant que les grands Officiers de la Cour jouissoient dans les assemblées de grandes prérogatives & que leurs voix étoient de grand poids. L'on préféroit cependant ordinairement le fils du défunt à tout autre, sur-tout s'il avoit des mérites personnels, ou si son pere avoit sçu se ménager des amis par ses bienfaits. Il est vrai que ces égards comme un effet de pure complaisance ne nuisoient point au droit d'élection, qui n'étoit pourtant pas encore tout-à-fait libre pour lors, comme le démontre *Gundling*, dans sa dissertation intitulée . . *Germania Princeps post-Carolingica sub Conrado I. Orientalium Francorum Rege*,

de l'Empereur devenoit de jour en jour plus libre ; ensorte que les Etats tinrent une assemblée à *Forchheim* (au pays de *Darmstadt*) en 1077, où après avoir eu déposé *Henri IV*, ils élirent Empereur, *Rodolphe*, *Duc de Suabe*, & statuerent, qu'ils ne permettront plus que la couronne Impériale devienne héréditaire dans aucune famille. *Rodolphe* jura qu'il ne permettra point qu'elle le devienne dans la sienne (*a*), ni dans aucune autre. *Charles V.* & tous ses successeurs furent obligés dans la suite de jurer la même promesse (*b*) ;

(*a*) Vid. *Goldast*, *Constitutionum Imperial* tom. I. pag. 238. après cette Diéte l'élection resta pleinement libre. Unde *Otto Frisingens. de Gestis Friderici I.* lib. 2, cap. 1. scripsit : " Id Juris Romani „ Imperii apex non per sanguinis pro„ paginem descendere, sed per princi„ pum electionem reges creare sibi tan„ quam ex singulari vindicat prærogativa. Vid. *Magnum Chron. Bellicum ad ann.* 1194.

(*b*) Voici les paroles de la promesse de *Joseph II. Roi des Romains* (aujour-

après la mort de *Henri V*, *Lothaire II*, fut élu Empereur en 1125, & eut pour successeur *Conrad III*, frere de *Frédéric le Borgne*, *Duc de Suabe.* La couronne resta dans cette Maison sous six Empereurs de suite jusqu'au grand interregne.

VI.

L'élection de l'Empereur donnoit le plus grand poids à l'autorité des Etats, & fournissoit en même tems les plus heureuses circonstances de se faire valoir & de mériter par-là les faveurs de l'Empereur. Cela fit, que les plus puissans d'entre les Etats tâcherent d'en exclure insensiblement les autres, & déja vers le commencement du treizieme siecle le droit d'élection paroît avoir été

---

d'hui Empereur) art. II. §. 2. *de sa Capitulat.* traduites en François. " Nous ne
» nous arrogerons aucune succession ni
» hérédité d'icelui, (c-à-d. de l'Empire)
» & ne chercherons point à nous l'attri-
» buer, à nos héritiers & descendans,
» ni à qui que ce puisse être.

attachée à de certains Etats, ensorte qu'il ne restoit plus aux autres que le droit d'approuver le choix des premiers (*a*). Les troubles

(*a*) Vid. *Speculum Saxonicum* (inter annos 1215. & 1235. conscriptum) *lib.* 3. *art.* 57. ubi hæc: " In principis electione primus erit Episcopus Moguntinus, secundus Trevirensis, tertius Coloniensis. Primus inter illustres Regni, Palatinus Rheni qui est Dapifer; secundus Dux Saxoniæ Marechallus, tertius Marchio Brandenburgicus, Camerarius; Bohemiæ Rex Pincerna est qui non eligit, quia non est nostræ nationis. Præter istos succedit etiam Electio omnium principum Imperii tam clericorum quam laicorum, non quod sicut prædicti secundum eorum placitum eligere debeant, sed quem omnes illustres eligunt eundem præ ceteris in Regem nominabunt. *Lambertus Aschaffnaburgensis ad annum* 1073. pag. 364. prétend, que les Princes des Etats situés le long du Rhin se sont les premiers attribués le Droit d'élection exclusif; cela paroît probable, vu qu'ils suivoient toujours de plus près la Cour Impériale, qui pendant les onzieme, douzieme & treizieme siecles étoit presque toujours le long du Rhin.

bles excités en Allemagne lors du grand interregne (qui commença à la mort de *Frédéric II*, arrivée en 1250) firent naître aux principaux Etats d'Allemagne, qui suivoient toujours la Cour de près, les plus favorables occasions de s'arroger la prérogative d'élire l'Empereur exclusivement aux autres Etats moins considérables & éloignés de la Cour, qui commencoient à négliger leur droit d'élection, parcequ'ils ne vouloient point faire les frais d'un voyage pénible & périlleux, vu que les chemins de ce tems-là étoient infestés de voleurs & d'assassins. Ils se l'arrogerent effectivement (*b*), & lors de l'élection de *Henri VII.* ces Etats se sont adjugés le droit d'élection avec une solemnelle protestation contre tous droits, que pouvoient

De certains Etats s'affermissent dans le droit de l'élection à l'exclusion des autres.

(*b*) Cela se prouve par les Lettres du Pape *Urbain IV.* adressées à *Richard Roi d'Angleterre*; voyez *Leibnitz, Code diplomatique des droits des Gens. n.* 14.

alléguer d'autres Etats au même sujet, & même de la faire sans délibération préalable, qui se faisoit auparavant avec les autres. Cependant tous les Princes des Maisons Electorales s'y trouverent & entrerent en délibération avec les Electeurs regnans, mais ils n'eurent pas tous un suffrage particulier, & l'on ne reçut que les voix des Electeurs regnans (*c*).

VII.

Deux Empereurs élus à la fois.

Après la mort de *Henri VII.* il y eut un interregne de près d'une année. Enfin les Etats procéderent à l'élection d'un chef. Les suffrages furent partagés & il y eut deux Empereurs : savoir, *Louis de Baviere*, & *Frédéric le Bel*, Duc d'Autriche, tous les deux sacrés & couronnés ; le premier à *Aix-la-Chapelle*, & l'autre à *Cologne*. S'ils avoient voulu regner paisiblement ensemble, l'Allemagne

(c) Voyez *l'Abrégé de l'histoire & du droit public d'Allem.* pag. 270.

auroit été tranquille ; mais l'Empire ne vouloit qu'un chef, & chacun des deux vouloit l'être. Le droit des suffrages n'étoit pas encore bien reconnu & affermi, & la pluralité des voix n'avoit pas encore été déclarée décisive dans l'affaire de l'élection (*a*); tout cela fit que l'on parvint aux armes. Le Pape *Jean XX.* se servit aussi des siennes, & s'appuyant sur le droit de confirmer l'Empereur, il prétendit que l'Empereur élu ne pouvoit exercer son pouvoir, avant d'être confirmé de lui. *Louis de Bavière* passe là-dessus & ne veut ni déposer sa couronne ni les armes, ni se faire confirmer par le Pape, avant que son différent fut décidé avec *Frédéric.* Le Pape l'excommunie; les armes de *Louis* sont heureuses, la plus considérable partie des États se jette de son côté; on envoie des Ambassadeurs au Pape pour le prier de lever l'excommunication, il le refuse, cela

(*a*) V. *Abrégé de l'histoire & du droit publ. d'Allem.* pag. 286.

Union des Electeurs pour la conservation de leurs droits & prérogatives.

irrite les États pour lors assemblés à la Diete de *Rensée.* Ils s'unissent & forment la fameuse *Ligue Electorale* (Unio Electoralis) *en* 1338, pour la conservation de leurs prérogatives, particuliérement au sujet de l'élection de l'Empereur (*b*). Dans cette assemblée, Louis de Baviere fut confirmé, & il fut ordonné par une Pragmatique-Sanction, qu'un Prince élu Empereur à la pluralité des voix (*c*) des Electeurs,

(*b*) Dans cette ligue nous trouvons ces paroles dignes d'être remarquées. „ Quod prædictum Imperium & nostrum „ principalem honorem quem ab eo „ obtinemus, videlicet in Electione Im„ perii, in illius ac nostris juribus, pri„ vilegiis & consuetudinibus sicut ab „ antiquo ad nos & ad Imperii Electo„ res pervenerunt & devoluta sunt ma„ nutenere.. Volumus .. contra quoscun„ que, nemine excepto, *& hæc alia* . . „ quod si contingeret ullam dissensionem „ aut dubium super his rebus inter nos „ Electores oriri; quidquid nos tum „ omnes aut major pars ex nobis super „ hoc definiemus & statuemus, id debet „ vim habere ".

(c) *Lehmann*, *Chronicon Spirense*,

feroit Empéreur légitime & pourroit exercer dès-lors & de droit, tous les actes de fouveraineté, quand même le Pape refuferoit de le reconnoître.

VIII.

Droit d'élection confirmé par la Bulle d'Or.

Enfin le droit des Electeurs d'élire à l'exclufion des autres États, fut pleinement établi & confirmé par la fameufe conftitution de *Charles IV*, appellée *Bulle d'Or*, en vertu de laquelle les Electeurs y défignés élifent l'Empereur au nom de tous les Etats; mais cependant de leur propre droit attaché à leurs Principautés (*a*). L'élection faite, on la fignifie au Pape, non point pour la confirmer (*b*) comme autrefois, mais unique-

---

lib. 7. cap 17. Cette conftitution a été confirmée par Ferdinand I. & depuis l'on a omis le couronnement à Rome.

(*a*) Vid. *Aurea Bulla*, cap. 7. & 20.

(*b*) Voyez le Décret confirmatif (de cette Sentence) fait par les Electeurs à Frankfort, le 8 Aouft 1338, qui fe trouve dans la *Chronique de Lehmann*, lib. 7, cap. 17.

ment pour l'en inſtruire, & l'Ambaſſadeur de l'Empereur élu ne promet plus l'obéiſſance au ſouverain Pontife, mais aſſure ſeulement que ſon principal protégera l'Egliſe & révérera ſon chef (c).

IX.

Qualités de l'Empereur.

Les Publiciſtes ſe diſputent beaucoup ſur les qualités requiſes dans la perſonne que l'on veut élire Empereur ou Roi des Romains ; mais puiſque ni eux ni moi ne ſommes autoriſés à donner des déciſions là-deſſus, je dois prendre le parti le plus ſage, en diſant préciſément ce qui n'eſt point contraire aux loix formelles de l'Empire. Ainſi j'avance premiérement, qu'il n'y a point de loi qui exclut formellement les étrangers de la dignité

(c) Depuis la mort de *Maximilien II.* les Empereurs promettent au Pape par leurs Ambaſſadeurs : *Obſervantiam cum reverentia & devotione*; mais auparavant ils lui promettoient *obedientiam & obſequium* ; vid. *Sarpius*, *in hiſt. Concilii Trident.* lib. 8.

Impériale (*a*). Il y en a cependant qui en excluent les hérétiques, les infirmes & les bannis (*b*). Je dis en second lieu, que l'âge du Candidat n'a jamais été déterminé par aucune constitution Impériale (*c*); mais il y a des loix qui

(*a*) *L'auteur du Traité du Droit publ. Germanique dit :* " La coutume d'élire
,, pour Empereur un Prince Allemand
,, est une raison d'Etat & non une loi,
,, cette raison d'Etat souffre des exceptions; *Richard & Alphonse*, tous deux étrangers, furent élus Empereurs dans le treizieme siécle. Il est aussi d'un usage constant, de ne point prendre des femmes pour gouverner l'Empire.

(*b*) Vid. Specul. Suev. cap. 21. & Specul. Saxon. lib. 3. art. 48.

(*c*) *Louis l'Enfant* fut élu Roi des Romains à l'âge de 7 ans; *Otton II.* à six; *Wenceslas* à 15; *Joseph I.* à 12. Cela prouve certainement que l'on peut être élu Roi des Romains avant l'âge de 18 ans. Cela dépend des circonstances & de la prudence des Electeurs. Cependant il paroît être décidé, qu'un Mineur élu Empereur ne peut se mêler du gouvernement au préjudice des Vicaires d'Empire avant l'âge de dix-huit ans, c'est ce que l'on fit promettre à l'Empereur *Joseph I.* dans sa Capitulation art. 47.

exigent que ce ſoit un enfant légitime, né de parens ingénus, & qu'il ſoit ingénu lui-même. Il y en a une autre qui veut que les Electeurs éliſent un homme juſte, bon & utile (*d*).

X.

Droit de l'électeur de Mayence lors de l'élection.

L'Electeur de Mayence a le droit de convoquer les Electeurs après la mort de l'Empereur, pour procéder à l'élection du Roi des Romains. La Ville de *Francfort-ſur-le-Mein* eſt le lieu de l'élection déja depuis le treizieme ſiecle (*a*), & ſi l'élection ſe fait ailleurs pour des raiſons particulieres, on a coutume d'aſſurer cette Ville

L'élection doit ſe faire à Francfort.

(*d*) Aur. B. cap. 2.

(*a*) La *Bulle d'or*, chap. XXVIII. §. 5. dit, que de tems immémorial l'Election s'étoit faite à *Frankfort.* Il paroît pourtant certain, que l'uſage d'élire le Roi des Romains dans la ville de *Frankfort*, ne monte gueres au-delà du tems de *Louis de Baviere*, auparavant elle ſe faiſoit ordinairement en plaine campagne, tout comme les Cours ou aſſemblées des Etats, *Struv*, *Corp. jur. publ.* cap. VII. §. 11. déſigne les lieux où ſe faiſoit l'élection avant Frédéric I, après lequel elle ſe faiſoit preſque toujours dans la dite ville.

par des lettres reversales, que cela ne préjudiciera point à ses droits (*b*). Les Electeurs qui sont empêchés d'assister à l'élection, y envoient leurs Ambassadeurs avec des lettres de créance, qu'ils montrent à l'Electeur de Mayence pour en faire la vérification, ou bien ils commettent leur suffrage à un autre Electeur.

XI.

Ce qui se pratique avant & lors de l'élection.

Quelques jours avant l'élection le Maréchal héréditaire de l'Empire (qui est le Comte de *Pappenheim*), conjointement avec quelques députés de la Ville, prépare les logemens aux Electeurs, & conviennent du prix de certaines denrées. La veille de l'élection, avant le coucher du soleil, on ordonne à tous les étrangers qui ne sont point des suites des Electeurs, ou sous leur protection spé-

(*b*) *Ferdinand I.* fut élu à *Cologne*: *Maximilien II. Rodolphe II.* & *Ferdinand III.* à *Ratisbonne*: *Ferdinand IV.* & *Joseph I.* à *Augsbourg*.

ciale, de ſortir de la ville ſous peine corporelle arbitraire, afin d'ôter tout ſoupçon de colluſion, de corruption & de contrainte. Le lendemain les Electeurs entrent en proceſſion à l'égliſe de *St. Barthélemi*, & y prêtent ſerment (*a*), de donner leur ſuffrage ſans pacte, ſalaire, ni récompenſe. Ils entrent enſuite au Conclave où l'élection s'acheve ordinairement en peu d'heures (*b*). L'Electeur de Mayence cueillit les voix & donne la ſienne le dernier; elle eſt priſe par l'Electeur de Cologne.

(*a*) La *forme de l'ancien ſerment* conſiſtoit avant le Luthéraniſme (lorsque tous les Electeurs étoient Catholiques-Romains) en ces paroles.... *Ainſi que Dieu m'aide & tous ſes Saints. Aurea Bulla* cap II, §. 2. Depuis elle fut changée en celles-ci: *Ainſi que Dieu m'aide & ſon St. Evangile.*

(*b*) Selon la *Bulle d'or*, cap. II. §. 3. l'Election doit ſe faire au moins en trente jours: & ſi elle n'eſt point achevée au bout de ce tems, la Bulle veut, que l'on donne du pain & de l'eau aux Electeurs, juſqu'à ce quils aient élus le Roi des

XII.

La pluralité des voix, eû égard à tout le College Electoral & non pas des Electeurs présents, fait l'Empereur ou le Roi des Romains, puisque la *Bulle d'Or* (*a*) demande expressément quatre suffrages, qui lors de la confection de cette Bulle faisoit la pluralité des voix, vu qu'il n'y avoit alors que sept Electeurs (*b*). La pluralité des voix l'emporte.

Romains, avec défense de ne point sortir de la ville jusqu'à son entier accomplissement. Les Electeurs savoient toujours éviter ces clauses pénales, qui probablement ne trouveroient point d'exécuteur.

L'Electeur de Treves donne le premier sa voix, en vertu de la Bulle d'or, ensuite les autres selon l'ordre que nous verrons au IV. livre.

(*a*) Chap. IV. §. 4.

(*b*) Chap. II. §. 10. Cela n'empêche pourtant point que les Electeurs ne puissent compromettre & convenir entre eux, qu'ils reconnoîtront & approuveront celui que l'un d'eux p. e. l'Archevêque de Mayence aura choisi. Cela s'est fait lors de l'Election de *Rodolph de Habsbourg*,

XIII.

Acte authentique de l'élection.

Deux Notaires présents à l'élection dressent des actes authentiques du serment des Electeurs & de tout ce qui se passe dans le Conclave. L'élection étant achevée, les Electeurs font rentrer leurs principaux Ministres d'Etat; ensuite le Chancelier de l'Archevêque de Mayence avec le Chancelier d'un autre Electeur séculier, ayant compté les suffrages, en prennent acte, dressent un procès-verbal, que tous les Electeurs signent & font sceller du grand sceau de leurs armes. Après cela les Electeurs sortent du Conclave & vont droit au grand Autel, & si le nouvel élu est présent, ils l'y font asseoir; alors l'Archevêque de Mayence, après lui avoir recommandé les intérêts de l'Empire, & lui avoir

---

vid. *Aventinus*, lib. 7. *histor.* pag. 436. *& d'Adolphe Comte de Nassau*, comme le prouvent les *Annales de Colmar à l'année* 1292. *Henri VII.* fut élu de même. Vid. *Pallucii Collect. actorum*, sect. 35. pag. 206.

fait ſigner les conditions ſous leſquelles il a été appellé à cette dignité, l'oblige à confirmer aux Electeurs tous les droits, priviléges, ſupériorité territoriale, prérogatives & prééminences qu'ils poſſedent. Après quoi il fait publier l'élection par ſon Vice-Chancelier à haute voix, de laquelle deux Notaires par ordre du même Electeur prennent actes. Si l'Empereur élu eſt abſent, ſes Ambaſſadeurs juſtifient de leur pleinpouvoir, & prêtent ferment au nom de leur Principal, de tenir & d'obſerver fidélement les *Pacta Conventa*, c'eſt-à-dire, la *Capitulation*. Toutes les cérémonies achevées, le Vice-Chancelier de l'Electeur de Mayence délivre la proclamation par écrit à ſon Eminence, qui la rend enſuite au Doyen de la Cathédrale de Mayence, lequel étant dans ſes habits eccléſiaſtiques, en fait lecture au peuple, toutes les portes de l'Egliſe ouverte. Enſuite on chante le *Te Deum* en muſique (*a*).

(*a*) Toutes les ſolemnités de l'Election de *François I.* père de l'Empereur

CHAPITRE III.

Du Couronnement de l'Empereur & du Roi des Romains.

I.

Ancienne maniere d'inaugurer les Princes.

L'Election est suivie du couronnement. Les anciens peuples de la Germanie avoient différentes façons d'inaugurer leurs Princes, dont deux sont remarquables ; la premiere consistoit à mettre le Prince élu sur une espece d'échaffaud & à le promener ainsi par toute l'assemblée du peuple (*a*) ; la seconde

---

d'aujourd'hui se trouvent : in *Diario Electionis* quod germanice prodiit *Francofurti anno* 1746. in folio.

Le Roi des Romains ou l'Empereur élu donne à chaque Electeur une copie de la Capitulation scellée de son propre sceau.

(*a*) Cette maniere s'observoit autrefois parmi les Francs, qui mettoient leur Roi nouvellement élu sur un bouclier &

se faisoit en mettant une lance entre les mains du Prince élu, & en le montrant ainsi au peuple, qui jettoit des cris de joie, les mains levées au ciel en signe de son approbation (*b*).

II.

Premier diadême ou couronne.

On prétend que l'Empereur *Aurelien*, qui monta sur le trône Impérial en 270, fut le premier des Empereurs Romains qui porta un diadême & une couronne en forme; mais l'on ignore entiérement les cérémonies qui accompagnoient le couronnement. Dans la suite, & particuliérement parmi les Chrétiens, on commença à faire le couronnement durant l'Office Divin, & on ajouta à l'impo-

---

le promenoient ainsi au travers de ses armées. Voyez *Mezerai histoire de France*, tom. I. & *Mascov* Geschichte der Teutschen, lib. IV, §. 42.

(*b*) Cette façon d'inaugurer le nouveau Roi s'observoit chez les Lombards & d'autres, comme le fait voir *Paulus Diaconus*, lib. 6, cap. 55. & *Mascov*, l. cit. lib. XVI. §. 35.

ſition de la couronne & à la tradition ſymbolique du ſouverain pouvoir, le *Sacre ſolemnel* du nouveau Roi. *Pépin le Bref* eſt le premier Roi de France qui ait reçu le ſacre avec les cérémonies de l'Egliſe (*a*). *Charlemagne*, Roi de France & premier Empereur d'Allemagne, fut couronné & ſacré à *Aix-la-Chapelle* (*b*).

III.

(*a*) Il fut ſacré par *St. Boniface, Archevêque de Mayence* & Légat du Pape, dans la Cathédrale de Soiſſons en 751. Cet exemple fournit le premier argument ſur lequel les Archevêques de Mayence fondent leur droit de ſacrer les Empereurs d'Allemagne.

(*b*) Voyez *Mabillon*, *de re Diplom.* lib. 4. pag. 246. ubi leguntur hi verſiculi.

Urbs Aquenſis, urbs regalis,
Sedes regni principalis,
Prima Regum Curia.

Voyez auſſi la Conſtitution Impériale de *Charlemagne*, confirmée par les Empereurs *Frederics I & II.* rapportée par *Goldaſt*, tom. II. *Conſtit. Imper.* laquelle, quoique l'on doute de ſon authenticité, nous donne cependant de certains éclair-

III.

Triple Couronnement de Charlemagne.

Charlemagne étant en même tems Empereur des Romains & Roi des Allemands & des Lombards, s'est fait imposer trois couronnes ; ce triple couronnement passa à ses successeurs. La premiere & la principale inauguration étoit la Germanique, laquelle (surtout depuis la réunion de la Basse-Lorraine à l'Empire) se faisoit ordinairement à *Aix-la-Chapelle.* Cette ancienne coutume fut confirmée par la *Bullle d'Or* (*a*) ; mais depuis l'Empereur *Maximilien II.* aucun Empereur n'y fut couronné (*b*). On donna cependant à

cissemens sur l'Etat de l'Empire sous les susdits Empereurs *Frédérics.* Touchant le trône Impérial *d'Aix-la-Chapelle*, l'on peut lire les *Gundlingiana*, part. 18. n. 1. & seqq. où l'on trouve: **Nachricht von der Kayserlichen Wahlstadt Frankfort, und Nachricht von der Crönungsstadt Aachen und dem damit verknüpften Crönungsrecht.**

(*a*) Chap. 28. §. 5.

(*b*) Le couronnement s'est fait depuis à *Ratisbonne*, à *Augsbourg* & à *Francfort* sur le *Mein.*

chaque couronnement des lettres réversales à cette Ville. L'Électeur de *Cologne* a le droit de sacrer l'Empereur (*c*); mais le couron-

(*c*) En vertu du *chapitre IV.* §. 4. *de la Bulle d'Or*, qui ne distingue point entre le sacre & le couronnement de l'Empereur, l'Electeur de Cologne doit mettre la premiere Couronne Royale à l'Empereur. Le sacre lui a resté depuis; mais le conronnement se fait aujourd'hui par tous les Electeurs ecclésiastiques ensemble, comme nous venons de le dire.

Le droit de sacrer l'Empereur attaché aux Electorats de Mayence & de Cologne.

NB. Le droit de sacrer l'Empereur ne paroît pas avoir été attaché à un certain Electorat ecclésiastique par un privilege spécial & exclusif avant le douzieme siecle, vid. *Struv. Corp. jur. publ.* c. *VII.* §. 25. & ce n'est que depuis l'Empereur *Conrad III.* que l'Electeur de *Cologne* paroît être fondé dans cette prérogative, que l'Empereur *Fréderic I.* a reconnu dans sa lettre adressée au Pape *Alexandre III.* où il dit: " *recognoscimus regalem unctionem Coloniensi, supremam verò quæ Imperialis est, summo pontifici*, vid. *Radevicus de Gestis Friderici I.* lib. I. c. 16. & *Otto Frisingensis*, lib. 7 cap. 22. & elle fut confirmée ensuite par la Bulle

nement ſe fait par tous les trois Électeurs Eccléſiaſtiques, qui (les mains jointes) lui impoſent la couronne enſemble. Les céré-

---

d'Or. Tant que le couronnement s'eſt fait à *Aix-la-Chapelle*, l'Electeur de Mayence ne lui diſputa plus ce droit; mais dès que les Empereurs ont commencés à ſe faire couronner ailleurs, l'Archevêque de Mayence comme Primat d'Allemagne, prétendoit avoir ce droit autant de fois que les Empereurs ou les Rois des Romains élus ſe feroient couronner dans une autre ville d'Allemagne. Ce différent fut enfin levé par une *tranſaction faite à Mergentheim le* 16 *Juin* 1657. par laquelle il fut réglé que lorsque le ſacre ſe feroit dans une ville immédiatement ſoumiſe à l'Archevêque de *Cologne*, il en feroit la cérémonie, & que l'Electeur de Mayence auroit le même droit, lorsque l'Empereur ſeroit ſacré dans une des villes de ſon Diocèſe; mais dans le cas que l'Empereur ſeroit ſacré dans une ville d'un Diocèſe étranger, l'on obſerveroit l'alternative, à commencer par l'Electeur de *Cologne*. Cette tranſaction, qui ſe trouve in *Londorpii actis publ.* tom. 8. pag. 127. fut *confirmée par la Capitulation* des Empereurs, & encore derniérement par celle de *Joſeph II.* art. III. §. 9.

Tranſaction touchant le ſacre de l'Empereur.

monies de l'ancien couronnement Germanique se trouvent dans les *Annales de Wittikind* (d). Je pense

---

Ancienne maniere de couronner l'Empereur.

(d) *Lib. II. ineunte. Les voici* " Defuncto „ itaque Patre Patriæ & Regum optimo „ maximo *Henrico* omnis populus Fran- „ corum atque Saxonum jam olim de- „ signatum Regem à patre filium ejus „ *Oddonem* elegit sibi in Principem, „ universalisque electionis notantes lo- „ cum jusserunt esse ad Aquisgrani Pala- „ tii : est autem locus ille proximus Julo, „ à conditore Julio Cæsare cognominato, „ cumque illuc ventum esset, Duces ac „ præfectorum Principes cum cætera Prin- „ cipum militumque manu congregati in „ sistorio Basilico Magni Caroli cohæ- „ renti, collocarunt novum Ducem in „ solio ibidem constructo, manus ei dan- „ tes ac fidem pollicentes, operamque „ suam contra omnes inimicos sponden- „ tes, more suo fecerunt eum Regem. „ Dum ea geruntur à ducibus & cætero „ magistratu, pontifex maximus (*Mo-* „ *guntinus*) cum universo sacerdotali „ ordine & omni plebe infra in Basilica „ præstolabatur processionem novi Re- „ gis, quo procedente pontifex obvius „ læva sua dexteram tangit Regis suaque „ dextera lituum gestans, linea indutus, „ stola plantaque infulatus, progressus- „ que in medium usque fani substitit:

n'être point à charge à mon lecteur si je lui en fais part.

„ & reversus ad populum, qui circum-
„ stabat (nam erant deambulatoria infra
„ superque in illa Basilica in rotundum
„ facta, quo ab omni populo cerni pos-
„ set) en, inquit, adduco vobis a Deo
„ electum & a Domino rerum Henrico
„ olim designatum, nunc vero à cun-
„ ctis Principibus Regem factum *Oddonem*:
„ si vobis ista electio placeat, dexteris
„ in cœlum elevatis significate, ad hæc
„ omnis populus dextras in excelsum
„ levant cum clamore valido imprе-
„ cati sunt *prospera novo Duci*. Proin-
„ de procedit pontifex cum Rege tunica
„ stricta more Francorum induto, prope
„ altare super quod insignia regalia po-
„ sita erant, Gladius cum Baltheo, Chla-
„ mys cum armillis, Baculus cum scep-
„ tro ac Diademate, eo quippe tempore
„ erat summus pontifex nomine *Hildi-
„ bertus* franco genere monachus pro-
„ fessione, nutritus *vel doctus in Vuldo*
„ Monasterio & ad id honoris merito
„ progrediens, ut pater ejusdem loci
„ constitueretur. Deinde summi ponti-
„ ficatus Moguntiacæ sedis fastigium pro-
„ meruisset: hic erat vir miræ sanctita-
„ tis & præter naturalem animi sapien-
„ tiam litterarum studiis satis clarus, qui
„ inter cætera gratiarum dona spiritum

IV.

Cérémonies du couronnement de l'Empereur.

Pour mieux faire voir que les anciennes cérémonies du couron-

---

„ prophetiæ accepiſſe prædicatur ; & cum
„ quæſtio eſſet Pontificum in conſecrando
„ Rege, *Trevirenſis* videlicet & *Coloniæ*
„ *Agrippinæ :* illius, quia antiquior ſedes
„ eſſet & tanquam à *B. Petro Apoſtolo*
„ fundata ; iſtius vero quia ejus ad Diœ-
„ ceſin pertineret locus & ob id ſibi con-
„ venire arbitrati ſunt hujus conſecratio
„ honorem. Ceſſit tamen uterque eo-
„ rum *Hildiberti* cunctis notæ almitati,
„ ipſe autem antecedens ad altare &
„ ſumto inde Gladio cum Baltheo, con-
„ verſus ad Regem : Accipe, inquit, hunc
„ Gladium quo ejicias omnes Chriſti ad-
„ verſarios, barbaros & malos Chriſtia-
„ nos authoritate divina tibi tradita,
„ omni poteſtate totius Imperii Franco-
„ rum, ad firmiſſimam pacem omnium
„ Chriſtianorum. Deinde ſumtis armillis
„ ac ahlamyde induit eum, his cor-
„ nibus, inquit, humitenus dimiſſis,
„ monearis, quo zelo fidei ferveas &
„ in pace tuenda perdurare usque in
„ finem debeas. Exinde ſumpto ſceptro
„ baculoque : his ſignis, inquit, moni-
„ tus paterna caſtigatione ſubjectos cor-
„ ripias primamque Dei Miniſtris, vi-
„ duis ac pupillis, manum miſericordiæ
„ porrigas nunquamque de capite tuo

nement de l'Empire ont beaucoup d'analogie avec celles d'aujour-

„ oleum miſerationis deficiat, ut in præ-
„ ſenti & futuro, ſempiterno præmio
„ coroneri. Perfuſus itaque oleo ſancto
„ & coronatus diademate aureo ab ip-
„ ſis pontificibus *Hildiberto* & *Wich-*
„ *frido* ac omni legitima conſecratione
„ completa; ab eisdem Pontificibus du-
„ citur ad ſolium, ad quod per coch-
„ leas adſcendebatur & erat inter duas
„ marmoreas miræ pulchritudinis colum-
„ nas conſtructum, unde ipſe omnes
„ videre & ab omnibus ipſe videri poſ-
„ ſet. Divina deinde laude dicta, ſa-
„ crificioque ſolemniter celebrato, deſ-
„ cendebat Rex ad Palatium & acce-
„ dens ad menſam marmoream Regio ap-
„ paratu ornatam, reſedit cum pontifi-
„ cibus & omni populo: Duces vero
„ miniſtrabant. Lotharicorum Dux *Giſel-*
„ *bertus*, ad cujus poteſtatem locus ille
„ pertinebat, omnia procurabat: *Ever-*
„ *hardus* menſæ præerat; *Herimannus*
„ *Franco* *Pincernis*; *Arnulphus* *equeſtri*
„ *ordini* & elegendis locandisque caſtris
„ præerat: *Sigfridus* vero Saxonum opti-
„ mus & a Rege ſecundus, gener quon-
„ dam Regis, tunc vero affinitate con-
„ junctus, eo tempore procurabat Saxo-
„ niam, ne qua hoſtium interim irrup-
„ tio accidiſſet, nutriensque juniorem

d'hui (*a*), je vais les apporter tout de suite. Les voici, au moins les principales (*b*): l'Empereur fixe le jour du couronnement, lequel

---

„ Henricum secum tenuit: Rex autem
„ post hæc unumquemque Principum
„ juxta munificentiam regalem congruenti
„ sibi munere honorans cum omni hila-
„ ritate dimisit multitudinem.

Le couronnement ainsi que le sacre des Rois chrétiens de l'Europe, se fait partout (à l'exception de l'Allemagne) par le Primat de chaque Nation.

(*a*) Il faut pourtant savoir qu'anciennement ce couronnement suivoit quelquefois long-tems après l'election. Ainsi l'Empereur *Sigismond* fut élu en 1411 & ne fut couronné à *Aix-la-Chapelle* qu'en 1414. *Frédéric III.* fut élu en 1440. & couronné en 1442. à *Aix-la-Chapelle*; mais aujourd'hui il se fait immédiatement, après l'election & d'ordinaire dans la même ville: ensorte que la clause par laquelle on oblige l'Empereur élu de se faire couronner *au plutôt possible*, *Capitulat.* de *François I.* & de *Joseph II.* art. III, §. 8. est fort souvent inutile.

(*b*) Les céremonies du couronnement & les fonctions de chaque Electeur sont rapportées exactement in *Diario Electionis citato*.

étant arrivé, les Électeurs séculiers, en habits électoraux, montent à cheval & conduisent l'Empereur jusqu'à la porte de l'Eglise ; l'Electeur de Saxe, comme Archi-Maréchal, porte l'épée de l'Empereur (& le Maréchal héréditaire le fourreau); l'Électeur de Baviere, comme Archi-Sénéchal, le globe Impérial (*c*) ; l'Électeur de Brandebourg, comme Archi-Chambellan, le sceptre d'argent ; l'Archi-Tréforier (qui sera probablement dans la suite l'Électeur de Hanovre), la couronne. Les trois Electeurs Ecclésiastiques reçoivent l'Empereur à la porte de l'Eglise, le conduisent au chœur & le placent sous un dais élevé. Ensuite l'on chante une grand' Messe, à l'issue de laquelle l'Empereur promet d'être soumis à l'Eglise Catholique & au Pape (*d*), de gouverner avec

(*c*) Ce *Globe d'or* (appellé Reichs-apfel) est surmonté d'une croix & doit représenter la terre, de laquelle on croyoit autrefois que l'Empereur étoit le maitre.

(*d*) Si l'Empereur étoit d'une autre

justice, de maintenir & de récupérer les droits injustement enlevés à l'Empire. Après quoi l'on procede au sacre, lequel étant fini, l'Empereur chargé des ornemens Impériaux (e), reçoit la couronne

religion, que de la Catholique Romaine, il omettroit cette promesse.

Ornemens & bijoux Impériaux.

(e) Les Ornemens & bijoux Impériaux (Reichskleinodien) sont deux couronnes d'or, savoir, la couronne Impériale & celle de Germanie (Hauskrone) l'anneau de Charlemagne, la pomme ou le Globe d'or, deux épées (dont l'une est de Charlemagne; vid. *Goldast* (Reichshändel) pag. 206. & *Wittikind*, *Annalium* lib. I. & l'autre *de St. Maurice*, vid. *Struv*, *Corp. jur. publ.* cap. 8. §. 27. & seqq *Æneas Sylvius*, dans son *histoire de Fréderic III.* prétend, que la premiere est l'epée de *Charles IV.* alléguant pour raison, parcequ'on y voit un lion (Armes du Roi de Boheme); tout comme si *Charles-quatre*, qui l'a lui-même reconnue pour l'épée de Charlemagne dans l'endroit cité de *Goldast*, ne l'auroit pas pu faire graver là-dessus, lorsque l'on gardoit ces bijoux à *Prague*. Les vêtemens impériaux sont une Chappe, une Tunique, une Etole, une Dalmatique, une Ceinture, des Gants & des Sanda-

que lui mettent les trois Electeurs Ecclesiastiques conjointement ; alors l'Empereur jure de nouveau de conserver la justice & la paix de l'Eglise, après quoi l'on chante le *Te Deum*, lequel étant fini,

---

les; vid. *Ludwig ad Aur. Bullam*, part. 2. pag. 268. & 269. & *Struv. loco cit.* Il y a en outre une châsse d'argent contenant quelques Reliques. Toutes ces choses se gardoient autrefois au château de *Trifeltz* près du Rhin ; delà elles furent transportées par les ordres de Wenceslas, à *Carlstein* en Boheme ; mais lors des troubles excités par les Hussites, l'Empereur *Sigismond* les fit transporter à *Nuremberg*, où on les garde encore aujourd'hui dans l'Eglise du *St. Esprit* : voyez la Differt. de *Ludwig*, *imprimée à Halle sous le titre*: de *Norimberga tutelari insignium Imperalium adversus æmulos*, tom. II. *opusculorum*, pag. 1. & seqq. In monumentis huic opusculo junctis sub littera (E) extat *Bulla Martini V. de anno* 1425. qua jus tutelare Norimbergensibus æternum confertur. Autrefois les Empereurs les gardoient souvent eux-mêmes & on croyoit alors, que celui qui en avoit pris possession après la mort de l'Empereur, avoit un droit ou espérance particuliere pour aspirer à la dignité Impériale, ou du moins que sans

l'Empereur assis sur un trône crée des Chevaliers (*f*); ensuite rentré au Conclave, il prête serment en qualité de Chanoine de l'Eglise de *Sainte Marie* à *Aix-la-Chapelle.* Toutes ces cérémonies achevées,

les avoir sous sa garde, la possession de l'Empire n'étoit pas bien assurée, c'est en cette considération, qu'on les envoyoit d'ordinaire à celui, qui étoit désigné Empereur. L'histoire de la succession de *Henri I.* a l'Empereur *Conrad*, fournit un exemple décisif de cette coutume. V. *Wittik. ind.* lib. I. *Annal.* p. 19.

Tems & lieu où se faisoit la création des Empereurs.

(*f*) Autrefois l'on tenoit à grand honneur d'avoir été créé chevalier militaire (*Eques*) par l'Empereur lui-même: cette création se faisoit, ou lorsque l'Empereur de retour de l'expédition de Rome passoit le Tibre, ou lorsqu'il étoit couronné Roi d'Allemagne. Depuis que les expéditions de Rome cessent, cette création se faisoit souvent après le repas de l'Empereur. Voyez *l'histoire du couronnement de l'Empereur Maximilien I.* pag. 21. Touchant les titres & honneurs militaires voyez *Menetrier de la chevalerie ancienne & moderne; & honorée de St. Marie, dissertations historiques & critiques sur la chevalerie ancienne & moderne &c.*

l'Empereur sous un dais & tous les Electeurs à pieds, retournent au Palais Impérial. Suit le repas. La table de l'Empereur est de six pieds plus élevée que celles des Electeurs (*g*); celle de l'Impératrice de trois pieds. Chaque Electeur (ou en leur absence, les Officiers héréditaires) s'acquittent de leurs fonctions à la table de l'Empereur, avant de se mettre à leur place dans la même salle où est celle de l'Empereur (*h*). Après

---

(*g*) *Aurea Bulla*, cap. 28. §. 1.

(*h*) Le couvert est aussi mis pour les Electeurs absens, on met trois plats couverts sur leur table, mais leurs Ambassadeurs n'y sont point admis. Il y a dans la même salle une table pour les Princes, mais les Députés des Villes Impériales sont servis dans une salle séparée. Quant aux fonctions des Electeurs, avant, durant & après le repas, voyez *Mascov. Principia juris publ.* lib. IV, cap. III, §. XVI.

N. B. J'aurois pu ajouter à toutes ces solemnités I°. que l'Electeur, Grand-Maître-d'hôtel de l'Empereur, va à cheval couper un morceau du bœuf farci de vo-

le repas, l'Empereur & les Electeurs ſe font mutuellement leurs viſites : là tout finit.

V.

Seconde inauguration de l'Empereur.

La ſeconde inauguration de l'Empereur comme Roi des Romains ſe faiſoit autrefois à Rome (*a*); mais depuis *Charles-quint*

---

lailles & de gibier, rôti ſur une place publique, & le porte dans un plat d'argent ſur la table de l'Empereur, en abandonnant ce bœuf au peuple ; II°. que l'Electeur, Grand-Maréchal, va à cheval près d'un monceau d'avoine, expoſé ſur une place publique, en prend une certaine quantité avec un vaſe d'argent & le porte à l'Empereur, abandonnant le reſte au peuple ; III°. que l'Electeur, Grand-Tréſorier, jette de l'argent ou des médailles (frappées en mémoire du couronnement) au peuple, & autres. Vid. *Aurea Bulla*, cap. XXIII. & XXVII, & *Limnæus, ad hæc Aur. B.* capp.

(*a*) Depuis *Charles le Chauve*, élu Empereur par le Pape *Jean II*, & le peuple Romain en 875, couronné enſuite par le même Pontife en 876, les Papes ont prétendu le droit de couronner les Empereurs. Cela fit naître les expéditions de Rome (c'eſt-à-dire, le voyage

les Empereurs se sont contentés de la couronne d'Allemagne, & quoique quelques-uns aient promis dans leur Capitulation d'aller prendre la couronne Impériale de Rome, les Etats n'en ont point exigé l'exécution ; & même depuis l'Empereur *Léopold*, l'article de l'expédition de Rome, pour y prendre cette couronne, n'a plus été inséré dans aucune Capitulation, sans que le Pape en ait jamais porté ses plaintes (*b*).

---

des Empereurs à Rome pour s'y faire couronner ; l'établissement en est attribué à *Conrad II.* en 1039. *Mascov. de jure feud.* cap. 6, §. 30. Ce couronnement ne se faisoit pas toujours à Rome; *Charles-quint* p. e. fut couronné Empereur & Roi d'Italie à *Bologne.* Vid. *Agrippa de Duplici coronatione Caroli Quinti.* Il se faisoit quelquefois par les Légats du souverain Pontife. Vid. *Struv. Corp. j. publ.* cap. VII, §. 39.

(*b*) Le Pape n'y perd rien ; c'est une dépense de moins pour lui, & il est très-probable que les Etats d'Italie s'en trouvent bien, vu que l'armée Impériale, qui accompagnoit l'Empereur dans ces occasions, les incommodoit de toutes façons. V. *Moser*, ad Capitul. Jos. II. art. 3. §. 8.

VI.

Troiſieme inauguration.

La troiſieme inauguration des Empereurs, ſucceſſeurs de *Charlemagne*, comme Roi de Lombardie, ſe faiſoit anciennement & premierement à *Modene* (*a*), enſuite tantôt à *Monza* (Ville du Duché de *Modene*), tantôt à *Milan* (*b*). L'Empereur *Otton III.* ordonna que le couronnement de Lombardie ſe feroit à l'avenir à *Milan*, capitale de l'Italie (*c*). *Sigonius* nous

(*a*) Vid. *Landulphi hiſtoria Mediolan.* cap. 39. & *Sigonius de Regno Galliæ*, lib. IV.

(*b*) A *Monza* elle ſe faiſoit dans l'Egliſe de *St. Michel*, & à *Modene* dans celle de *St. Jean-Baptiſte.*

(*c*) Vid. *Muratorius de Corona ferrea* cap. 7. On croyoit autrefois que la couronne dont s'eſt ſervi *Charlemagne* pour ſe faire couronner Roi des Lombards, avoit été de fer. Vid. *Albertinus Muſſatius de geſtis Archiepiſcopi Trevirenſis*, lib. II, cap. 10. Ce qu'il y a de ſûr, eſt que la couronne que l'on garde à *Modene* & dont *Charles V.* fut couronné le dernier, eſt compoſée d'un cercle d'or; lequel ce-

nous fait part des cérémonies usitées lors du sacre (*d*). L'Archevêque de *Milan* avoit seul le droit (attaché à son siege) de couronner & de sacrer les Rois de

---

pendant est ceint au-dedans d'un petit cercle de fer fort mince, que l'on dit avoir été formé d'un clou que l'on a pris de la Croix de Notre Sauveur.

(*d*) Sigonius, coronationis Longobardicæ ritum ita describit, de *Regno Italiæ* lib. VII: „ Perducto per Episcopos ex „ cubiculo in templum & ad aram maxi„ mam Rege, Archiepiscopus post solemnes „ aliquot precationes effusas populum al„ locutus interrogabat eum, num se tali „ Regi subjicere & illius mandatis & jus„ sionibus constante fide vellet obtempe„ rare: ubi vero populus se velle respon„ derat, Regis caput, pectus, scabulas at„ que ipsas brachiorum compages oleo „ sancto ungebat, Deum orans, ut in „ bello gerendo & in sobole propagandâ „ votis ejus annueret. Ornato deinde „ ense, armillis, pallio, annulo & scep„ tro, coronam imponebat, & per cho„ rum ductum in solio collocabat & osculo „ pacis oblato divinam inde rem facie„ bat". Instrumenta de coronatione Longobardica confecta exhibet, *Lunig*, *Cod. diplom. Italiæ* tom. I, *columna* 2115.

Lombardie. Cette inauguration cessa avec celle de Rome (*e*).

VII.

A ces trois inaugurations dont nous venons de parler, nous pouvons en ajouter une quatrieme; savoir, celle de *Bourgogne*, dont se sont décorés les Empereurs depuis *Conrad III.* (*a*) jusqu'à

(*e*) *Arnoul*, auteur du onzieme siecle, dans son *Histoire de Milan*, liv. II, chap. 3 & 4. rapporte, que l'Empereur *Conrad le Salique* (après avoir entendu la dispute entre l'Archevêque de *Milan* & celui de *Ravenne* sur le droit du sacre) avoit dit : „ Certum quidem est, „ reverendi Patres, quod sicut privilegium est Apostolicæ sedis consecratio „ Imperialis, ita *Ambrosianæ* (h. e. Mediolanensis) sedis privilegium est electio „ & consecratio regalis “.

(*a*) Après la mort de *Raoul III*, dernier Roi des deux Bourgognes, arrivée en 1033, *Conrad II*, surnommé le *Salique*, se mit en possession de ce Royaume, I°. en vertu de la donation dudit *Raoul*; II° à titre de *mari de Gisele*, héritiere reconnue dudit *Raoul*; & III°. en vertu de l'élection faite par les Etats de Bourgogne assemblés à *Payerne*.

Charles IV, dernier Empereur couronné Roi de Bourgogne en 1356. (*b*). Pendant que la Maiſon d'Autriche brilloit ſur le trône Impérial, les Empereurs étoient en même tems Rois de Hongrie & de Boheme, & ſe firent ſolemnellement couronner dans leur Royaume.

Il le donna cinq ans après à ſon fils *Henri III*, avec l'agrément des Etats. Vid. *Wippo, de vita Conradi Salici, apud Piſtorium*, tom. III, pag. 482. Le couronnement ſe fit toujours à Arles par l'Archevêque.

(*b*) En préſence de pluſieurs Archevêques & Evêques, ainſi que des Comtes de Provence & de Savoye, & autres vaſſaux ſéculiers du Roi de Bourgogne. Vid. *Jacobus Bovis, in libro de regia coronâ Arelatenſi*, pag. 350.

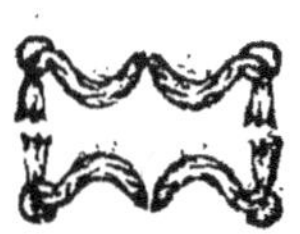

CHAPITRE IV.

Des Titres & Armes de l'Empereur.

I.

Le Chef du *S. Empire Romain*(*a*) porte plusieurs titres, les uns plus brillans que les autres. Les ordi-

S. Empire Romain. (*a*) Ces paroles, *le St. Empire Romain*, paroissoient être devenues de style dans le douzieme siecle, ensorte que depuis, même les puissances étrangeres ont d'ordinaire donné ce titre à l'Empire, & l'on prétend que les marques s'en trouvent dans des Lettres-patentes & ordonnances de l'Empereur *Frédéric I.* Voyez la *Dissertation de G. L. Bæcler*, intitulée *Vindiciæ anti-Blondellianæ*, qui veut que ce titre fut donné à l'Empire pour soutenir sa dignité contre les Papes, qui tâcherent de l'assujettir à leur puissance, sur-tout vers le douzieme siecle. *Mascov*, *princip. jur. publ.* lib. III, cap. IV, pense que ce titre lui fut donné à l'imitation des Romains, accoutumés de nommer saint ou sacré ce qui appartenoit à l'Empereur. Delà ces noms : *Sacratissimi Imperatores*,

naires, & généralement reconnus

Sacræ litteræ, *Sacrum Palatium*, *divina Domus*, &c. D'autres prétendent que la principale raiſon de cet éloge eſt, parceque l'on étoit toujours perſuadé que la défenſe de la Ste. Egliſe Romaine contre ſes ennemis, avoit été particuliérement confiée à l'Empereur des Romains. Voyez *Grotius de jure bellii & pacis*, lib. II, cap. XV, §. XII. Delà *Fürſtenerius* ſeu *Leibnitzius*, *de jure ſuprematus in Præfatione* tradit: „ Cæſarem eſſe Advocatum, Caput & Bracchium ſeculare eccleſiæ univerſalis, totam Chriſtianitatem unam veluti rempublicam componere, in qua Cæſari authoritas aliqua competit. Hinc *Sacri Imperii* nomen, quod æque latè ac Eccleſia Catholica quodammodo porrigi debet. Cæſarem eſſe *Imperatorem*, id eſt, Ducem natum Chriſtianorum contra infideles ". Je pourrois ajouter à toutes ces conjectures, que le nom de St. Empire (en tant qu'il entre dans le titre des Empereurs Allemands) paroît être analogue à ſa ſource, ſavoir, le *Pape*, appellé *Sa Sainteté* ou le *Saint Pere*, long-tems avant *Charlemagne*, dont le Domaine fut nommé à juſte titre *Empire Romain*; vu que la principale partie de cet ancien Empire tomba ſous ſa domination, & paſſa des Francs à leurs ſucceſſeurs les Rois d'Allemagne. Voyez

ſont : *Sa Majeſté* (*b*), *Empereur des*

---

l'*Auteur du Droit publ. du St. Empire*, liv. I, chap. V.

Titre de Majeſté.

(*b*) Le titre de Majeſté n'a rien de particulier à l'égard de l'Empereur, vu qu'il lui eſt commun avec toutes les autres têtes couronnées. Les Allemands prétendent que ce nom lui convient préférablement à tout autre, puiſqu'ils le regardent comme le premier Prince de l'univers. Je ne ſaurois adhérer à leur ſentiment avant qu'ils me diſent ce qu'ils entendent par ce terme *Majeſté.* S'il dénote l'autorité ſouveraine & abſolue, il convient à tous les Potentats; s'il ſignifie une autorité deſpotique, aucune puiſſance Chrétienne ne voudra s'en décorer; s'il marque une grandeur & dignité perſonnelle, il doit être accordé au Prince le plus vertueux; enfin s'il marque un certain train & éclat de cour, provenant de la force & de la richeſſe de l'Etat, ainſi que de la prudence, de la libéralité & de la grandeur d'ame de ſon chef; j'accorderai ce titre à celui qui réunit en lui & dans ſon Etat toutes ces choſes dans un dégré éminent; s'il ſignifie le plus grand des hommes (*Major eſt*), c'eſt un titre d'arrogance & de vanité qu'aucun Empereur chrétien prétendra porter dans ce ſens, & que d'autres Empereurs de ce monde, pas même les autres Souverains, ne paſſeront jamais.

Romains (c), *toujours Auguste* (d), *César* (e)

N. B. On a cru autrefois que le titre de *Majesté* ne convenoit qu'à l'Empereur, ensorte que ni l'Empereur, ni les Etats d'Empire, ne l'accordoient à aucun Potentat de l'Empire. Voyez *Mabillon, de re diplomat.* lib. II, cap. VII, §. 6, p. 187. Aussi dans un traité fait entre les Rois de France & d'Angleterre, l'an 1492, le Roi de France est appellé le Roi Très-Chrétien; les autres, nommés *Sérénissimes*. Et le titre de *Majesté* s'y donne à l'Empereur seul. Vid. *Pfeffingeri notas ad Vitriarium*, lib. I, tit. V.

Piganiol de la force, *Introduction à la description de France*, chap. III, art. 6, dit: les étrangers donnent au Roi (de France) la qualité de Roi Très Chrétien & de *Majesté très-Chrétienne*. Les Papes ont commencé à donner au Roi le titre de Chrétien & de Très-Chretien, dès le tems de *Childebert*, fils du grand *Clovis*. Ce titre ne fut pourtant point fort en usage sous la premiere race, mais sous les deux autres, il y a peu de Rois à qui on ne l'ait donné. Il n'est cependant devenu propre & particulier à nos Rois que dans la personne de *Louis XI*. l'an 1459, quand le Pape *Paul II*. le lui affecta comme une prérogative spéciale.

Obs. Dans le Traité de Paix de West-

II.

Les armes diſtinctives de l'Em-

---

phalie l'Empereur & les Etats ont donnés le titre de *Majeſté* aux Rois de France, d'Angleterre & de Suéde ; aujourd'hui ils l'accordent à tous les Rois.

Dans les lettres de chancellerie de l'Empire, l'Empereur donne au Roi des Romains, de même qu'aux autres, le titre de *Serenitas* & *Dilectio Veſtra*, à l'exception du Roi de France, auquel il accorde le titre de *Majeſté*.

Titre d'Empereur.

(c) Le titre *d'Empereur* conſideré dans ſon origine, étoit relatif aux perſonnes qui avoit le commandement des troupes, & conſéquemment ce mot qui dérive du verbe *imperare*, dénotoit au commencement un *Général d'Armée*. Delà il ſuit que ce titre conſidéré dans ſon origine, eſt plus modeſte que faſtueux, & ſe donnoit même à ceux qui avoient moins de pouvoir que les Rois des Romains, vu que dans le tems que ce titre prit naiſſance, le pouvoir ſouverain réſidoit dans le peuple & dans le Sénat ; vid. *Heineccii Antiquit. Rom. & Gall.* lib. 14, cap. 7. Dans la ſuite il devint propre, & ſignifia uniquement celui auquel le gouvernement de l'Empire étoit déféré, vid. *Suetone dans la vie de Jules Céſar*, chap. 67. *Dio Caſſius*, lib. 14. pag. 235. & lib. 52. pag. 473. Les premiers Empereurs pri-

pire & de l'Empereur sont l'Aigle noire de sable déployée, à deux

---

rent ce nom par une sage politique & le préférerent à celui de Roi, puisque depuis Tarquin le Superbe, ce nom étoit devenu odieux au peuple Romain. Tous les successeurs de *Charlemagne* dans l'Empire se sont décorés de ce nom flatteur, à l'exception de ceux, qui ont cru ne pouvoir porter ce titre avant d'avoir été couronné à Rome.

NB. Le nom *d'Empereur* dénotoit dans le tems de *Bartole*, *fameux jurisconsulte du XIV. Siècle*, le *Maître de l'univers*; ce jurisconsulte auroit tenu pour hérétique quiconque auroit nié à l'Empereur le pouvoir suprême du temporel sur toute la terre. Voici ses paroles ad *Legem* 24. *de Captiv. & postlim. rev.* " & forte „ si quis diceret, dominum Imperatorem „ non esse dominum & Monarcham to- „ tius orbis, esset hereticus; quia di- „ ceret contra determinationem Ecclesiæ„. Certes si c'étoit là le sentiment de l'Eglise de ce tems-là, elle l'a changée depuis, & les Empereurs eux-mêmes reconnoissent aujourd'hui cette erreur de *Bartole*; duquel je puis dire, que s'il a été grand jurisconsulte, il n'étoit point grand Théologien; vu que la question (si le pouvoir temporel de l'Empereur s'étend sur-tout l'univers) n'a jamais été regar-

cols & à deux têtes, ſurmontée de

---

dée comme une matiere de foi, à l'égard de laquelle ſeule l'on paſſe pour Catholique ou hérétique. *Grotius*, *de jure Belli & pacis*, lib. II. cap. XXII. §. XIII. ſappe les ruineux fondemens du foible ſentiment de *Bartole*.

Titre d'Empereur Auguſte des Romains.

Obſ. I. Le titre *d'Empereur Auguſte des Romains* ne pouvoit donner à *Charlemagne* & à ſes ſucceſſeurs couronnés du Pape, que le pouvoir temporel, qu'avoit pour lors le peuple Romain; or ce pouvoir étoit très-borné & ne s'étendoit plus ſur les terres anciennement dépendantes de Rome, telles ſont une grande partie de *l'Aſie* & de *l'Europe*, comme *l'Eſpagne*, la *France* & autres, qui longtems avant le couronnement de *Charlemagne* jouiſſoient de tous les droits de ſouveraineté, & vivoient indépendamment de tout autre peuple. D'ailleurs le Pape *Leon III.* en décorant *Charlemagne* du titre d'*Empereur des Romains*, ne pouvoit avoir eu l'intention de lui donner le même pouvoir temporel qu'avoit eu anciennement le peuple Romain, puiſqu'il ne l'avoit pas lui-même, & que la Ste. Ecriture l'inſtruit, que ſon pouvoir en qualité de repréſentant de Jéſus-Chriſt ne regarde point le temporel, *Matthæi XXVI.*

Obſ. II. Il reſte cependant vrai, que depuis le douzieme jusqu'au quinzieme Siécle (tems que l'on appelle d'ordinaire les Siécles d'ignorance) on donnoit aux Empereurs, même dans les diplômes, fort ſouvant le titre de *Maître du Monde*; voyez *Goldaſt*, *conſtitut. Imperial.* pag. 261.

(*d*) Le mot *Auguſte* ſignifie *majeſtueux*, *ſacré & divin*; vid. *Ovidius in faſtis*, lib. I. verſu 609. Auſſi lorſqu'*Octavius* fut confirmé par le Sénat dans la puiſſance abſolue, on lui déféra le titre *d'Auguſte* l'an de Rome 727, pour marquer qu'il étoit élevé au deſſus des autres & que par-là il étoit devenu *ſacré & inviolable.* Titre d'Auguſte.

Obſ. I. Il étoit d'uſage chez les Romains de faire conſulter les Dieux par les *Augures* (*premiers prêtres de Religion après les pontifes*) autant de fois qu'il s'agiſſoit d'une affaire de grande importance; on fit de même lorſque le Sénat projetta de nommer *Octave Empereur*; & les Augures s'étant flattés d'avoir reconnus (par l'inſpection du ciel) le choix des dieux à l'égard d'*Octave*, il s'aviſa de prendre le nom d'*Auguſte* (*c'eſt-à-dire reconnu & approuvé par les Augures*). Or les lieux, ainſi que les perſonnes choiſies & deſtinées par les *Augures* à de certains uſages relevés, s'appelloient *ſaints* ou *ſacrés*, à cause des cérémonies religieuses qui accompagnoient ces actes; ainsi ces mots *Empereur*, *Auguste*, signifient un *Empereur reconnu & approuvé par les Augures en conséquence de certaines cérémonies religieuses, & par-là devenu saint, sacré & inviolable.* Delà vient que les François se servent indifféremment de ces deux mots, *sacrer*, *inaugurer*, quand il s'agit du sacre du Roi. Voyez *Sueton. in vita Aug.* cap. VII. *Dio Caff.* liv. LIII. *Mœurs & usages des Romains*, tom. II, pag. 226.

II°. Dans la suite le nom d'*Auguste*, aussi-bien que celui de *César*, ont été donnés à l'héritier présomptif de l'Empire.

III°. Les successeurs d'*Octave* ont conservé ce nom; quelques-uns se firent appeller *toujours Augustes*, que les Allemands interprêtent par ces termes : **Allzeit Mehrer des Reichs**. Sans doute qu'ils s'imaginent que le mot d'*Auguste* dérive du verbe augere, **mehren**, *augmenter*.

IV° L'Empereur Romain s'appelle depuis long-tems *Cæsar semper Augustus*, & depuis que *Maximilien I*, prit à Trente le titre d'*Empereur élu*, on y ajouta celui de *Roi de Germanie*. Les Empereurs *François I.* & *Joseph II*, portent dans leur Capitulation le titre : *Nous, par la grace de Dieu, Roi de Germanie & de Jérusalem.* Cette derniere qualité leur

la couronne Impériale (*a*), au cœur duquel l'Empereur place ordinairement les armoiries de la Maison dont il est issu. L'origine de cette Aigle à deux têtes ou de

---

est attribuée pour raison de leur justes prétentions sur ce Royaume.

(*e*) Le mot de *César* étoit originairement propre & attaché à la famille de *Jules-César*. *Octave Auguste*, son fils adoptif, s'est également donné ce nom, & l'ajouta au sien, s'appellant *Octave-César-Auguste* : après lui ce nom devint sinonime avec celui de l'Empereur ; mais vers le troisieme siecle il signifia d'ordinaire le successeur désigné à l'Empire. Vid. *Spartianus in vita Aelii veri*, cap. II. Il paroît que déja du tems de *Charlemagne* il étoit d'usage de multiplier les qualités des Princes, & d'allonger leurs titres. Delà nous voyons que *Charlemagne*, dans le premier Capitulaire à l'année 806, chez *Palucc*, tom. I, pag. 53, s'appelle : *Imperator*, *César*, *Rex Francorum invictissimus & Romani Rector Imperii*, *pius*, *felix*, *triumphator*, *semper Augustus*.

Titre de César.

(*a*) On a disputé autresfois, si c'est une Aigle double ou à deux têtes ; mais il fut déclaré dans l'*Ordonnance des Monnoies* de 1559, que c'est une Aigle à deux têtes.

cette double Aigle (doppelter Adler) eſt tout-à-fait incertaine (*b*). Les

---

(*b*) Les armes des anciens Empereurs Romains étoient un anneau portant un animal gravé à fantaiſie. Les Rois Mérovingiens, ainſi que l'Empereur *Charlemagne* & ſes ſucceſſeurs, ſe ſont ſervis de Monagrammes pour armes. Voyez *Dufresne*, *verbo Monagrammata*, juſqu'à ce que l'Aigle à deux têtes fut adoptée.

Conjecture ſur les Aigles trouvées ſur le palais de Charlemagne à Aix-la-Chapelle.

Obſ. I°. Déja du tems d'*Otton II*, nous trouvons des Aigles placées ſur le palais de *Charlemagne* à *Aix-la-Chapelle*, & *Dithmar* dit, que *Lothaire*, Roi de France, après avoir ſurpris & chaſſé *Otton d'Aix-la-Chapelle*, il avoit fait tourner vers la *France* les Aigles placées ſur le palais de *Charlemagne* pour marquer que la Lorraine (ſavoir, la Baſſe, où étoit ſitué *Aix-la-Chapelle*) appartenoit à la *France*. Delà l'on pourroit conclure que déja vers la fin du dixieme ſiecle l'Aigle étoit regardée comme le ſymbole du nouvel Empire Romain, & il me paroît même probable que *Charlemagne* voyant ſon Empire éminer ſur tous les autres de ſon tems, l'ait comparé à une Aigle qui s'éleve bien au-deſſus de toute la gent volatile, & l'ait pour cette raiſon placé ſur ſon palais. Cependant les Aigles n'entrerent dans les armoiries des Empe-

Empereurs ſe ſont quelquefois ſervi d'une Aigle ſimple juſqu'à l'Empereur *Charles-quint*. Depuis ils ont toujours employé dans leurs

---

reurs que ſous *Louis de Baviere*, qui s'eſt ſervi le premier de deux Aigles en forme de ſupport (Wappenträger). Vid. *Trener*, *in diſſertat. de origine aquilæ bicipitis*, cap. 3, §. 3. L'Empereur *Wenceslas* les changea enſuite en une Aigle à deux têtes vers l'an 1384. Vid. *Struv*, *Corp. j. publ.* cap. VIII, §. 46, ſans doute par mépriſe ou par une fauſſe imagination, croyant que les Aigles ſervant de ſupports aux armes de *Louis de Baviere*, & dont on ne voyoit que les cols & les têtes ſortir des deux côtés, n'avoient formé qu'un corps d'Aigle. Ce qu'il y a de certain eſt, que l'Aigle à deux têtes eſt d'un uſage conſtant depuis *Charles V*. *Struv* l. cit. *Pline*, dans ſon *Hiſtoire naturelle* liv. 10, chap. 14, rapporte que du tems de *Marius*, Conſul Romain, les Aigles d'or poſées ſur des perches étoient l'enſeigne des Légions. L'auteur du *Droit publ. du St. Empire* rapporte l'extrait d'une lettre authentique de *Cadix*, envoyée au bureau du Secrétaire d'Etat à *Londres*, datée du 8. Août 1723, qui affirme que le Vice-Roi du Mexique avoit apporté au Roi d'Eſpagne une Aigle déployée de la poitrine, de laquelle ſortoient

Aigles des Romains.

armes une Aigle à deux têtes pour se distinguer du Roi des Romains, qui ne se sert que d'une Aigle simple (c).

III.

Rang de l'Empereur.

L'Empereur Romain tient le premier rang parmi les Princes de l'Europe

---

deux cols de la longueur de huit pouces, qui aboutissoient chacun à une tête égale & bien proportionnée, à la réserve que le bec de la tête droite est un peu plus fort & plus aigu que l'autre. Je ne sais si cette nouvelle s'est confirmée.

II°. *Limnæus*, *juris publ.* lib. I, cap. 14, prétend, que l'Aigle à double tête dénote la division de l'Empire en Oriental & Occidental. *Struv*, au contraire soutient, qu'il marque la jonction de l'Empire Romain avec le Royaume de Germanie. Il est vrai que la singuliere conformation de cet animal fictice, fit naître tout naturellement à ces deux grands hommes des idées qui paroissent contraires, & qui bien examinées se soutiennent parfaitement dans leur objet, dont la jointure des deux cols dans une même poitrine peut très-bien représenter la jonction de l'Empire Romain avec le Royaume de Germanie, de même que les deux têtes séparées figurent fort bien l'ancien Empire des Romains divisé en deux.

l'Europe : ce rang paroît avoir pour fondement la grandeur d'ame & la prodigieuse valeur de *Charlemagne*, ainsi que la foiblesse des Princes contemporains. Certes l'Empereur d'aujourd'hui le mérite à tous égards ; & quoique l'Empire ne lui procure que très-peu de revenus, il trouvera en lui, de même que dans les sages conseils que lui donna feu son auguste Mere, & que ses vaillans & éclairés Généraux & Ministres sauront lui ménager, de quoi soutenir son brillant, & de rendre de plus en plus ses sujets heureux.

CHAPITRE V.

Du Roi des Romains.

I.

Depuis l'Empereur *Charles IV*. la plupart des Empereurs se sont servis, pour assurer la couronne Impériale à leur héritier, de l'adroit expédient, d'engager le College

Électoral à élire Roi des Romains pendant leur vie, celui qui devoit leur succéder dans leurs États. Le titre de *Roi des Romains* sous *Charlemagne* & sous quelques-uns de ses successeurs, désignoit déja le successeur à l'Empire (*a*). Ensuite & sur-tout depuis *Otton I*, on appella ordinairement de ce nom le Roi d'Allemagne, élu après la mort de l'Empereur, & qui n'avoit pas encore été couronné Empereur par le Pape; & c'est en ce sens qu'il en est parlé dans la *Bulle d'Or* chap. I, §. 1. 19, chap. II, §. 1, chap. XVIII, §. 2, laquelle ne fait aucunement mention du Roi des Romains dans le sens de notre chapitre.

Titre de Roi des Romains.

II.

Dans le sens de la Bulle d'Or.

Dans le sens de la *Bulle d'Or*

(*a*) Du tems de *Charlemagne*, de même que durant toute la race Carlovingienne, ce nom désignoit un successeur légitime de la couronne, nommé & choisi par l'Empereur lui-même; ainsi il ne doit point être confondu avec le Roi des Romains d'aujourd'hui.

le titre de Roi des Romains devint plus fréquent ſous *Henri III*, & fut enfin de ſtyle ſous le régne de *Henri V*, qui le porta dans toutes ſes chartes, juſqu'à ſon couronnement à Rome. Tous ſes ſucceſſeurs firent de même juſqu'au tems de *Maximilien I*, lequel prêt à ſe faire couronner à Rome, en ayant été empêché par les Vénitiens, prit en 1508, avec l'agrément des Etats, le titre d'*Empereur des Romains élu.* Depuis ce tems-là le titre de Roi des Romains dénota toujours le ſucceſſeur préſomptif de l'Empereur, élu de ſon vivant, & ſon Vicaire dans l'Empire lors d'un légitime empêchement.

III.

Du tems de l'Empereur *Charles IV*, rédacteur de la *Bulle d'Or*, on a cru que l'élection du Roi des Romains (Vicaire de l'Empire) ne pouvoit ſe faire ſans le conſentement du Pape (*a*). Les Empe-

(*a*) Vid. *Mantiſſa*, pag. 2. n. 50. pag. 261. & *Raynald*, à *l'année* 1376.

reurs ont toujours eu de grandes peines d'y faire consentir les Electeurs (*b*), qui n'aimoient point de se dépouiller d'avance de toute espérance de devenir Empereur, & encore bien moins d'élire fort souvent pour Roi des Romains & futur Empereur, un enfant, duquel le caractere, les vertus & la valeur à venir ne pouvoient leur être

---

§. 13. & *Epistola Caroli IV. ad Gregorium XI. apud Leibnitz, in Cod. Diplom.* part. 2, n. 50.

(*b*) Lorsque l'Empereur *Rodolphe* vouloit faire elire Roi des Romains son fils *Albert Duc d'Autriche*, les Electeurs s'y refuserent absolument, vid. *Trithemius in Chron. Hirsaug. ad ann.* 1291. *Charles IV.* promit aux Electeurs, à chacun en particulier, la somme de cent mille florins d'or pour gagner leurs suffrages en faveur de son fils *Wenceslas*, élu Roi des Romains ; & comme il n'avoit point ces sommes en deniers comptans & que la Boheme étoit épuisée d'especes, il céda aux quatre Electeurs du Rhin les péages sur le *Rhin* & plusieurs villes Impériales, & fit périr par-là les débris du domaine Impérial, vid. *Abrégé de l'histoire & du Droit publ. d'Allem.* pag. 300.

aucunement connus. Cette élection fut aussi quelquefois contrecarrée par des sentimens de haine ou de jalousie cachés sous de spécieux prétextes (c); en un mot

---

(c) Cela est prouvé par la protestation de l'Electeur de Saxe & des Princes de la ligue de Smalcalde contre le Congrès de *Cologne*, où *Charles-Quint* Empereur & Roi d'Espagne, accablé, d'affaires avoit fait convoquer les Electeurs pour faire élire son frere *Ferdinand Roi des Romains.* Les Princes prétendirent, que ces sortes d'élections anticipées étoient une violation de la *Bulle d'or* & un moyen d'opprimer la liberté de l'Empire. Ils exigerent conséquemment.

Difficultés de faire élire Ferdinand Roi des Romains.

I°. Qu'à l'avenir ce seroit aux Electeurs assistés de six Princes d'Empire à décider, si l'élection d'un Roi des Romains est nécessaire.

II°. Qu'il seroit toujours Allemand de Nation.

III°. Qu'on n'en éliroit jamais trois d'une même famille de suite. Ces demandes firent naître des conférences qui se tinrent à *Schweinfort* en 1532. & à *Nuremberg*; on y agita en même tems les griefs de Religion. *Charles* consentit à tout, pourvu que son frere fût élu &

elle coûta beaucoup aux Empereurs, & profita infiniment aux Electeurs.

IV.

Cas auxquels on procede à l'élection d'un Roi des Romains.

Enfin pour la rendre de jour en jour plus difficile, de même que pour la faire presqu'entiérement dépendre du gré des Électeurs, on mit dans la Capitulation de *Charles VI.* (*a*) cette clause : que les Électeurs ne passeroient pas facilement (*Vivente Imperatore*) à l'élection d'un Roi des Romains, si ce n'est au cas que l'Empereur des Romains élu & regnant, voulût se rendre hors de l'Empire, &

reconnu Roi des Romains, comme il arriva ; vid. *Sleidanus de statu sub Carolo V.* lib. 8. & *Goldast*, Reichs-händel, part. 2. pag. 142. Mais dans la suite ce résultat ou cette convention de *Schweinfort* fut oubliée, & les successeurs de *Charles V.* n'allerent pas moins leur train, quand il étoit de l'intérêt de leurs maisons de faire élire un Roi des Romains.

(*a*) *Art.* 3. Cette clause fut répétée dans les Capitulations suivantes & notamment dans celles de *François I*, & de *Joseph II.* art. 3. §. II.

qu'il voulût demeurer abſent le reſte de ſes jours, ou trop long-tems, ou bien qu'il ne fût plus en état de tenir les rênes du Gouvernement à cauſe de ſon grand âge, ou d'une indiſpoſition continuelle; ou que d'ailleurs une autre grande néceſſité, dont dépend la conſervation & le ſalut du St. Empire Romain, requît d'élire un Roi des Romains encore du vivant de l'Empereur regnant; & que dans les uns comme dans les autres des dits cas, comme auſſi lors de ladite néceſſité, il dût être précédé à l'élection d'un Roi des Romains par les Électeurs (du conſentement de l'Empereur des Romains regnant ou ſans ſon conſentement, ſuppoſé, que ſans avoir des raiſons importantes il refuſât de le donner, quoique de ce prié) & y être par eux agi avec une entiere liberté & ſans aucun empêchement, conformément à la *Bulle d'Or* & ſuivant que l'office qu'ils tiennent du S. Empire, le demande, & que leur devoir l'exige (*b*).

(*b*) Les Electeurs & les autres Etats

V.

Le Roi des Romains n'a aucun droit de ſe mêler des affaires du gouvernement de l'Empire du vivant de l'Empereur, ſi ce n'eſt dans les cas de l'*art.* 3. ſusmentionné, de même il ne doit jouir d'aucunes prérogatives & privilé-ges accordés à l'Empereur, vu qu'ils n'ont été attachés qu'à la perſonne de l'Empereur & en vue

---

d'Empire ſont en diſpute pour ſavoir à qui doit appartenir l'examen & la déciſion de la néceſſité & de l'utilité de l'élection d'un Roi des Romains. Les Etats prétendent le droit de concourir avec les Electeurs, pour diſcuter ces deux points, & ſe fondent ſur l'*art.* 8. du *Traité d'Oſnabruck*, qui demande le conſentement des Etats autant de fois qu'il s'agit de terminer une affaire importante. Ce différent reſte cependant toujours indécis. Vid. *Henniges, dans ſes méditations ſur la paix de Weſtphalie* pag. 964. & ſuiv. & & les Electeurs ſe fondant ſur la poſſeſſion, ont toujours continué depuis de délibérer ſeuls, & excluſivement aux autres Etats, ſur la néceſſité ou l'utilité d'élire un Roi des Romains.

de sa Majesté & de ses fonctions (*a*). Ainsi il me paroît très-probable que le Roi des Romains ne puisse pas exercer le droit des premieres prieres (*b*), si ce n'est en l'absence ou avec le consentement de l'Empereur.

VI.

Un mineur peut être élu.

On peut élire un mineur, Roi des Romains, mais dans ce cas les Electeurs lui font spécialement promettre dans sa Capitulation (*a*).

(*a*) *Capitulation de Joseph II*, art. XXX, §. VI.

(*b*) Nous voyons dans *Goldast*, tom. I. *Constitut. Imper.* pag. 375, un Diplôme, par lequel *Wenceslas* accorda les premieres Princes en 1376, n'étant que Roi des Romains. Mais cet exemple, unique dans ce genre, procédant sans doute de l'agrément de l'Empereur *Charles IV.* son pere, ne donne aucun droit à un pareil Roi, comme le prouve Speners Deutsches *Jus publ.* tom. V. pag. 209, & tom. VI. pag. 172.

On lui prescrit une Capitulation.

(*a*) Depuis l'Empereur *Maximilien II.* les Electeurs ont coutume de prescrire une Capitulation au Roi des Romains, semblable à celle des Empereurs dont il promet l'observation, avec serment, de ne prétendre à l'exercice actuel de la dignité Impériale, même après la mort de l'Empereur & au préjudice des Vicaires de l'Empire, que lorsqu'il sera parvenu à l'âge de majorité (savoir, au commencement de sa dix-huitieme année), & dans ce cas le pere ou le tuteur du mineur, élu Roi des Romains, seroit obligé de signer la Capitulation du fils ou pupille mineur, pour donner plus de force à son engagement; comme cela s'est pratiqué à l'élection du Roi *Joseph I.* (*b*).

VII.

Quoique le Roi des Romains ne puisse gérer aucune affaire d'Empire du vivant de l'Empereur, si ce n'est en son nom, par son ordre ou avec son agrément, & que

---

immédiatement après son élection, & répete le même serment après la mort de l'Empereur, avant de s'immiscer dans les affaires du Gouvernement, en donnant des réversales aux Electeurs.

(*b*) Voyez l'*art.* XLVII. *de ladite Capitul.*

conséquemment il paroisse qu'il ne puisse être regardé que comme un simple Vicaire & successeur de l'Empereur, il a cependant ses titres & ses armes particulieres, qui approchent de ceux de sa Majesté Impériale. Tous les Etats de l'Empire lui donnent le titre de *Majesté*, à l'exception de l'*Empereur*, qui ne lui donne que celui de *Dilection*. On lui accorde également le titre d'*Auguste* (*a*), même celui de *toujours Auguste*. Il a la préséance sur tous les États d'Allemagne ; mais je pense qu'il doit céder le pas à tout Roi couronné & regnant, qui a son Royaume & ses sujets (*b*). Ses armes portent une

Ses armes & titres.

(*a*) *Ferdinand I. prit dans le Récès de la Diete de Spire de l'an* 1542. & 1543, *le titre de* toujours Auguste.

(*b*) *Beroldus*, in *Differtat. de præcedentiæ & sessionis prærogativa*, cap. II. N°. 5, lui donne le pas sur tous les Rois. *Théodore Godefroi, en son traité de la préséance des Rois de France sur le Roi d'Espagne*, fait voir qu'il ne lui est pas dû. L'auteur du *Droit public German.* chap. VII, pag.

Aigle ſimple à la différence de celles de l'Empereur, qui comme nous l'avons vû, contiennent une Aigle à deux têtes. Il y a encore ceci de particulier, qu'après l'élection du Roi des Romains, avant que la proclamation s'en faſſe, l'Empereur vivant eſt prié de la part des Electeurs, de venir à l'aſſemblée pour l'agréer & la ratifier. De plus le Roi des Romains n'eſt pas couronné d'une couronne Impériale, mais d'une couronne ouverte, que l'on appelle *Romaine*, & on ne lui prête aucun ſerment de fidélité, qu'après la mort de l'Empereur, ſuivant le ſusdit accord de Schweinfort.

353, dit : « Il paroît étrange à tout eſprit
» impartial ; qu'on adjuge à un Roi titulaire, que l'Empereur même ne diſtingue pas d'un autre Prince d'Empire, qui comme Roi n'a ni royaume ni ſujets, ni revenus, ni crédit, ni autorité; qu'on lui adjuge dis-je, le rang ſur le plus puiſſant Monarque de l'Europe, c'eſt-à-dire, le Roi de France.

Fin du Tome premier.

APPROBATION.

J'ai lu ce premier Tome du Droit Public, *dans lequel je n'ai rien trouvé qui m'ait paru devoir en empêcher l'impreſſion.*

Signé, REISSEISSEN,
Doyen de la Faculté de Droit.

Vu l'approbation ci-deſſus, je conſens au nom du Magiſtrat de cette Ville à l'impreſſion du préſent Tome.

Fait à Strasbourg, ce 28. Septembre 1781. WENCKER, XV.

Permis d'imprimer ce 2. Octobre 1781, GERARD.

Errata du premier Tome.

Page 6, ligne 6, *lisez* publics.
13, lig. 3, *lisez* arrivés.
17, à la fin, *lisez* plusieurs.
26, à la fin, *lisez* le dernier Récès, §. 174.
44, lig. 20, *lis.* regarde.
50, lig. 16, *lis.* fameuse.
68, lig. 1, *lis.* traités.
150, note (*a*), *lis.* nommer à.
153, lig. 9, *lis.* décrets du Concile.
154, note (*a*), *lis.* traduite en latin.
168, à la fin, *lis.* & ad.
200, lig. 2, *lis.* Irmensaul; d'autres prétendent qu'il faut écrire Hermans-Seul, *ou* Iedermansheil. V. Heiss. *hist. de l'Empire*, liv. I, pag. 48. & suiv.
209, lig. 2, *lis.* par écrit.
254, note (*a*) *lis.* Petrus de Marca.
268, lig. 6. *lis.* Léon III.
307, lig. 10, *lis.* confirmée par Innocent II.

8° J
5754
(8)

www.ingramcontent.com/pod-product-compliance
Lightning Source LLC
Chambersburg PA
CBHW052102230326
41599CB00054B/3580